Jenny Aloni · Hartmut Steinecke

„. . . man müßte einer späteren Generation Bericht geben“

Ein literarisches Lesebuch
zur deutsch-jüdischen Geschichte
und eine Einführung
in Leben und Werk Jenny Alonis

Ferdinand Schöningh
Paderborn · München · Wien · Zürich

Titelbild: unter Verwendung eines Fotos von Kurt Böse, Archiv Golücke

Die Drucklegung des Bandes wurde vom Landschaftsverband Westfalen-Lippe gefördert

Die Deutsche Bibliothek – CIP-Einheitsaufnahme

„... man müßte eine späteren Generation Bericht geben“:
ein literarisches Lesebuch zur deutsch-jüdischen Geschichte
und eine Einführung in Leben und Werk Jenny Alonis /
Jenny Aloni, Hartmut Steinecke. – 2., durchgesehene u. ergänzte
Auflage – Paderborn; München; Wien; Zürich: Schöningh 1997
ISBN 3-506-70410-9
NE: Aloni, Jenny; Steinecke, Hartmut

Gedruckt auf umweltfreundlichem, chlorfrei gebleichtem
und alterungsbeständigem Papier ∞ ISO 9706

2., durchgesehene u. ergänzte Auflage 1997

Printed in Germany. Herstellung: Ferdinand Schöningh, Paderborn

ISBN 3-506-70410-9

Aloni/Steinecke

„. . . man müßte einer späteren Generation Bericht geben“

Inhalt

Vorwort

Jenny Rosenbaum, 1917 in Paderborn geboren und dort aufgewachsen, seit 1936 in Berlin lebend, schrieb am 18.6.1939 in ihr Tagebuch:

> man müßte einer späteren Generation Bericht geben in Form einer Chronik von dem inneren und äußeren Erleben hier. Unvorstellbar für jemanden, der es nicht selbst erlebt, daß das Leben weiterläuft, als gebe es nicht die Frage, in welchem Land werden wir im kommenden Monat leben und was wird morgen sich hier ereignen. Ich erinnere mich, wie ich früher Augenzeugenberichte über die Verfolgungen während der Kreuzzüge oder über die Pogrome in Rußland gelesen habe. Noch weiß ich nicht, ob und welche Form ein solcher Bericht, besser eine solche Chronik annehmen kann, aber ich will es wachsen lassen und es nicht aus dem Auge verlieren.

Fünf Monate später verließ Jenny Rosenbaum Deutschland und übersiedelte nach Palästina. Sie nahm einige Bände Tagebücher und ein Bündel mit literarischen Arbeiten mit, die bis heute völlig unbekannt geblieben sind.

In Israel heiratete Jenny Rosenbaum Esra Aloni. Unter dem Namen Jenny Aloni wurde sie zu der bedeutendsten deutschschreibenden Autorin Israels. Seit Mitte der fünfziger Jahre veröffentlichte sie acht Bände Romane, Erzählungen und Gedichte. Seit 1990 erscheinen ihre *Gesammelten Werke in Einzelausgaben,* 1991 erhielt sie zwei renommierte Literaturpreise. 1993, kurz vor ihrem Tod, begann ein Artikel über sie in der *Neuen Zürcher Zeitung* mit den Sätzen:

> Es ist unbestritten: die überragende deutschsprachige Schriftstellerpersönlichkeit im heutigen Israel ist eine Frau – Jenny Aloni. Darüber hinaus gehört sie zu den profiliertesten Erzählerinnen ihrer Generation, jedoch blieb ihr die gebührende Anerkennung bis ins hohe Alter verwehrt. Erst jenseits der siebzig konnte Jenny Aloni einen Wandel in der Beurteilung ihrer Werke durch die Öffentlichkeit bemerken [. . .].

Jenny Aloni gehörte zu den wenigen aus Deutschland eingewanderten Schriftstellern, die Iwrith (Neuhebräisch), die Sprache ihrer neuen Heimat, gelernt hatten. Dennoch hat sie zeit ihres Lebens fast ausschließlich in deutscher Sprache geschrieben, obwohl sie wußte, daß sie damit in Israel nur sehr wenige Leser finden konnte. Sie hat es unter anderem getan, weil sie auch für deutsche Leser schreiben wollte: Ihnen wollte sie ihre Eindrücke vom Leben einer Jüdin in Deutschland vermitteln, von der Atmosphäre der Bedrohung und Verfolgung, sie wollte die Erinnerung anschaulich machen, damit wachhalten, vor dem Vergessen warnen; mit den eingangs zitierten Worten aus dem Tagebuch von 1939: Sie wollte „einer späteren Generation Bericht geben [. . .] von dem inneren und äußeren Erleben" in Deutschland.

Jenny Aloni hat die im Tagebuch erwogene Chronik vom Leben der Juden in Deutschland in den späten dreißiger Jahren nicht geschrieben. (Man kann ihre Tagebücher durchaus als Skizze dazu lesen.) Sie hat aber bereits in Deutschland versucht, ihre Beobachtungen zum Leben als Jüdin in einer ständig feindlicher werdenden Umgebung literarisch festzuhalten und zu gestalten. In den über fünfzig Jahren in Israel ist sie immer wieder auf dieses Thema zurückgekommen, hat es ausgeweitet auf die Nachkriegszeit, auf spätere Begegnungen und Erfahrungen in der alten Heimat.

Diese Auswahl konzentriert sich auf Erzählungen und Gedichte, die in Deutschland spielen. Damit stellen sie den *einen* thematischen Pol des Werkes von Jenny Aloni in den Mittelpunkt. Daneben tritt bereits seit den vierziger Jahren ein *zweiter* Pol, die intensive Beschäftigung mit der neuen Heimat: Der weitaus größere Teil ihres Werkes befaßt sich mit den Menschen, der Natur, den Problemen Israels. Allerdings verbinden sich die beiden Themenkomplexe nicht selten; denn immer wieder bricht die deutsche Vergangenheit bedrohlich, quälend in die israelische Gegenwart der Personen ein. Damit werden auch weite Teile des Gesamtwerks zu einem facettenreichen „Bericht" über das Verhältnis von Juden und Deutschen im vergangenen halben Jahrhundert. Diesen Aspekt kann später vielleicht eine zweite Werkauswahl in den Mittelpunkt rücken.

Den Texten Jenny Alonis folgt ein zweiter darstellender Teil, der ihren Lebensweg nachzeichnet und ihr auf die deutsche Thematik bezogenes Werk vorstellt. Das geschieht unter zweifacher Perspektive: Die Texte werden als Spiegelung biographischer Situationen einerseits, als literarische Werke andererseits betrachtet und behandelt. Es gibt bisher keine Biographie Jenny Alonis und keine Gesamtdarstellung ihres Werkes. Die Darstellung, die sich auf zahlreiche unbekannte Zeugnisse und Dokumente stützt, kann ein erster Schritt dazu sein. Mein Hauptziel ist jedoch bescheidener: Ich will dem Leser die Gestalt Jenny Alonis etwas näherbringen, ihr Leben in Deutschland und Israel im zeitgeschichtlichen Kontext skizzieren und einige Zugänge zu ihrem Werk zeigen.

Mein herzlicher Dank gilt Jenny Aloni und ihrem Mann Esra Aloni. Sie haben mir in Gesprächen und Briefen viele Hinweise und Auskünfte gegeben; Esra Aloni hat mir nach dem Tod seiner Frau zahlreiche unveröffentlichte Werke und Briefe, Tagebücher und Dokumente zugänglich gemacht. Die meisten dieser Texte und Zeugnisse befinden sich mittlerweile in dem von mir im Germanistischen Seminar der Universität Paderborn gegründeten Jenny Aloni-Archiv. Für die Unterstützung bei dessen Ausbau danke ich dem Ministerium für Wissenschaft und Forschung des Landes Nordrhein-Westfalen, dem Zentrum für Kulturwissenschaften und der Forschungskommission der Universität Paderborn. Beim Aufbau des Archivs und bei den Recherchen für die Darstellung haben Gabriele Rochell und Martin Decking tatkräftig und kenntnisreich geholfen. Ich danke ihnen für ihre Mitarbeit.

Auch die Gesamtausgabe und die Ehrungen haben aus der gerühmten leider keine gelesene Autorin gemacht. Ich hoffe, daß es dieser kleinen Auswahl im Taschenbuch gelingt, einen größeren Kreis von Leserinnen und Lesern mit dem Werk von Jenny Aloni bekanntzumachen und zu ihrem Gesamtwerk hinzuführen.

Zur 2. Auflage

Die im letzten Satz des Vorworts ausgedrückte Hoffnung beginnt sich zu erfüllen, wenn bereits zwei Jahre nach Erscheinen der ersten Auflage dieses Taschenbuchs eine zweite Auflage erfolgen kann.

Die Neuauflage blieb im wesentlichen unverändert. Einige wenige Verbesserungen wurden durchgeführt, vor allem bei Ungenauigkeiten, die aufgrund neuer Materialien erkennbar wurden. Die Tagebuch-Texte (S. 115–129) wurden an den mittlerweile zugänglichen Originalen überprüft. Ergänzt wurden die Literaturhinweise (S. 167–169).

Das Jenny-Aloni-Archiv erhielt 1996 von Esra Aloni den gesamten Nachlaß der Dichterin als Schenkung. Die 1996 gegründete »Gesellschaft zur Förderung des Jenny-Aloni-Archivs« unterstützt die Erschließung des Nachlasses, vor allem mithilfe der »Sparkassenstiftung zur Förderung von Kultur, Wissenschaft und Heimatpflege der Stadt Paderborn«, der Deutschen Forschungsgemeinschaft, des Ministeriums für Wissenschaft und Forschung des

Landes NRW sowie der Universität Paderborn. Die von der Gesellschaft herausgegebenen »Mitteilungen aus dem Jenny-Aloni-Archiv« enthalten Berichte über die Archivarbeit, ein Verzeichnis der neuen Arbeiten über Jenny Aloni, durch das die Literaturhinweise dieses Bandes weitergeführt werden sowie Texte der Autorin aus dem Nachlaß. Die »Mitteilungen« sind von der Arbeitsstelle des Archivs (vorerst kostenlos) zu beziehen (Universität Paderborn, Fb. 3, Warburger Str. 100, D-33098 Paderborn).

Paderborn, im Mai 1997

Die braunen Pakete

Krächzend wich die Eisentür dem Druck unsichtbarer Hände. Ein rechteckiges Stück Nacht hing zwischen den braun gebeizten Pfosten. Kalte Nebelluft trieb den blank gebohnerten Flur entlang, drang in das grell beleuchtete Kontor und blies die nackten Blätter des Kalenders hoch, die da behaupteten, der Frühling hätte schon begonnen. Ein Mann mit vom Wetter gerötetem Gesicht trat ein. Die Perlhuhnfedern seines grünen Hutes streiften den Querbalken.

„Sie haben noch ein Paket gefunden", sagte er, während die Tür mit schleppendem Zischen in ihr Schloß zurückschlug. Er brachte Feuchtigkeit mit sich, die Feuchtigkeit eines regnerischen, kalten Märztages. Feuchtigkeit und Gerüche, die noch unbestimmbar blieben. Das Mädchen auf dem Rohr zwischen Wand und Heizung sog sie ein. Sie lagen wie ein saurer Geschmack auf ihrer Zunge. Der Mann warf den speckigen Ledergurt über den Rücken zurück und ließ den sackartigen Behälter von der Schulter auf die Theke gleiten.

„So?" sagte der Vater, der in grauem Arbeitskittel und karierter Mütze vor dem Pult saß und in dem riesigen Hauptbuch schrieb. Er legte den Federhalter in die dafür bestimmte Rille, paffte an seiner Pfeife, indem er mit der Linken die Ausbuchtung der kurzen Röhre umschloß und stand auf.

„Ja", bestätigte der Fremde und löste umständlich die Schnüre des schäbig gelben Rucksackes. Wie faules Stroh, dachte das Mädchen, welches unbemerkt von ihm auf seinem Lieblingsplatz hockte. Doch er mußte früher einmal grün gewesen sein, denn unter der Lasche hatte die Farbe sich erhalten. Der Lodenmantel bewegte sich vor ihrem Gesichte hin und her. Er roch nach Regen und verwesten Pilzen und nach noch etwas anderem. Die Haare auf dem Rücken seiner Hand glühten rötlich. Auch sie erinnerten an etwas, das sich noch nicht benennen ließ.

Steif getrocknete Tierfelle holte die Hand aus dem Innern des Behälters. Sie wackelten und knackten, als sie die Tischplatte berührten. Auch sie rochen nach Verwesung. Jetzt griff der Vater nach ihnen. Unter der weichen Hausmütze waren Ansätze der Glatze sichtbar.

„Was Sie nicht sagen." Er hielt ein Fell gegen das Deckenlicht. Eines nach dem andern hielt er die Felle gegen das Deckenlicht und prüfte sie. Er kniff das rechte Auge dabei zu und zog den Mundwinkel zur Seite, so daß die Lippen die tabakdunklen Zähne freigaben. Das Mädchen Ella kannte diese Bewegung genau, denn es saß oft auf dem versteckten Rohr der Heizung in der Ecke und beobachtete und hörte zu.

Erst prüfte der Vater Maulwürfe und Wiesel, indem er sie jeweils zwischen Daumen und Zeigefinger beider Hände nahm, dann Kaninchen, Hasen, Iltis, Marder und zuletzt den Fuchs.

Sie sah den langen bauschigen Schwanz, das Loch, wo der Hals gewesen sein mußte und den stumpfen rostbraunen Kranz, der mit geronnenem Blut verklebten Haare. Jetzt begriff sie die Gerüche. Es duftete nach Feuchtigkeit und süßlicher Verwesung, nach dem Moder des winterlich entlaubten Waldes und nach dem Blut erschossener Tiere.

„Ja", sagte der Förster, „heute morgen haben sie es gefunden."

„Vier, fünf, neun, sechzehn Stück und dann noch die Maulwürfe. Stimmt's?"

„Ja", bestätigte der Mann, „es stimmt."

„Was fordern Sie?"

„Was bieten Sie?"

„Hm", machte der Vater und kratzte den Hinterkopf. Auch das war eine Bewegung, die sie kannte. „Siebzig Mark."

„Ausgeschlossen. Der Fuchs allein ist dreißig wert."

„Er hat zwei Schußlöcher."

„Es ist ein Winterpelz. Schauen Sie." Er blies hinein, um die Dichte der Haare zu beweisen.

„Was verlangen Sie?"

„Neunzig Mark ist das mindeste."

„Unmöglich. Fünfundsiebzig, weil Sie es sind."

„Achtzig."

„Achtundsiebzig ist das Äußerste." Er sog an der Pfeife, merkte, daß sie nicht mehr brannte und legte sie auf den Aschenbecher aus Porzellan.

„Ist das Ihr letztes Angebot?"

„Das allerletzte, und nur weil Sie es sind."

„Also gut", sagte der Mann. Der Vater zog den Schlüsselbund aus der Hosentasche und schloß den Geldschrank auf, der in einer speziell für ihn gebauten Nische in der Wand stand. Die gelben Messingplättchen über den Löchern wackelten wie Orden an den Uniformen der Schützen, wenn sie durch die Straßen paradierten. Er nahm ein Bündel Scheine heraus und zählte sie auf die mit unregelmäßigen Ringen gemaserte Platte, faßte in die Kassette und warf ein paar Münzen dazu. Sie klimperten und rollten. Dann torkelten sie zur Seite und lagen still. Der Förster knöpfte den Mantel auf, holte eine abgegriffene Brieftasche hervor, strich die Scheine glatt und steckte sie bedächtig hinein. Er fegte die Münzen mit einer einzigen Bewegung zusammen und ließ sie in die Tasche fallen.

„Danke", sagte er und nahm die Zigarre aus dem Kasten, den der Vater ihm anbot. Er beugte sich vor und zündete sie an dem hingehaltenen Streichholz an. Dann lehnte er sich mit aufgestütztem Ellenbogen an die Theke und puffte behaglich den Rauch vor sich hin.

Die Bürosessel spreizten ihre gelbsüchtigen Lehnen, zweidimensionale fette Arme mit geballten Fäusten, platt und waagerecht in den dichten blauen Dunst gestreckt, der über dem hochstelzigen Pult waberte, den stumpf blinkenden Lack der schwarzen Schreibmaschine umstrich und vor den unverhüllten Fenstern hing. Die nackten Scheiben stemmten sich gegen die Finsternis. Tropfen liefen an ihnen entlang. Sie konnten Regen oder erkalteter Atem sein.

„Es ist schon das dritte Paket", sagte der Förster.

„Was Sie nicht sagen."

„Mein Gehilfe hat es gefunden. Unter den drei Eichen. Der Wald dort gehört noch zu meinem Revier. Sie wissen, wo ich meine. Sie kennen die Gegend ja." Er bemühte sich um einen gleichgültigen Klang in seiner Stimme. Es gelang ihm nicht so ganz.

„Ja", sagte der Vater, „ich weiß, wo Sie meinen. An der Brücke hinter der Ziegelei."

„Richtig." Der Förster nickte befriedigt. „Drei Pakete, alle in dem gleichen braunen Papier verpackt und mit gedrehtem Hanfbindfaden umschnürt. Alle mit dem gleichen Inhalt."

„Schrecklich", sagte der Vater und schüttelte den Kopf.

„Ein Untier", entrüstete sich der Mann und sog gemächlich an der Zigarre. „Dieses Mal war es ein Stück Brust, ein Stück ausgewachsene Frauenbrust. Ein Untier, sage ich Ihnen." Ein Rascheln ließ ihn hinter sich schauen. Ella war ein wenig vorgerückt. Nicht weil der Bericht sie so beeindruckt hatte. Er kümmerte sie nicht. Nicht mehr als irgendeine Schauergeschichte, die Anna ihr erzählte. Aber das Rohr, auf dem sie saß, war ihr zu heiß geworden.

„Ach", sagte der Förster, „Ihre kleine Tochter. Ich hatte keine Ahnung, daß sie zuhört."

Silbern blinkte der Aluminiumkessel durch die grauen Schwadendünste. Der Schwengel des Triebrades hob und senkte sich. Das

Rattern der Nähmaschine vermengte sich mit dem Summen des siedenden Wassers. Die weißen Bahnen des Stoffes stauten sich vor der im Takt hochspringenden Nadel, schoben sich unter ihr hindurch und glitten auf das über den Fußboden gebreitete Papier herab. Ella saß auf einer Fußbank neben der Maschine. Sie hatte die Arme auf die Knie gestemmt und hielt ihr Gesicht in den Muscheln der Hände. Im Ofen zerplatzten die glühenden Briketts mit scharfem Prasseln, welches aufgefangen wurde von dem Geräuschgewebe aus Wassersieden, Radgerassel, Katzenschnurren und dem stoßweisen Heulen des Windes draußen im dämmernden Hof. „Erzähl, Anna, erzähl", bat sie ungeduldig. Und Anna, die Nachbarin, die bei ihnen nähte und ihre Freundin war, erzählte. Draußen vor dem Fenster kroch der fahle Schein der Nacht an den nackten Ästen der Eiche empor, die in dem Sturme schwankten, den es nicht kümmerte, daß der Frühling bereits begonnen hatte. Anna erzählte. Nicht irgendwelche erfundenen Geschichten erzählte sie, sondern alles garantiert wahre Begebenheiten, die sie bezeugen konnte, weil sie sie selbst miterlebt hatte und wenn nicht sie, dann ihre Mutter und wenn nicht ihre Mutter, dann die Großmutter oder einer, dessen Wort als absolut zuverlässig galt. Je älter der Bericht, desto glaubwürdiger, denn wie hätten Lügen sich wohl so lange Zeit behaupten können.

Anna erzählte von dem Fuchs, der in eine Grube fiel und dem es nur durch seine Schlauheit gelang, sich aus ihr zu befreien, von dem Adler, der den Säugling aus der Wiege stahl und in das Nest zu seinen Jungen hoch oben zwischen die Felsen trug, von dem Kind, das Blumen auf einem Grabe pflückte, und der Tote klopfte dann um Mitternacht ans Fenster und verlangte sie zurück. Von dem schwangeren Mädchen, das in den grünen Kolk sprang und in der Tiefe noch immer auf seinen Bräutigam wartet, der ihm die Ehe versprochen hatte. Es waren alles garantiert wahre Geschichten aus unbedingt zuverlässigen Quellen. Heute fügte Anna eine neue Erzählung hinzu. Ein Ungeheuer, welches in den Wäldern hauste, behexte eine Frau, und als es ihrer überdrüssig wurde, tötete und zerstückte es sie, um die Spuren der Unzucht zu verwischen. Holzfäller fanden die Stücke und warfen sie auf den Rat einer Zauberin in einen siedenden Kessel, aus dem die Tote jung und schöner als zuvor wieder aufstieg. So wurde die Untat ruchbar.

Das kleine Mädchen bezweifelte die Wahrheit der Geschichten nicht. Doch sie blieben außerhalb des eigenen Erlebens in den Randgebieten ihrer Welt, genau so wahr und unvorstellbar, wie daß die Erde eine Kugel ist und die Sonne viele Male größer als die Stadt mit all ihren Häusern und Kirchen, ja vielleicht sogar noch größer als die Stadt zusammen mit Kiefernwald und Heidewiesen. Auch das gehörte zu den Wirklichkeiten, die sie nicht anzuzweifeln wagte, denn die Worte der Erwachsenen verliehen ihnen Autorität. Aber das besagte noch nicht, daß sie so fraglos zu ihr gehörten wie der Bach, der um das Haus floß und auch in den strengsten Wintern nicht zufror, wie der Hofhund, der mit einer Ratte befreundet war und mit ihr aus einem Topf fraß, wie die Katze Misa, die lebende Junge aus ihrem Bauch gebar, wie sie selbst gesehen hatte. „Erzähl, Anna, erzähl“, drängte sie, als die Worte stockten und im Rattern der Maschine zu versickern drohten. Und Anna erzählte. Aus Zeiten, die sie noch erlebt hatte, als es noch keine Autos und keine Tomaten gab und Begebenheiten, die sich vor Jahrtausenden zugetragen hatten. Es war angenehm, in der warmen Stube zu sitzen und sich das Gruseln über den Rücken laufen zu lassen, während im Ofen die Feuergeister knisterten und draußen der Sturm an den Dachpfannen rüttelte. Auch die Pakete in dem braunen Papier erwähnte Anna. Sie waren genau so wirklich und genau so fern von ihr wie die Sonne und der Mond und all die Geschichten, deren Wahrheit sie nicht bezweifelte.

Die Osterferien begannen. Ella begleitete die Mutter auf den Wochenmarkt. Unter den kahlen Baumkronen des Domplatzes standen die Bäuerinnen in bunte wollene Fransentücher gehüllt und boten ihre Waren an, während sie von einem Fuß auf den andern traten und die Hände aneinander rieben, um sich zu wärmen. Hausfrauen in dicken Mänteln mit Körben und Taschen an den Armen, manchmal von Dienstboten begleitet, schritten gewichtig die Reihen entlang. Von Zeit zu Zeit blieben sie stehen und fragten nach Preisen von Äpfeln und Grünkohl, von Rüben und Rettichen. Oder sie erkundigten sich, ob die Eier auch frisch seien. Oder sie ließen sich noch einmal versichern, daß die Butter wirklich erst am Abend vorher aus garantiert süßer Sahne gebuttert wurde. Oder sie preßten mit Kennermiene den Daumen in die Bäuche der Hühner. „Prima Qualität, billigste Preise“, pries eine Alte in schwarz gestricktem Kopftuch ihre Äpfel an.

Wie Bilder in einem Film flossen die Stände an Ella vorüber, sah sie die Mutter anhalten, ein paar Worte wechseln, einen Krautkopf in den Korb legen, ein Paket Butter – von der garantiert frischen Süßrahmbutter –, ein paar Eier, ein Bündel Rettiche. Sie beobachtete die Hühner, die aufgeregt gackernd ihre Hälse reckend mit den Flügeln schlugen und doch nicht entfliehen konnten, weil ihre Füße festgebunden waren. Sie sah das Leuchten aufgestapelter Orangen und den blassen Schein der länglichen Zitronen. Sie sah die Sonne wie einen mondfahlen Teller in der blattleeren Gabel des Ahorns hängen. Sie dachte daran, wie sie im Sommer seine Früchte als Kneifer auf die Nase klebte, wenn ihr Weg sie hier vorüberführte. Hinter dem breiten Rücken ihrer Mutter, der vor dem kalten Winde schützte, trieb sie mit dem Strom der Frauen an den Ständen der Marktweiber entlang und träumte von Wärme und von Blumen, von Erdbeeren, gezuckert und mit Milch begossen, von Ausflügen ins Waldhaus, in dem es frisches Landbrot mit Butter und Honig gab, von Spielen, die sie wieder draußen spielen würden, bald, wenn es wärmer wurde, denn es konnte ja nun nicht mehr lange dauern, bis der Frühling wirklich seinen Einzug hielt.

Sie schreckte aus ihrem Sinnen empor. Irgend etwas in dem Getriebe um sie herum hatte sich verändert. Vielleicht das Gemurmel, welches angeschwollen war. Jetzt hörte sie erregte Worte. Von Mund zu Mund wurden sie getragen und ballten sich zusammen. Ein Gerücht war aufgetaucht. Niemand wußte, wer es zuerst gebracht hatte. „Haben Sie es schon gehört? Noch ein Paket ist gefunden worden. Nicht irgendwo außerhalb der Stadt. Ganz in der Nähe, hier in dem hohlen Stamm der Linde. Der Linde, die vom Blitz gespalten wurde." Von Stand zu Stand pflanzte sich die Erregung fort, von einer Frau zur andern. Äpfel rollten unbeachtet auf den Boden. Porreestangen fielen aus zitternden Händen und lagen steif und eckig neben den Kräuselblättern des Wirsings und den Wurzelschwänzen der Radieschen. „Wie lange noch?" zeterte eine schrille Stimme. Sie kam vom Ende des Platzes, von dort, wo die dicke Linde stand. Die Linde, die der Blitz getroffen hatte. Die Linde, in der das Paket gefunden wurde. Ein Paket in braunem Packpapier und mit Bindfaden verschnürt.

Der Fluß der Frauen trieb zu der Stimme hin. Auch Ella und ihre Mutter wurden von ihm mitgezogen. Eine Masse von Gestalten drängte sich um den hohlen Stamm. Eine Frau war hinaufgeklettert und fuchtelte mit den Händen, die in weiten Mantelärmeln staken, in der Luft herum. Wie das Kasperle auf dem Jahrmarkt, dachte Ella. Doch niemand außer ihr schien zu bemerken, wie komisch die Figur zwischen den kahlen Ästen aussah.

„Wie lange noch?" erhob sich ein dumpfes Gemurmel.

„Wir fordern Gerechtigkeit", schrie jemand und meinte Rache.

„Wo ist er?" schwirrte ein greller Schrei über die Menge. „Her mit ihm. Liefert ihn uns aus. Mit diesen meinen Fingern will ich ihm den Hals umdrehen, dem Unhold, dieser Bestie."

„Bringt ihn her. Wo ist er, der Mörder unschuldiger Mädchen?" echoten die Frauen. „Wir werden ihn in Stücke reißen, zersägen und zerhacken." Immer neue Gestalten schwemmten heran. Immer mehr schwoll die Erregung der Masse. Selbst die Bäuerinnen rafften ihre Geldtaschen an sich und verließen ihre Stände.

„Wie lange noch?" schrie der Chor. „Liefert ihn uns aus. Wir werden ihm den Hals abdrehen. Wir werden ihn in Stücke reißen."

„Vielleicht ist er krank und nicht verantwortlich für seine Taten." Wer hatte solche Worte ausgesprochen? Wer hatte es gewagt, das zu sagen inmitten dieses Taumels der Rachegelüste? Aus der Peripherie der Menge stammte die Stimme, ganz aus der Nähe des Mädchens Ella. In ihrer ruhigen Nüchternheit hatten die Worte sich eigenartig abgehoben von dem Kreischen. Wer war so unverschämt gewesen, sich gegen ihren gerechten Zorn zu stellen? Ein Augenblick erstaunten Schweigens. Dann schütteten sie ihren Ärger auf die noch unerkannte Person, die sich erdreistet hatte, die Berechtigung ihrer Entrüstung anzuzweifeln. Wie konnte sie es wagen, den Unhold zu beschützen?

„Wo ist er? Her mit ihm. Einzeln werden wir ihm jedes Glied vom Leibe reißen." Jetzt wandten sich die Frauen gehässig gegen ihre Mutter, in der sie die Sprecherin des ketzerischen Satzes erkannt zu haben glaubten.

„Wer weiß, was Sie für geheime Gründe haben, eine solche Bestie zu beschützen", zischten sie ihr böse zu.

Ella begriff den Aufruhr nicht sogleich. Ausgelassen aus dem Fieber der Erwachsenen registrierte sie die unverstandenen Rufe und Bilder. War es die Mutter, die gesprochen hatte? Wenn sie es war, was hatte sie gemeint? Warum griffen die Frauen sie deswegen an? Das eine blieb so unverständlich wie das andere. Sie sah das Paket vor sich in braunem Packpapier, welches Fleisch enthielt. Die Stücke, in einen siedenden Trog geworfen, ergaben wieder die unversehrte lebende Gestalt. So hatte Anna ihr erzählt. Sie war auf einmal nicht mehr sicher, daß es sich wirklich so verhielt. Nicht hier auf dem vom Wind umfegten grauen Domplatz. Sie spürte, wie die Furcht in sie hineinkroch.

Der Weg zum Bäcker, zum Kaufmann, zur Post, zur Schule. Vertraute Häuser in vertrauten Straßen. Und zwischen ihnen Menschen, selbstverständlich zugehörig. Vertraute Zeichen auf vertrautem Grunde, plötzlich entfremdet, angefüllt mit ungewissem Drohen. Gesichter, die erstarrten und zu undurchdringlichen Fassaden wurden. Ein jedes kann die vorgeschobene Kulisse des Mörders sein. Hinter jeder Miene kann er sich verstecken, Ausschau halten nach einem neuen Opfer. Jede Bewegung muß Verdacht erregen. Jeder Blick kann Tod bedeuten. Nicht sanftes Sterben und eine stille Leiche. Blutrünstigen Mord und blutrünstiges Zerstücken. Nicht irgendeines Unbekannten Mord. Du selber wirst das nächste Opfer sein und einer unter diesen Leuten in der Verkleidung eines harmlosen Bürgers dein Mörder. Weich seinen Blicken aus. Laß nicht zu, daß sie dich durchbohren. Unmöglich ihnen auszuweichen. Du kannst ihnen nicht entgehen. Sie spielen Federball mit dir. Du wirst die nächste sein. Du kannst ihnen nicht entrinnen. Hämisch blinken es die Fensterscheiben. Sie wurden zu seinen Komplizen. Aus den Blumen in den Kästen flechten sie dir den Totenkranz. Aus dem weißen Leinenstoff im Laden nähen sie dir dein Leichenhemd. Aus den Brettern vor der Tür des Schreiners zimmern sie deinen Sarg. Oder begräbt man, die ermordet werden nicht wie solche, die natürlich sterben?

Alle Nachbarhäuser haben sich verschworen. Umsonst versucht sie, daran zu erinnern, daß sie es ist, die so oft vor ihnen spielte. Es bleibt vergeblich. Sie haben sich gegen sie verschworen. Sie wird das nächste Opfer sein. Sie spürt, wie ihre Kehle sich verschnürt, als habe die Hand des Mörders sie schon gepackt. Sie beginnt zu laufen, nicht weil es schon spät ist, nur um vielleicht doch noch zu entkommen. Die Luft ist verpestet, stinkt nach geronnenem Blut wie das von Kugeln durchlöcherte Fuchsfell. Sie haben noch ein Paket gefunden. Unter den Eichen. Auf dem Friedhof. Auf dem Marktplatz. In dem hohlen Stamm der Linde. Wo werden sie das nächste finden? Immer die gleichen braunen Pakete, mit dickem Hanfbindfaden verschnürt. Kopfhälften, Füße, Brüste, Rippen. Wieviele Teile hat der Mensch?

Was wird der nächste Fund enthalten? Sie müssen die Gliedmaßen in siedendes Wasser werfen und sie wird jung und heil daraus entsteigen. Doch sie wußte, daß es nicht mehr stimmte, nicht jetzt und hier in den Bereichen ihres Lebens.

Straßen in der kleinen Stadt, vertraut und plötzlich fremd geworden durch Blut, das irgendwo in ihr vergossen wurde und sich nicht mehr verleugnen, nicht länger aussperren ließ in unbestimmte Grenzbezirke der Phantasie. Der Weg zum Bäcker. Sechs Häuser: Möbelwerkstatt, Wirtschaft, Obststand, Frisör, Scheune. Und das sechste? Annas Haus, das vertrauteste von ihnen. Sechs Häuser, täglich erfahren und als zugehörig befunden, plötzlich entrückt und fragwürdig geworden. Wer ist das dort im dunklen Toreingang des Hofes? Warum fixiert der Fremde mit dem Spitzbart sie? Verbirgt der Mörder sich hinter der lachenden Grimasse des Installateurs, der an dem Rohre schraubt? Und jene unbekannte Frau? Auch Frauen können morden. Ein Mann in blauem Anzug. Wählt sie sein scharfer Blick zum nächsten Opfer? Was will der Bursche mit dem verwegenen Gesicht? Warum pfeift er und folgt ihr mit den Augen?

Sie hat noch nie bemerkt, wie einsam und leer der Weg zum Kaufmann ist. Der Steg am Bach vorbei. Die hohe Gartenmauer. Weiß sie, wer hinter ihr auf sie lauert? Auch in dem Brunnen kann er sich verbergen, auch auf der Treppe. Und nachher wieder nichts als hohe Mauern, der Klostergarten rechts, die Kirchenwände links. Und nur ein einziges Haus. Ein verkommenes Haus mit einer Bande rothaariger Teufel. Sie hat sich immer schon bemüht, ihm so rasch wie möglich zu entfliehen, um seinen Flüchen zu entgehen, dem Werfen mit Steinen und dem Guß von Abwässern. Jetzt mag viel Schlimmeres in seinen Fenstern hocken, ein Ungetüm, das es nach ihrem Blute dürstet. Sie ist dem Haus entronnen. Sie hastet weiter. Nur nicht anhalten, nur nicht stolpern auf dem Kopfsteinpflaster. Es könnte verderbenbringende Verzögerung bedeuten. Hohles Schweigen umklammert sie. So verlassen hat sie die Gasse nie gekannt. Ist das ein Kichern oder nur das Knirschen des Sandes unter ihren Schuhen, das Echo seines Lachens oder der Widerhall ihrer eigenen Schritte? Und jene Gestalt, die jetzt ihr gegenüber auftaucht? Ein Betrunkener. Gott schütze sie. Sie kann ihm nicht ausweichen in dieser schmalen Gasse. Er nähert sich. Er torkelt von einer Seite zur andern. Gleich wird er sich auf sie stürzen und sie würgen. Wie lang der Weg ist. Unmöglich, daß er nur ein paar Minuten dauert, wie sie bisher geglaubt hat. Kinderköpfe mit roten Schülermützen. Mädchen aus ihrer Klasse. Sie ist gerettet. Doch wie kann sie sicher sein, daß der Unbekannte sie nicht schon zu seinem nächsten Opfer wählte?

Auf einer braunen Theke neben plumpen Gewichten stand der Balken mit Hebelarmen wie eine Wasserträgerin, nur daß sie Waagschalen aus blank geputztem Messing statt Eimern trugen. Käseräder in Rot und Gelb. Fässer mit Heringen und Sauerkraut. Kübel mit Sirup und mit Marmelade. Säcke mit aufgekrempelten Enden wie offene Mäuler. In ihnen Linsen, Erbsen, Bohnen, Reis, Zucker, Mehl, Salz und Kaffee. Konservendosen mit grell gemalten Früchten. Büchsen mit Trockenobst, Pflaumen, Aprikosen und Rosinen. Würste, Speck und Schinken aufgehängt an langen Stangen. Und über allem der Geruch von Gewürzen, Nelken, Vanille, Pfeffer.

„Sie haben ihn herausgefunden", sagte die Kundin, während sie die Tüten in ihren Korb stopfte.

„Vergessen Sie das Salatöl nicht. Was sagten Sie? Was haben sie herausgefunden?"

„Den Namen hat man herausgefunden. Den Namen des Opfers." Wenn sie doch nur rascher packen würde, dachte das Mädchen. Beeil dich, hatte die Mutter ihr aufgetragen. Doch wie konnte sie sich beeilen? Sollte sie die beiden etwa unterbrechen: Sie haben jetzt genug geschwatzt. Ich habe keine Zeit, meine Mutter braucht die Kokosraspeln noch zum Backen.

„Ja“, sagte die Frau, „sie war in einem Haushalt angestellt. Seit einem Tag vor dem Morde war sie verschwunden. Die Familie glaubte, sie sei nach Hause gefahren. Sie hat erst jetzt Anzeige bei der Polizei erstattet.“

„Was Sie nicht sagen. Vorsichtig, daß Sie die Eier nicht zerbrechen.“

„Rosa heißt sie.“ Jetzt horchte Ella auf.

„Rosa? Welche Rosa? So, und hier noch den Paprika.“

„Ja, haben Sie denn Rosa nicht gekannt? Na, freilich haben Sie sie gekannt. Rosa, die bei dem Metzger arbeitete.“ Bei dem Metzger? Doch es gab viele Metzger in der Stadt. „Bei dem Metzger in der Eusebiusstraße“, fügte die Käuferin hinzu, „dessen Frau bettlägrig ist.“

Rosa, dachte das Mädchen, Rosa. Unmöglich, Kilogramme von zerhacktem Fleisch gleichzusetzen mit einer Frau, die Rosa hieß, atmete, sich bewegte und sprach. Sie starrte die dicke blaue Fliege an, die über den Rand der Käseglocke kroch. Es war unmöglich. Es konnte nicht die Rosa sein, die sie kannte. Es gab viele Metzger in der Stadt. Aber nur einen in der Eusebiusstraße. ‚Nimm dir. Du ißt die Marzipanhörnchen doch so gern.‘ Und dann im Flüsterton: ‚Ich hab dir von dem echten Bohnenkaffee gegeben, den die Großen trinken.‘

„Was sagten Sie? Ach so. Ein Päckchen Kokosraspeln. Ein Päckchen von zweihundert Gramm.“ Rosa, dachte sie, Rosa und fand es unmöglich, den Inhalt der braunen Pakete mit ihr gleichzusetzen. Vielleicht war, was die Frau erzählt hatte, ein Irrtum. Es mußte ein Irrtum sein. Es durfte nicht stimmen. Es war nur ein Gerücht. Eines mehr im Schwarm der vielen, die täglich durch die Straßen schwirrten. – Sie hatte braunes Haar gehabt, glatt und blank wie frisch gebackenes Roggenbrot und gute graue Augen wie Wolken an einem heiteren Sommertag und Lippen wie... Wie hatten ihre Lippen ausgesehen? Warum sagte sie ‚hatten ausgesehen‘ und nicht ‚sahen aus‘? Glaubte sie am Ende doch, daß es diese Rosa war?

„Sonst noch etwas?“

„Nein, danke, das ist alles.“ Sie hielt mechanisch den Geldschein hin, nahm das Päckchen und wandte sich zum Gehen. Ihr war, als ob sie fallen würde. Rosa ist tot, dröhnten ihre Schritte. Rosa, knisterte das Papier. Heiß war die Luft der Straße und mußte doch kalt sein. In Nebel erstickte der klare Morgen. Rosa ist ermordet worden, ächzten die Motoren. Rosa ist der Name des Opfers. Sie haben ihren Leib zerstückelt und in Papier gewickelt, ihren breiten, vollen Leib, in braunes Packpapier haben sie ihn gewickelt. Nein, murmelte sie, es ist ein Irrtum. Es kann nicht Rosa sein. ‚Ich habe eine Überraschung für dich. Im Stall, im Heu wirst du sie finden.' ‚Junge Katzen?' ‚Richtig, wie hast du das erraten?' – 'Ich habe dir ein Stück von der Teewurst aufbewahrt.' Unmöglich sich vorzustellen, daß sie nicht mehr vorhanden war. Und nicht so einfach tot, nicht so gestorben wie andere, die man in einen Sarg legte und in feierlicher Prozession zum Friedhof trug. In einem Sarg mit schwarzem Tuch bedeckt und nicht in Pakete mit braunem Packpapier verschnürt. Sie würde nie wieder heil erstehen. Auch nicht, wenn man die Stücke in siedendes Wasser warf. In den Geschichten, die Anna erzählte, mochte es geschehen, doch nicht in dieser Stadt. Sie wußte es nun ganz genau.

Wie dunkle Reisigbesen standen die hohen Pappeln am Rand des Baches. Nur die Zweige der Kastanie zeigten schon grüne Tupfen. In jedem Jahr war die Kastanie die erste, denn ihre Wurzeln reichten tief hinunter bis zu den warmen Quellen. Jetzt wird es wirklich Frühling, dachte das Mädchen Ella und hielt die Hand in das Wasser hinein. Die Wiese würde sich mit Blumen füllen, mit Schaumkraut, Schlüsselblumen und Löwenzahn, so gelb wie die Sonnenkringel auf den Porzellanscherben im Grund des Baches. Ruhende Schwäne trieben gleich weißen Kähnen auf der schimmernden Fläche und spiegelten ihre langen Hälse in den trügerischen Tiefen des Kolkes. Blasen stiegen aus verschlammtem Grund und gelangten in sich dehnenden Ringen bis zu den steifen schwarzen Ufergittern. Das waren die Seufzer ertrunkener Seelen, von der Liebe Enttäuschter, denen die Burschen das Versprechen der Ehe gebrochen hatten und die in die grünen Tiefen des Kolkes gesprungen waren, um sich vor der Schande zu retten, und die in ihm noch immer keine Ruhe fanden. So hatte Anna ihr erzählt.

Ella hockte auf einer der mit Pflöcken in den Bach hineingelegten Planken. Im Sommer spülten Hausfrauen hier ihre Wäsche, und Kinder auf dem Weg von der Schule spielten ‚Packen' auf ihnen und ‚Räuber und Gendarm', bis sie erschreckt vom Schlagen der Uhr sich daran erinnerten, daß man zu Hause längst mit dem Mittagessen auf sie wartete. Ella hielt ihre Hand in das Wasser und schaute zu, wie es sich teilte und wieder zusammenfloß. Noch lag der Dunst der Frühe über dem Bach, durchwebt vom silbernen Sprühen der Sonne. Lange gefiederte Algen, die auf Griechisch Pferdeschwänze hießen und auch so aussahen, doch auch wie Schlangen, wenn man wollte, bewegten sich ruhelos hin und her. Unaufhörlich strebten ihre bräunlichen und grünen Quasten in die Richtung des Meeres, denn dorthin flossen alle Flüsse, hatte sie gelernt. Doch sie konnten sich nicht lösen, blieben stets der gleichen Stelle im Grunde verhaftet. Und wenn es doch einmal geschah, wenn das Ungewöhnliche eintrat, eine scharfe Scherbe oder das Knabbern der Stichlinge eine von ihnen befreite, dann torkelte sie an die Oberfläche und trieb platt und entstellt, nur noch unförmiger, glitschiger Schlamm auf dem Rücken des Wassers, dahin. Alles sah so und auch anders aus. Die Kopfweiden trugen Struwwelpetergesichter, waren verzauberte Kinder und dann auch wieder nur kahles Baumgestrüpp. Es hing davon ab, wie sie es anschaute.

Ein kleiner Junge trottete an der Hand einer Frau den Damm entlang. „Alle meine Entchen schwimmen auf dem See", sang er mit krähender Stimme. Alle meine Entchen, wiederholte das Mädchen und dachte an das, was sie von sich zu schieben suchte. Doch es war unmöglich, nicht daran zu denken. Ein Mord war geschehen. Nicht irgendwo in einem der Grenzbezirke aus Annas Erzählungen, auch nicht irgendwo in einer fremden Stadt. Es war auch nicht irgend jemand, der ermordet wurde. Rosa hieß das Opfer. Nicht irgendeine Rosa war es, sondern Rosa, die sie gut kannte. Sie bemühte sich, sich vorzustellen, was es bedeute, einen Mord zu begehen. Auch in Annas Geschichten wurden Menschen auf alle möglichen grausamen Arten umgebracht. Doch das war etwas anderes, geschah nicht in ihrer Wirklichkeit, selbst wenn es stimmte und die Erzählungen sich so ereignet hatten. Vorstellen konnte sie sich das nicht, höchstens bei Fliegen und den scheußlichen braunen Käfern, die manchmal in der Küche unter dem Spülstein herumkrochen. Auch das Schlachten von Tieren gab es. Doch das war wieder etwas anderes. Es stimmte, sie hatte das Meckern der Ziege gehört, die im Hof geschlachtet wurde. Sie saß gerade in der Küche und aß ihr zweites Frühstück, Himbeersaft mit Brot und Leberwurst. Es mußte Sommer gewesen sein. Nur im Sommer trank sie Himbeersaft zum zweiten Frühstück. Sie hätte hinauslaufen und zuschauen können. Niemand würde sie daran gehindert haben. Doch sie lief nicht hinaus. Das Fleisch, welches am Mittag des nächsten Tages auf der ovalen weißglasierten Platte in das Eßzimmer getragen wurde – golden braun geschmorte Brust mit zarten knorpeligen Rippchen – rief nicht unbedingt die Erinnerung wach an das komisch springende und mit winzigen Hörnern stoßende Ziegenböckchen. Nicht wenn sie es nicht wollte. Jetzt aber war ein Mord geschehen, hatte ein Mensch einen anderen getötet, ein Mann eine Frau umgebracht. Es konnte natürlich auch eine Mörderin sein. Sie hatte davon gehört, daß es auch Frauen gab, die so etwas taten. Aber sie stellte sich immer einen Mann vor, wenn sie an den Mörder dachte, meistens einen Mann mit verwahrlost struppiger Haarmähne und wilden, fanatischen Augen. Nicht in einer fernen Stadt, sondern ganz in ihrer Nähe hatte das Opfer gewohnt, nur ein paar Straßen weit entfernt. Zwei, drei, vier Straßen weit genau. Die Wilhelmstraße, die Kuhgasse, die Prinzenpromenade und dann die Eusebiusstraße. Es stimmte, vier Straßen waren es, überprüfte sie noch einmal ihr Gedächtnis. Es war auch nicht irgendein Opfer, welches unvorstellbar in gruselige Fleischpakete verwandelt an allen möglichen Orten gefunden wurde. – Aufgeregt mit den Flügeln schlagend flüchtete der grünschillernde Enterich vor dem böse zischenden Schlangenhals des Schwanes. Kerben blieben auf dem Rücken des Baches, bis andere Wasser kamen und sie verwischten. Nein, es war nicht irgendein Opfer mit nichtssagendem Namen und beliebig austauschbarem Gesicht. Es war Rosa. Nicht irgendeine Rosa, sondern Rosa, die sie gut kannte, obwohl es ihr jetzt wie ein Traum vorkam, die Bekanntschaft und das zerstückelte Nicht-mehr-Sein, eines so unfaßbar wie das andere. ‚Möchtest du noch ein Marzipanhörnchen? Nimm nur. Genier dich nicht. Du ißt sie doch so gern. Es bleibt noch genug für die anderen.' Das war Rosas Stimme. Sie kam oft in das Haus, in dem Rosa den Haushalt führte. Kleins waren Bekannte ihrer Eltern. Aber Rosa war tot. Nicht so einfach gestorben und in feierlicher Prozession auf den Friedhof getragen, obwohl auch das vielleicht schon unfaßbar gewesen wäre, sondern auf ruchlose Weise umgebracht und verstümmelt.

Sie hatte ihr manchmal von dem Dorf in den Bergen erzählt, aus dem sie stammte. Es waren keine so hohen Berge, wie man sie auf Ansichtskarten sah, hatte sie ihr erklärt, doch hoch genug, daß es der Schneefall in kalten Wintern oft unmöglich machte, auch nur in den nächsten Ort zu gelangen. Sie beschrieb die Buchenwälder mit ihren hohen Farnen und Fingerhüten (die giftig waren. Man mußte vermeiden, sie auch nur anzurühren) und den silberhellen Bach, in dem getupfte Forellen schwammen, die man mit Händen fassen konnte, wenn man geschickt war und natürlich auch ein bißchen Glück hatte. Es wurde nie ganz klar, ob sie sich nun nach dort zurücksehnte oder froh war, den primitiven Verhältnissen entronnen zu sein. Keine Wasserleitung, nur eine Pumpe im Hof und der Misthaufen direkt neben der Küche. Um ins Kino zu gelangen, mußte man stundenlang fahren, was höchstens einmal im Jahre möglich war. Woher hätte sie die Zeit nehmen sollen, denn den ganzen Tag über arbeitete sie im Felde, und nachher gab es noch Wäsche, Kochen und all die anderen notwendigen Verrichtungen im Hause.

Aber das war nun nicht mehr wichtig. Rosa war tot. Drei Enten tauchten ihre Hälse in das Wasser ein, zappelten mit den roten

Schwimmhautfüßen und wippten mit den Sterzen in der Luft. ‚Alle meine Entchen schwimmen auf dem See, Köpfchen in das Wasser, Schwänzchen in die Höh.‘ Warum fiel ihr das Lied ein? Weil der kleine Junge mit der krähenden Stimme es vorhin gesungen hatte? Oder weil es sie an das schwarze Klavier erinnerte, welches in dem Hause in der Eusebiusstraße stand? Der Deckel war aufgeschlagen. Finger hüpften über die Tasten. Ihre Finger. Eine breite Männerhand leitete sie. ‚Alle meine Entchen schwimmen auf dem See, eins, zwei, drei, vier, fünf, fünf, schwimmen auf dem See.‘ Es war Karl, der sie die ersten Griffe lehrte, Karl, der Sohn des Metzgers Klein, der ihr Freund war.

Dann verhaftete die Polizei den des Mordes Verdächtigen. Der Name geisterte durch die Stadt. Unter den griesgrämigen Wolken hing er und wackelte wie ein boshaftes Gespenst über das holprige Pflaster der Straßen. – Haben Sie es schon gehört? – Noch ein Paket? – Noch ein Opfer? – Kein Paket und kein Opfer. Den Mörder haben sie gefunden. – Den Mörder? Wer ist der Mörder? – Sie werden es nicht glauben. Kein Fremder. Keine der fragwürdigen Gestalten, die in der Wollhalle wohnen. Einer von uns. Klein ist sein Name. Karl Klein. – Welcher Karl Klein? – Karl, der Sohn des Metzgers. – Welches Metzgers? – Der Sohn des Metzgermeisters Klein in der Eusebiusstraße. – Klein in der Eusebiusstraße? Keiner von uns. – Keiner von uns? Er stammt aus einer alteingesessenen Familie. Schon sein Urgroßvater hatte einen Laden hier. – Alteingesessen vielleicht, doch keiner von uns. – Wie meinen Sie das? – Was heißt, wie ich das meine? Wissen Sie denn nicht, daß Metzger Kleins Juden sind?

Auch zu dem Mädchen Ella trug der Wind das Gerücht. Sie haben den Mörder gefaßt. Rosas Mörder. Karl Klein heißt er. Doch der Name besagte ihr nichts, wenigstens nicht sogleich. Es gab so viele Kleins. Der böse Spuk hatte einen Namen erhalten, das war alles. Dann begriff sie. Die Kinder auf der Straße sorgten dafür, daß sie begriff.

Quadrate mit weißer Kreide auf den Bürgersteig gemalt. Kinder hüpften auf einem Fuß über die Linien. Sie balancierten eine Scherbe aus Steingut auf ihrem rechten Daumen. Eines nach dem anderen hüpften sie, bis sie sich irrten und auf einen Strich traten. Ella saß auf der Treppenstufe und wartete. Als sie sah, daß die Reihe an sie kam, stand sie auf. Sie legte die Scherbe auf den Daumen und hob den Fuß.

„Nein“, sagte das sommersprossige Mädchen, welches oben am Berg in dem Haus mit den gelben Fensterläden wohnte, „du nicht.“

„Doch“, sagte Ella, „ich bin jetzt an der Reihe.“ Das Mädchen schüttelte die kupferroten Zöpfe.

„Nein“, wiederholte sie, „du nicht. Metzger Kleins Karl hat Rosa umgebracht.“

„Ja“, nickten die Gefährtinnen, „du nicht. Er hat sie umgebracht.“

Die weiße Scherbe glitt aus Ellas Hand. Mein Gott, dachte sie, Karl. Es kam ihr nicht in den Sinn zu fragen, was das mit ihr und der Beteiligung am Spiel zu tun hatte. Karl, dachte sie nur dumpf, wie von einem Schlag benommen.

Wieder saß sie allein auf der Holzplanke über dem Bach. Noch immer strebten die Quasten der Algen unerreichbaren Fernen zu. Geruhsam lagen die Schwäne auf dem Wasser. An den Ästen der Kastanie streckten die jungen Blätter jetzt deutlich erkennbar ihre grünen Finger aus. Es wurde Frühling. Sie ließen keinen Zweifel mehr daran. Aber Ella beachtete die Zeichen nicht. Alle meine Entchen, sang jemand. Sie schaute sich um. Doch der Uferdamm war leer. Alle meine Entchen, hörte sie, eins, zwei, drei, vier, fünf, fünf. Zwei Hände glitten über vergilbte Tasten, von denen eine ihr und die andere ihm gehörte, den sie jetzt einen Mörder nannten. Aber sie fand es unmöglich, nach dem üblichen Rezept zu verfahren und ihn mit den Eigenschaften und dem Aussehen eines Ungeheuers zu behängen. ‚Nimm noch ein Stückchen‘, sagte die Frau, die Rosa hieß und den Haushalt führte, weil seine Mutter kränkelte. ‚Du ißt es doch so gern. Es ist genug da.‘ Das Wasser staute sich hinter dem Hindernis, welches ihre Hand war. Sie saß auf dem Sofa. Es stand neben dem Klavier und hatte Kissen mit rosa Rüschen und rosa Bömmeln an den Armrollen. Auch er saß auf dem Sofa. Neben dem Fenster saß er auf dem Sofa. Vor dem Fenster hingen weiße Stores mit messinggelben Übergardinen. Sie hatten einen dicken Rostflecken links unten in der Ecke. Direkt unter dem Flecken stand eine Kristallvase mit langstieligen Kallas auf der Kredenz. Keine echten Blumen. Die Kallas in der Vase unter dem Rostflecken waren aus Wachs. Brautsträuße hatten Kallas. Brautsträuße und Totenkränze. ‚Ich habe dir echten Bohnenkaffee eingeschenkt, wie den Großen‘, flüsterte Rosa ihr ins Ohr. Sie roch, daß es Bohnenkaffee war. Er schäumte, als er in die Tasse floß. Es war ein blasser Schaum, der Blasen trieb und dann zerrann. Eine glatte braune Fläche blieb zurück. Wie braunes Packpapier. Wie die Algen, die Pferdeschwänzen glichen, verbesserte sie hastig. ‚Alle meine Entchen schwimmen auf dem See.‘ Ein kleiner Junge ging neben seiner Mutter am Ufer entlang. Er trug eine Butterbrottasche an einem Riemen um den Hals und zeigte auf die Enten, die mit den gelben

Schnäbeln ihre Federn fetteten. Auch die Tasten des Klavieres waren gelb. Nicht alle Tasten, nur in der Mitte waren sie vergilbt, dort wo seine Hand die ihre führte. Sie hatte Rosa gern. Viel lieber aber hatte sie ihn gehabt, den sie jetzt einen Mörder nannten. Sie kam sich schäbig vor. Hatte sie nicht unwillkürlich soeben die Vergangenheit benützt, ‚hatte ihn gern gehabt' anstelle von ‚hatte ihn gern'? Das war Verrat. Sie hatte ihren Freund verraten, statt fraglos zu ihm zu stehen, wie Freundschaft es verlangte. Und dann. Sie behaupteten, daß er es getan hatte. Vielleicht beschuldigten sie ihn zu Unrecht und er war unschuldig. Das war es. Sie beschuldigten ihn zu Unrecht. Sie sah den hochgewachsenen Mann vor sich mit den breiten Schultern und den grauen, gutmütigen Augen, der immer zu einem Späßchen aufgelegt war, immer irgendwas besonderes für sie bereit hielt, eine Muschel mit Papierblume, die aufquoll, wenn man sie ins Wasser legte, einen springenden Blechlaubfrosch, der quakte, einen Bären, der Purzelbaum schlug. Es mußte ein Irrtum sein. Er konnte unmöglich Rosa umgebracht haben, wie die Leute sagten, auch ihr Vater, auch ihre Mutter. Warum sollte er es getan haben? Er hatte Rosa gern. Sie konnte bezeugen, daß er sie gern hatte. Hatte sie nicht selber einmal gesehen, wie er sie streichelte? Nur so über den Rücken. Aber doch streichelte. Und dann an jenem Abend in der Scheune. Es fiel ihr jetzt auf einmal ein. Es mußte Winter gewesen sein, denn es war schon dunkel, als sie an dem offenen Tor vorüberging. Ein Auto drehte in der Straße. Geblendet von dem hellen Lichtkegel hielt sie an und wandte den Blick ab. Zwei Gestalten, ein Mann und eine Frau standen in der Scheune am Ende des Hofes für einen Augenblick vom Scheinwerfer der Finsternis enthoben. Eng beieinander standen sie und hielten sich umschlungen. Beschämt, weil sie gesehen hatte, was nicht für sie bestimmt war, eilte sie davon, doch nicht bevor sie Rosa und Karl erkannte. Nein, es war unmöglich. Er konnte sie nicht umgebracht haben. Es mußte eine Verwechslung sein, vielleicht ein anderer Karl Klein, den sie nicht kannte. – Sie war schwanger, hatte die Bäckersfrau der Kundin zugeflüstert und die hatte verständnisvoll genickt. Sie begriff nicht, was es mit Karl zu tun hatte, wenn Rosa schwanger war, doch ein Grund, um sie zu töten, konnte es gewiß nicht sein. – Er hat versucht, das Kind abzutreiben und sie ist dabei verblutet, sagte die Mutter, als sie wieder einmal, von den Erwachsenen unbemerkt, auf dem Rohr der Heizung saß. Was bedeutete das ‚abtreiben'? Es ist ein Unglück für uns, fügte der Vater hinzu. Was meinte er damit, wenn er das sagte? Daß man verantwortlich ist für seine Freunde? Doch das konnte es nicht sein, denn sie waren ja nicht eigentlich befreundet mit den Kleins. Sie waren, was man bekannt sein nannte.

Nur sie selber war mit Karl befreundet gewesen. Mit Karl und mit Rosa. ‚Gewesen', warum hatte sie schon wieder ‚war gewesen' gedacht? Die Wolke gab die Sonnenscheibe frei. Silberne Funken hüpften über das Wasser. Das Gefieder der Schwäne schimmerte, und die Schnäbel der Enten glänzten gelb. Gelb wie die Tasten des Klaviers. Nicht alle. Nur in der Mitte, wo seine Hand die ihre führte. Auch Papier, das in der Sonne lag, vergilbte. Nicht jedes Papier. Nur weißes Papier vergilbte. Braunes konnte schmutzig werden und verblassen. Oder dunkeln, wenn es feucht wurde von Wasser oder von Blut. – Iß noch ein Marzipanhörnchen. Du hast sie doch so gern. – Sie haben noch ein Paket gefunden. Dieses Mal war eine ausgewachsene Frauenbrust darin. – Um eine Frauenbrust zu begreifen, mußte man sie sich nackt vorstellen. Das war etwas, was man nicht tat, etwas, was sie Sünde nannten. Doch sie sah sie ganz deutlich vor sich, voll und üppig wie die ihrer Mutter, wenn sie sich wusch, mit aufdringlicher, erschreckend braunroter Warze in der Mitte. Die Wolke spiegelte sich im Wasser. Sie nahm die Form einer Brust an. Auch der Findling, der aus ihm aufragte, nahm die Form einer Brust an. Auch der Schlamm. Glatt war sie wie eine Birne, aber langgezogen wie der Teig von Broten. – Noch ein Pfund, grinste der Försterbursche und warf das Paket auf die Bank. Braun war es und mit gedrehtem Bindfaden verschnürt. Noch ein Pfund, noch ein Kilogramm, ein Mensch in Fleischportionen aufgeteilt. Nicht irgend jemand. Keine Tat im Zwielicht unsicherer Geschichten begangen. Mörder, Opfer. Unmöglich, die Titel auf langvertraute Gesichter zu kleben. – Gleißend weiße Federröhren und unter ihnen gewellte Bänder. Das Schwanenpaar mit seinen Kindern segelte durch den Gitterschatten des Geländers. Nein, er hatte es nicht getan. Er konnte es nicht getan haben. Verschwunden war das Fleckengrau der jungen Schwäne, verschwunden wie der schmutzig nasse Winterschnee. Es gab nur noch das fleckenlose Weiß des Frühlings. Es war ein Irrtum. Die Leute würden eingestehen, daß es ein Irrtum war. Sie sah die Blütenkerzen auf den Ästen der Kastanie. Die Glocken im Turmgestühl des Domes übten ihr Osterläuten. Bald würden auch die Akazien ihre Dolden über die schwarze Erde des Dammes hängen. Bald würde die Wiese sich mit Marienblumen und Schaumkraut füllen. Das Wasser staute sich vor dem Hindernis, das ihre Hand war, teilte sich, umfloß sie und eilte weiter, immer weiter dem Fluß zu, in dem die Arme des Baches sich sammelten, zum Strom, in den er mündete, zu immer mächtigeren Flüssen und schließlich zum Meer. So war es. So mußte es sein, auch wenn ihre Augen es nicht sahen, denn so hatte sie es in der Schule gelernt.

Parkett aus gelben Zickzackstäben. Mit grünem Tuch bespannte Tische, zwei parallele Reihen, und vor ihnen einer schräg gestellt mit silbergrauer Glocke und einem Wasserglas mit Goldrand. Vier Reihen Köpfe mit Glatzen, weißen, blonden, schwarzen Haarstoppelkränzen, pomadisierten Scheiteln und zwischen ihnen sorgfältig gekämmte Frisuren. Männer und Frauen. Auch ein paar Kinder, ungeduldig und nicht wissend, was sie erwartete, mitgebracht aus irgendwelchen Gründen oder auch ganz ohne irgendwelche Gründe. Auch Ella sitzt neben ihren Eltern. Ein Mann in tadellos geschnittenem schwarzen Anzug und diskret weinrot getönter Krawatte auf weißer Hemdbrust steht hinter dem quergestellten Tisch. In seinen Brillengläsern funkeln die Lichter des Kronleuchters, ein Messingring mit gelben Flammenbechern unter mit braunem Holz getäfeltem Plafond. Sein Daumen spielt mit Uhrkette und Westenknopf auf seinem Bauch. Es ist ein Bauch mit sanfter Rundung, nicht genug, um dick genannt zu werden, doch zu füllig, um noch als schlank zu gelten. Neben ihm ein hagerer Mann, auch er bebrillt, unscheinbar wie ein Schatten. Wirklich nur die knochig dünne Hand, die nach dem glattlackierten Griff der Glocke faßt. Ein Klingeln, ein Räuspern, ein langgezogenes Zischen. „Ruhe", gebietet jemand und das Gemurmel schrumpft zusammen.

Worte, Sätze, Abschnitt und wieder Worte. Was meint der Mann, wenn er von Verleumdung spricht? Auch er benützt das seltsam unheimliche, fremde Wort ‚Ritualmord'. Was bedeutet dieses Wort, das sich wie ein ekliges Gewürm zwischen sie geschlängelt hat? Warum erzählt er, wie man die Juden immer wieder beschuldigt hat, Christenblut für rituelle Zwecke zu gebrauchen. Früher beschuldigt hat, in den düstren Zeiten geistiger Beschränktheit. Und wie verwunderlich es ist, die gleiche Beschuldigung nun hier in dem Lande hoher geistiger Kultur zu hören, auch wenn sie nur erhoben wird von unverantwortlichen Elementen. Was will er damit sagen? Er langweilt sie. Sie bereut mitgegangen zu sein. Sie hätte vorschlagen sollen, mit ihrer Freundin draußen Ball zu spielen. Doch nun ist es zu spät. Jetzt nennt der Vortragende Zahlen, und während er sie ausspricht, hebt er die Stimme, ein Zeichen, daß er sich bemüht, ihre Bedeutung zu betonen. Die Zahl der von Juden begangenen Morde liegt weit unter ihrem Anteil an der Bevölkerung. Warum sagt er das? Was ist es wichtig, welcher Religion und welchem Volke ein Mörder angehört? Und dann, warum nennen sie den, der einen andern umbringt, einen Mörder, als handele es sich um einen Beruf wie Lehrer, Schreiner oder Apotheker? – Auch Karl nennen sie einen Mörder. Doch was geht das diesen Mann mit der goldgerahmten Brille an? Es geht ihn nichts an. Sie ist ganz sicher. Es ist ihm völlig gleichgültig, was mit Karl geschieht. Er kennt ihn ja nicht einmal. Er hat es selbst gesagt. Er ist ihm nie begegnet, hat ihn nie gesehen. Wie kann ihn da betreffen, was er getan hat, so betreffen, daß er von weither in diese kleine Stadt reist und darüber redet. Sie selber geht es an. Mehr als die Frauen und Männer neben ihr auf den Bänken geht es sie an, auch wenn jene eingeladen sind und sie nur geduldet wird. Was Karl betrifft, betrifft auch sie. Man ist verantwortlich für seine Freunde. Karl ist ihr Freund. Sie ist stolz darauf, daß sie ‚ist' und nicht ‚war' gedacht hat. Auch Rosa war ihre Freundin. Wie kann sie dem einen die Treue wahren, ohne sie der anderen zu brechen. Auch Karl war Rosas Freund. Karl hat Rosa umgebracht. Weil er ihr Freund war, hat er sie umgebracht. So sagen sie. Weil er sie liebte, hat er sie ermordet. Tötet man, die man liebt? Er ist eine Bestie, er hätte das nicht tun dürfen, sagte die Mutter, als sie wieder einmal unbeachtet auf der Heizung saß. Er hat ihr einen künstlichen Abort gemacht und sie ist daran verblutet. Was war das, ein Abort, an dem man verblutete? – Der Glatzköpfige hält in der Rede an. Er nimmt das Glas in seine linke Hand und trinkt. Das Glas, an dem der Goldrand glüht. Sie sieht, wie sich sein Adamsapfel beim Schlucken bewegt. Auch von dem Siegelring an seinem dicken Finger sprüht das Licht. Liberalismus, Toleranz, Kampf dem Faschismus, Erhaltung der Demokratie. Immer mehr unverständliche Begriffe dringen auf sie ein. Was besagen sie? Was haben sie mit Karl zu tun?

Oder mit Rosa? Er hätte es nicht tun dürfen, sagte der Vater und schüttelte den Kopf. Und dann sie zu zerstücken wie ein Vieh. Ja, bestätigte die Mutter streng, er ist ein Feigling. Das stimmte nicht. Sie konnte bezeugen, daß es nicht stimmte. Hatte sie nicht selbst gesehen, wie Karl mit bloßen Händen den wild gewordenen Bullen aufhielt und ihn zurückzwang in den Stall? – Wieder hebt der Redner die Stimme. Wir verdammen dieses abscheuliche Verbrechen, doch wir protestieren dagegen, als Kollektiv dafür verantwortlich gemacht zu werden. Laut rollen die Worte über Tisch und Köpfe. Was bedeuten sie? Um sie herum nicken Gesichter ihre Zustimmung. Sie begreift nicht, warum sie nicken, nur daß sie Karl verdammen. Alle verdammen sie ihn. Ja, sie vermeiden es sogar, das Haus in der Eusebiusstraße zu betreten. Auch ihr hat die Mutter eingeschärft, Kleins nicht zu besuchen. Auch sie. Unter der Linde für den Unbekannten suchte sie Entschuldigungen. Für Karl findet sie kein Wort des Verstehens.

Dämmerlicht in langgestrecktem gotischen Gewölbe. Ein Mann in brauner Kutte auf geschnitzter Kanzel, die wie ein Nest an dem Steinbündel der Säulen klebt. Durch spitze Bogenfenster fällt roter und blauer Schein, fällt auf die ausgestreckte Hand des Mönches und auf zu ihm erhobene Gesichter dunkel gekleideter Gestalten in den Betstühlen. In dunklen Nischen schweben die Flammen unsichtbarer Kerzen, glüht hier und dort ein goldener Streifen auf, die Krone einer Statue, der Saum eines Gewandes, der Einband eines Meßbuches. Auch auf Ella fällt von dem Glanz des bunten Glases. Sie kommt manchmal hierher, wenn ihr Weg sie über den Marktplatz führt. Nicht um zu beten. Sie kommt, weil sie die Stille in den von Dämmerlicht durchwebten hohen Hallen anzieht. Sie geht das Seitenschiff entlang, vorbei an Kapellen, die lang gekannt doch fremd bleiben. Sie geht auf Zehenspitzen, um den Hall der Schritte abzudämpfen. Sie vermeidet, sich den Betenden zu nähern. Sie achtet nicht auf die Predigt. Erst als ihr Ohr zufällig das gleiche unverständliche Wort auffängt, das auch der Bebrillte in der Versammlung benützte, horcht sie auf. Was meint der Mönch damit, wenn er vor Haß warnt und vor der Beschuldigung des Ritualmordes? Auch er erwähnt die in braunes Papier gewickelten Pakete und spricht von dem Mörder. Er nennt keinen Namen. Doch es besteht kein Zweifel, daß er Karl meint. Auch er bezeichnet ihn als Bestie, wie der Bebrillte, wie ihr Vater, ihre Mutter es getan haben, wie sie es alle tun. Auch die Beter in den Stühlen stimmen ihm mit Nicken zu.

„Nimm“, sagte Ella und hielt Anna das große runde Paket hin. Anna saß in ihrer Wohnküche im Lehnstuhl neben dem rotglühenden Herd und las die Zeitung. Sie blickte auf, schob die Brille über das graue, glatte Haar zurück und nickte dem Mädchen einen Gruß zu. Ella war eingetreten ohne anzuklopfen. Sie war zu Hause in Annas Wohnung und man klopfte nicht, wenn man in eigene Zimmer trat.

„Nimm“, sagte das kleine Mädchen noch einmal und legte das Paket vorsichtig auf das gelb und blau getupfte Wachstuch des Tisches. „Heute sind sie endlich angekommen. Ich weiß doch, wie gern du sie ißt, mit Zucker gebrockt und in Kaffee und Milch geweicht. Oder in der Suppe. Mutter sagt, dir gelingen die Mazzenklöße besser als ihr.“

„Ach“, sagte Anna und rieb die Hände an ihrem Hauskittel. Das Mädchen hatte inzwischen das Papier geöffnet.

„Siehst du“, rief sie triumphierend, „dieses Jahr ist es mir gelungen. Ich habe aufgepaßt. Nicht eine einzige ist mir zerbrochen.“ Der Wasserkessel begann zu sieden. Ein dünner Faden stieg aus seinem Tüt. Wie die Köpfe exakt in Reihen gehämmerter Nägel starrten die Löcher aus den Mazzenscheiben. Anna faltete die Zeitung langsam zusammen und legte sie neben sich auf die Lehne.

„Zwölf, vierundzwanzig“, zählte Ella. „Genau zwei dutzend sind es. Ich lege sie dir gleich in die Brottrommel. Du brauchst ja nicht aufpassen, daß sie nicht mit Gesäuertem in Berührung kommen, wie wir es müssen." Sie zog einen Holzschemel heran, rückte ihn an die Anrichte und stieg hinauf.

„Lieber nicht", sagte Anna. Sie saß noch immer steif in ihrem Lehnstuhl.

„Kannst ruhig sein. Ich nehme mich in acht", versicherte das Mädchen und griff nach der Emaildose.

„Das nicht", sagte Anna, „das ist es nicht. Nur. . ."

„Was nur?" Ella hielt an und drehte sich zu ihr um.

„Ich will die Mazzen nicht."

„Du willst die Mazzen nicht?" Das Mädchen schaute sie erstaunt an.

„Nein", sagte Anna, „besser nicht."

„Aber du bekommst sie doch jedes Jahr von Mutter, wenn wir Pessach haben und ihr Ostern. Das weißt du doch."

„Ich will sie nicht." Nur der Deckel des Kessels klapperte leise und im Ofen zersprangen zischend die Briketts.

„Du willst sie nicht?" wiederholte Ella dann.

„Dieses Mal nicht." Anna zögerte. „Es könnte Blut darin sein." Sie hielt den Blick auf ihre Hände gesenkt, die noch immer den Stoff des Kittels glätteten.

„Blut?" staunte Ella. „Was für Blut?" Sie war vom Stuhl herabgestiegen und stand vor ihr.

„Menschenblut."

„Menschenblut?"

„Von Christen."

„Ja, aber. . ." Das Kind holte tief Atem. „Du meinst doch nicht etwa. . ."

„Nicht ihr", unterbrach Anna sie hastig, „aber andere. Ihr braucht ja nicht davon zu wissen. Eine Sekte vielleicht. Eine geheime Sekte, von der ihr nicht wißt." Es war auf einmal heiß geworden in der Küche. Dick und wolkig kräuselte sich der Schwaden. Es wurde immer heißer.

„Du willst also die Mazzen nicht?" fragte Ella langsam.

„Nein", sagte Anna, „lieber nicht. Nicht ihr. Irgendeine Sekte, von der ihr nicht wißt. Du verstehst mich doch."

„Ja", log das kleine Mädchen. Eine nach der andern nahm sie die bleichen, runden Scheiben des ungesäuerten Brotes von dem lustig gelb und blau getupften Wachstuch und legte sie in das Papier zurück.

Fratzen an der Litfaßsäule. Die verzerrten Züge eines Gesichtes, seines Gesichtes, eine riesige, übertrieben krumme Nase, abstehende überlange Ohren. Fratzen am Finanzamt, an der Klostermauer, an den Wänden der Häuser. Eine Hand, die ein Messer hielt und eine andere, die nach der Kehle einer Frau faßte. Fratzen und Hakenkreuze an alle Mauern geklebt, schwarz und rot auf weißem Grunde. Es roch nach Knochenleim und frischer Druckerschwärze. Ritualmord, stand in fetten Buchstaben geschrieben. Was bedeutete das Wort? Sie ahnte jetzt, was es bedeutete. Warum gestikulierten die Burschen, die vor dem Plakat standen, mit so unanständigen Bewegungen? Warum lachten sie so höhnisch? – Was gab es zu lachen, wenn ein Mann eine Frau ermordet hatte? Ermordet? Auch sie sagte ermordet? Wie konnte sie wissen, wie es geschehen war, und wer war sie, daß sie sich zum Richter setzte über ihn? – Richte nicht, auf daß du nicht gerichtet werdest. Nichts Menschliches sei dir fremd. Woher stammten diese Sätze? Und dann, hatte sie ihn nicht stolz ihren großen Freund genannt? Hielt ihre Freundschaft nur, solange sich alles glatt im Rahmen des Üblichen vollzog? Nur solange sie Vorteile daraus ziehen konnte? Galt sie nicht mehr, sobald sie Verpflichtungen auferlegte? – Noch ein Plakat. Der Mann mit dem verzerrten Gesicht hielt eine Frau umschlungen. Was geschah, wenn ein Mann und eine Frau sich so nahestanden, daß sie wie ein Körper aussahen? So hatten sie gestanden in der Scheune, als der Scheinwerfer sie anstrahlte, ein Leib aus Mann und Frau. Was geschah, wenn ihr Bauch sich wölbte und sie nicht verheiratet waren? – Er hat die Frucht ihres Leibes abgetrieben, flüsterte die Bäckerin der Kundin zu und reichte ihr die Tüte mit den Zuckerkrängeln. Was besagte das? Mit Blut mußte es zu tun haben, mit viel Blut. Sie ist daran verblutet, fügte die Bäckerin hinzu und schob den Rest des Geldes über die Theke. Blutige Hände, blutiges Stroh, dicke rote Klumpen Blut. Rette ihr Leben. Bring einen Arzt. Sie ist jenseits aller Hilfe. Rette dich selbst. – Wie man ein totes Kalb zerhackt, hat er sie zerschnitten. Fleisch in braunes Packpapier gewickelt und des Nachts verteilt. In den Wiesen. Auf dem Friedhof. Neben dem Steinbruch. Unter den drei Eichen. Niedergelegt an verborgenen Orten, aber doch nicht so verborgen, daß sie am Ende nicht gefunden wurden. – Alle meine Entchen schwimmen auf dem See, eins, zwei, drei, vier, fünf, fünf. Wie sah ein Mörder aus? Hatte er Augen wie dicke Kartoffeln, einen gierigen Mund mit scharfen Haifischzähnen und Hände wie die Fangarme von Tintenfischen? Hatte er graue, listig lüsterne Augen, scharf wie Rasierklingen, einen dünnlippigen Mund, der seine Opfer zu betören wußte? Wie sah ein Mörder aus? Warum fragte sie? Wußte sie denn nicht, wie Karl aussah? Karl hatte Rosa umgebracht. Alle sagten es. Es bestand kein Zweifel daran. So behaupteten sie. Er selber hatte es zugegeben, sagten sie. Doch wie konnte sie wissen, ob es stimmte, ob sie ihnen trauen durfte? Auch Anna hatte getrogen. Ich will die Mazzen nicht, hatte sie gesagt, es könnte Blut darin sein, Menschenblut. Wer lachte da? Niemand hatte gelacht. Die Straße war leer. Es war niemand mehr auf ihr, der hätte lachen können. Nur die grauen Pflastersteine. Und Steine lachten nicht. Auch die Laternenpfähle nicht, auch nicht die Zweige der Kastanien.

Sie ging noch immer, als seien es Meilen und nicht nur wenige Meter. Sie ging über besonnte Betonplatten, über Stufen in ein Giebelhaus aus rötlichem Backstein, Schritte, die Stunden dauerten. Sie trat in einen dunklen Flur, in eine Küche mit hell geschrubbten Stühlen. Am Herd stand eine Frau, die ihre Mutter war und doch auch fremd entrückt. Sie rührte in einem Topf. Sie sah, daß es ein Topf aus schwarzem Eisen war. Sie ging an ihr vorbei. Sie legte die Mazzen auf den Tisch, auf das Wachstuch mit den grünen Streifen. Grün wie der Kolk im Bach, wenn das Licht auf ihn fiel. Sie hörte, wie der Löffel sich in der heißen Masse drehte. Dickflüssig war sie. Öl mußte in ihr sein. Sie zischte, wenn die Mutter Wasser auf sie schüttete. – Anna will die Mazzen nicht. Es könnte Blut darin sein. Letztes Jahr, das Jahr vorher und alle die vorangegangenen Jahre ja, nur in diesem Jahre nicht. Der Frühling hatte die weißen Kerzen hochgetrieben. Sie trugen rote Stippen in ihren Blütenherzen. Unter den Kastanien lagen die Pakete und unter den Eichen vor der Stadt. Die Mutter hatte die Einbrenne beendet. Dann nicht, sagte sie und schob den Topf vom Feuer. Sie ging zum Schrank, nahm eine Schüssel, schlug vier Eier eines nach dem andern an der Kante auf und ließ sie hineinfließen. Warum entrüstete sie sich nicht und fragte: Was bedeutet das, Anna will die Mazzen nicht, es könnte Blut darin sein? Hatten die Hände einen Augenblick gestockt? Sie rührten emsig weiter, mengten Dotter und Zucker, Eiweiß und Butter zu einem körnigen Brei. Dann nicht, sagte sie noch einmal, reich mir das Mehl. Die große Dose links. Nicht das Salzfäßchen, die große Dose mit dem roten Deckel. Der Holzlöffel knirschte auf dem Zucker. Es könnte Blut darin sein. Eine Sekte könnte es hineingeträufelt haben, eine geheime Sekte... Die Mutter hielt an. Dieses Mal bestand kein Zweifel, sie hielt wirklich an. Stör dich nicht daran, was Leute sagen. Sie reden oft Närrischkeiten. Aber Anna war nicht irgendwelche Leute. Anna war Anna, die sie kannte, immer schon gekannt hatte, soweit sie sich zurückerinnern konnte. Nicht nur so oberflächlich wie den Briefträger oder den Doktor, der sie untersuchte, wenn sie krank war. Anna gehörte fast zur Familie. Ganz ohne ‚fast'. Wenigstens bis heute morgen war es so gewesen. Bis zu jenem Satz: Es könnte Blut darin sein. – Die Mutter hatte den Löffel genommen und rührte weiter. Manchmal stieß das Holz stumpf gegen das Email der Schüssel. Stör dich nicht daran, was Leute sagen. Immer verdächtigt man die Minderheit. – Warum Minderheit? Was meinte sie damit? Der Teig hatte sich längst geglättet. Sie sah es ganz genau. Doch die Hand rührte immer noch. – Wenn Johannes oder Hubert einen Mord begehen (immer werden Menschen irgendwo ermordet), behauptet niemand mehr, alle Christen seien schuldig. Früher einmal, ja. Doch wen kümmerte, was früher war in längst vergessenen Zeiten? Wenn ein Jude einen Mord begeht, hält man uns alle für verantwortlich. Das hätte er bedenken müssen. – Auch die Mutter zweifelte nicht daran, daß Karl der Mörder war. Kein Wort, das zu verstehen suchte. Vielleicht war er verzweifelt und hatte in Verzweiflung geirrt. Draußen auf dem Domplatz unter der vom Blitz gespaltenen Linde hatte sie Partei für ihn ergriffen. Vielleicht ist er krank, hatte sie gesagt. Aber nicht Karl, nur einen Unbekannten hatte sie verteidigt. Ihn fand sie schuldig, noch bevor die Schöffen ihr Urteil gesprochen hatten. Alle hatten sie sich von ihm abgewandt. Selbst sein Vater und seine Mutter. Sie allein war ihm treu geblieben. Was immer auch geschah, sie durfte ihn nicht verraten. Um ihrer Freundschaft willen durfte sie es nicht. Selbst wenn es stimmte, wenn er Rosa wirklich umgebracht hatte, Rosa, die auch ihre Freundin gewesen war. Sie mußte zu ihm gehen, ihm beweisen, daß sie zu ihm stand. Sie würde die Mutter um Erlaubnis bitten. Es wäre umsonst. Sie würde es nie gestatten. Auch der Vater nicht. Sie mußte ihn besuchen, ohne daß jemand davon wußte.

Sie geht durch die grauen Straßen an grauen Häusern vorbei. Alles ist grau, auch der Himmel und sie selbst. Sie steigt Stufen hinauf, die Stufen einer endlos langen Treppe. Jede Stufe dauert eine Ewigkeit. Sie fürchtet sich. Doch sie muß ihre Furcht bezwingen. Sie steht vor einer hohen Tür mit eisernen Bändern und hinterlistig grinsenden Kopfnägeln. Grün ist die Tür. Dunkelgrün wie der Gefängniswagen. Dunkelgrün und vergittert. ‚Die grüne Minna' nennen die Leute den Gefängniswagen. Ein Klingelzug. Eine schwarzlackierte Eisenstange mit breitem Griff, bestimmt für kräftige Männerfäuste. Wie kann eine Kinderhand ihn überwinden? Klingeln, schrill und hohl. Wer hat gewagt, es auszulösen? In einen Abgrund torkelt es hinein, in eine Leere ohne Ende. Auch sie wird in den Abgrund stürzen, wenn sie die Schwelle überschreitet. Ein Rütteln. Die Eisenplatten klirren. Jenseits ihrer Grenzen lauert das Verderben. Ein Kopf in Uniform, böse, mißtrauisch, erstaunt. Wer kann den Ausdruck solcher Züge deuten? Er wird sie abweisen. Wegjagen wird er sie wie einen herumstreunenden Köter. Über die Treppe wird er sie stoßen. Von Tritt zu Tritt wird sie hinunterfallen. Jede Stufe eine Ewigkeit. Immer tiefer wird sie fallen, zurück in das tückische Blinzeln der Straße, auf die spitzen Steine seines Pflasters. Er läßt sie ein. Er hat sie nicht verjagt. Die grüne Tür hat sich geöffnet. Nicht schwerfällig und kreischend. Nicht mit höllischem Getöse, wie sie es erwartet hat. Stumm und ohne Laut beginnt der Untergang. Die Soldatenmütze auf der Glatze wackelt. Im Wasserbade seiner Augen rollen die Glaskugeln. Ein schleimiger Faden rinnt aus seinem Mund. Ein Meckern dringt heraus. Ein Lachen? Ein Sichmokieren? Es ist ein glattrasierter feister Mund. Stockwerke von Käfigen mit Fluren an massiven Pfeilern über zementierte Abgründe gehängt. Zwischen ihnen Netze aus stählernen Maschen. Planken und Leitern, die abfallen und steigen. Stäbe, die sich zu Gittern formen. Augen lauern hinter den Gittern. Jede Zelle und ihre Gitter. Jedes Gitter und seine Augen. Augen, die in dem bleichen Scheine glühen. In dem bleichen Schein, der aus verborgenen Luken fällt. Augen, die sich verzehren und zu Asche brennen. Wen suchst du hier? Wir haben viele Mörder. Freunde von Mördern sind verdächtig. Auch an ihnen haftet das Verbrechen. Rette dich. Flüchte zurück. Leugne die Bekanntschaft. Flieh, solange es noch möglich ist. Fort von den Zellen mit den glühenden und ausgebrannten Augen. Lassen Sie mich ein. Ich muß ihn sehen. An seinen Augen werde ich erkennen, ob er es tat. Und wenn er es getan hat? Bist du sein Richter? Er war mein Freund. War mein Freund? Er war auch Rosas Freund. Er hat sie umgebracht. Auch du verurteilst, ohne ihn zu hören? Auch du? Fratzen an den Litfaßsäulen, entstellte Visagen. Geruch von Knochenleim und Druckerschwärze. Plakate an den Mauern des Finanzamts. Dicke rote Buchstaben. Ritualmord. Ein schauerliches Wort. Burschen, die hämisch lachen. Schlagt ihn tot. Schlagt alle tot. Christenblut für ungesäuerte Brote. Frauen mit Körben vor der Zeitung an der Wand. Es steht genau beschrieben, wie sie es machen, vom Blutlassen der Leiche bis zum Backen. Es muß etwas daran sein, wenn die Zeitungen es bringen. Nicht alle Zeitungen, nur diese eine. Der Anzeiger und auch das Tageblatt schreiben, es sei nicht wahr. Wer weiß, was die für Gründe haben, es zu leugnen. Auch der Pfarrer in seiner Predigt hat erklärt, es sei Verleumdung. Wie kann er wissen, was geheime Sekten tun? Plakate, Zeitungen und Hakenkreuze. Die Zeichen kleiner Gruppen von Fanatikern, wen kümmern sie? Morgen werden sie den Staat beherrschen. Lächerliches Geschwätz. Fort von den Plakaten, von den Emblemen künftiger Macht. Fort von den Gesichtern der Frauen und Burschen. Ich will die Mazzen nicht. Trag sie zurück. Flüchte dich. Geh nicht zu seiner Zelle. Lassen Sie mich ein. Ich muß ihn sehen. Er ist mein Freund. Sie haben es gehört. Ich sagte ‚ist mein Freund', nicht war. Ich bin keine Verräterin. Gib mir den Zucker. Den Zucker, sagte ich, was reichst du mir das Salz? Er steht im Wandschrank in der grünen Dose. Grün sind die Algen im Bach, grün und braun. Grün ist der Kolk, in dem die Mädchen sich ertränkten, die geschwängert wurden vor der Heirat. Grün ist das Gefängnistor und der Wagen der Gefangenen. Zucker sagtest du? Warum nicht Salz? Backe, backe Kuchen, der Bäcker hat gerufen, Zucker und Salz, Mehl und Schmalz. Auch Zucker und auch Salz. Doch nur eine Prise Salz. Du darfst das Maß nicht vergessen. Vergiß das Maß nicht. Nimm eine Form. Schmier sie mit Margarine aus. Bestreue sie mit Brösel. Zwieback. Du kannst auch Mazzenbrösel nehmen. Sie will unsere Mazzen nicht. Es könnte Blut in ihnen sein. Scher dich nicht darum, was Leute sagen. Nicht irgendwelche Leute, Anna hat es gesagt. Sie sagen, wir benützen Blut von Christen. Öffne die Herdklappe. Leg zwei Briketts in den Ofen und schür das Feuer mit dem Haken. Wie die Flammen springen. Wie sie sich im Luftzug bäumen. Lichte Fahnen mit roten Zackenherzen. Auch die Kerzen der Kastanien tragen rote Tupfen in den Blüten. Die Kohlen ächzen, während sie zerspringen. Sie sagen, wir benützen Menschenblut. Hör nicht auf das, was sie sagen. Auf den Plakaten an den Litfaßsäulen steht es geschrieben. Achte nicht darauf. Hast du die Form mit Margarine ausgeschmiert und mit Mazzenmehl bestreut? Sie will die Mazzen nicht. Sie sagt, es könnte Blut in ihnen sein. Den Zucker, sagte ich, was reichst du mir das Mehl. Er steht im Wandschrank in der grünen Dose.

Der Fackelzug

Es war die gleiche Straße wie gestern, vor einem Jahr, wahrscheinlich hatte sie sich sogar im ganzen letzten Jahrzehnt kaum verändert. Es war eine schmalbrüstige Straße. Wenn man zu den Dächern aufsah, gewann man den Eindruck, als kuschelten sich die Fachwerkgiebel eng aneinander, ja, als neigten sie sich über die Straße einander zu. Das war in gewissem Sinne auch wirklich der Fall. Jedes der oberen Stockwerke ragte ein wenig über das untere vor. Sie erweckten so den Eindruck des Baufälligen, muteten in ihren bunten Schnörkeleien aber gleichzeitig anheimelnd an. In krassem Gegensatz standen diese Giebel zu den Schäften ihrer Haustür. Dort hatten die letzten Jahre den Stil vergangener Zeiten durchbrochen und sich bemüht, den Ansprüchen eines neuen Geschäftsgeistes gerecht zu werden. Freilich war ihnen das kaum irgendwo voll gelungen. Die modernen, ja sogar eleganten Schaufenster nahmen sich ein wenig komisch aus in der altmodischen Umrahmung des Fachwerks. Stellenweise sprang die Häuserfront zurück. Dort hatte man bei der Errichtung eines Neubaues der notwendig gewordenen Erweiterung der Straße Rechnung getragen. Die Schienen der Straßenbahn, die neuerdings hier vorbeirauschte, verengten den Raum noch mehr. Nach Geschäftsschluß, wenn die Menschenmengen über die Ränder der Bürgersteige quollen, hatte der Schaffner sich unter stetigem Gebimmel die Freigabe der Schienen zu erzwingen. Es waren graue, gekerbte Schienen, die des Abends im Licht der Bogenlampen erzitterten. Die Schüler der höheren Schulen blieben manchmal auf ihnen stehen, um die Mädchen in ihren bunten Klassenmützen besser in Augenschein nehmen zu können. Dann ließ der Schaffner unaufhörlich sein metallisch aufdringliches Zeichen ertönen, und der grüne Leib der Straßenbahn schob sich langsam durch die Menge.

An jenem besonderen Abend, von dem hier die Rede ist, fuhr die Elektrische nicht, und die Menschenmassen ballten sich noch dichter als gewöhnlich. Einem in die Zeitgeschehnisse nicht eingeweihten Beobachter wären diese Kleinigkeiten wohl kaum aufgefallen, oder er hätte ihnen doch keinerlei symptomhafte Bedeutung zugemessen. Es war die gleiche Straße wie gestern, vorgestern, ja, wie seit Jahren. Und sie war es doch nicht. Und noch weniger waren es die Leute, die zu dickflüssigen Klumpen geballt die Straßen durchzogen. In einer weit entfernt liegenden Stadt war die Regierung in die Hände eines Mannes übergegangen, den sie noch bei den letzten Wahlen als Gegner angesehen hatten. Daran dachte an diesem Abend in der bevölkerten Straße wohl kaum jemand. Hätte man sie darauf aufmerksam gemacht, so wären sie entrüstet aufgefahren. Sie hatten immer schon der neuen Lehre angehangen. Und während sie so entgegneten, glaubten sie selbst daran. Morgen, wenn sie der gewohnten Arbeit nachgingen oder daheim allein am Tische saßen, mochten sie sich vielleicht daran erinnern. Heute war es ausgelöscht aus ihrem Bewußtsein.

Es war gegen Ende eines der letzten Februartage. Die Luft stach kalt auf die Haut ein, doch schien sie mit einer elektrischen Schwüle geladen zu sein, einer Schwüle, die von den Leibern der Menschen ausging. Zusammen mit dem dumpfen Gemurmel schloß sie sich an die Körper an wie ein klebriges Netz, dem man sich nicht entziehen kann. Sie vergaßen alle Rechnungen und Bedenken. Dazu war heute nicht die Stunde. In verhaltener Begeisterung schienen sie auf irgend etwas zu warten.

An einer Litfaßsäule stand ein etwa 15jähriges Mädchen. Den Kopf gesenkt haltend stierte sie in die Menge hinein. Ein Beben lief von Zeit zu Zeit durch ihre Glieder. Dann strich sie mit der Hand die Haare zurück, obwohl das vollkommen überflüssig war. Sie schien mit dieser Bewegung der Erregung Herr werden zu wollen. Selbst sie verspürte die Schwüle in jedem ihrer Glieder. Sie war vielleicht der einzige Mensch unter den vielen, der sich dessen bewußt wurde und dagegen ankämpfte. Sie fühlte sie mit einer schmerzhaften Wachheit. Sie empfand Gemurmel und Blicke feindlich gegen sich gerichtet. Der Möglichkeit nach wenigstens nicht ganz zu Unrecht. Ihre Eltern und sie selbst waren Juden. Irgendwo sang jemand das Lied, nach dem Manne benannt, den die einen als Helden, die anderen als Hurenjäger darstellten. Das waren sie wieder, jene widerlichen Worte. Sie dachte nicht daran, ob es möglich sei, daß sie diese gereimten Drohungen einmal in die Tat umsetzen könnten. Der Gedanke allein wäre absurd gewesen. Aber die Worte waren so unästhetisch und blutrünstig, daß sie ihr eine fast körperliche Übelkeit verursachten. Einen Augenblick lang wollte sie fortgehen, nach Hause oder besser noch, irgendwohin, wo sie niemanden sehen, mit niemandem zu sprechen brauchte. Aber sie vermochte sich nicht von dem Platze fortzurühren. Ihr Wille schien gelähmt.

Eine Gruppe aufgeregt durcheinander sprechender und lachender Mädchen schlenderte untergefaßt vorüber. Sie trugen Schülermützen in der gleichen Farbe wie sie selbst. Als sie Gerda bemerkten, stutzten sie, wollten wie gewohnt ihr einige Worte zuwerfen, besannen sich aber augenscheinlich und ließen ihre Blicke über sie hingehen wie über eine Fremde, ihr schien es, wie über eine Ausgestoßene. Sie krümmte sich innerlich getroffen zusammen, ihr Stolz, den sie zu Hilfe rief, versagte. Andere Gruppen zogen vorüber, darin Bekannte und Unbekannte. In aller Augen lag das gleiche seltsame Funkeln. Wo hatte sie nur schon einen solchen glühenden Glanz der Augen gesehen? Sie grübelte nach, dann wußte sie es plötzlich. Ihr kleiner Bruder hatte solche Augen gehabt, als er Scharlach hatte und in hohem Fieber dalag. Aber gleich schob sie den Vergleich wieder beiseite. Es war ja Unsinn, so etwas nur zu denken. Die Leute um sie herum waren doch nicht krank, ja, vielleicht war mit ihr selbst etwas nicht in Ordnung, da sie doch alles wie durch einen Schleier sah, mit einem seltsamen Brummen in den Ohren, gleichsam wie in einem scheußlichen Traum, den man nicht zu verscheuchen vermag, so sehr man es auch wünschte. Aber das war ja glatter Unsinn. Das fehlte noch, sich selbst eine Krankheit einzureden. Gewiß vermochte sie, diese Hirngespinste zu verjagen. Gleich auf der Stelle würde sie sich das beweisen, sich umdrehen und nach Hause gehen. Das war das Gescheiteste, was sie tun konnte. Sie blieb aber stehen, wo sie gerade stand.

Die letzten Farben der Sonne verschwanden vom bewölkten Himmel, und die Dämmerung schlug über der Menge zusammen. Plötzlich fuhr es wie ein Schlag durch die Massen. Auch Gerda schrak zusammen. Als habe jemand ein Zeichen gegeben, verstummte die Menge und wich nach beiden Seiten zurück, so die Fahrbahn freigebend. Die Luft schien unerträglich heiß zu werden. Das Mädchen starrte mit schmerzenden Augen in die hohle Gasse, die immer noch leer blieb. Ein Zucken der Leiber um sie herum, deren Schweißgeruch sie zum Brechen reizte. Einen Augenblick glaubte sie, in ein lautes Gelächter ausbrechen zu müssen, obwohl es ihr mehr zum Weinen zumute war. Sie krampfte aber nur die feuchten Hände ineinander.

Dann plötzlich war es da. Jahrelang später, als sie das Land schon längst verlassen hatte, schien sie immer noch das chaotische Gejohle der entzügelten Masse zu hören, welches mit dem aufreizenden Trommeln der Kapelle zu einem fanatischen Getöse anschwoll. Jene Leute hatten wohl selbst ihren Taumel inzwischen schon vergessen. Sie aber glaubte immer wieder die flackernden Pechfackeln in den erhobenen Fäusten zu sehen, die gleich einer unendlichen Flammenreihe auf- und niederschwankten. Sie warfen ihren flüchtenden Schein auf die Gesichter von Trägern und Schauenden. Fahl und fanatisch stierten sie vor sich hin. Wieder vermeinte sie das „Juda verrecke“ zu hören, welches die heiser geschrieenen Stimmen immer noch hervorstießen. Das Schlimmste aber waren die marschierenden Füße in den schwarzen, hochgeschlossenen Soldatenstiefeln, auf denen der Fackelschein wie Irrlichter hin und her tanzte. Zuzeiten sah sie nur diese Füße in gleichmäßigem Takt auf sich zukommen. Grausame, gleichsam nackte Füße, die kamen, um sie zu zertrampeln, vor denen es keine Flucht gab.

An jenem Abend sprang die Brücke zwischen ihr und den anderen, mit denen sie ihr ganzes Leben lang zusammengelebt hatte. Und wenn es auch noch lange dauerte, bis der Sprung zum Bruche wurde, so wuchs er doch von Woche zu Woche. Er war immer vorhanden. Damals zuerst nahm die Straße mit all ihren Häusern und Menschen ein feindliches Antlitz an. Später schien es noch oftmals, als sei sie wieder die altvertraute Freundin der Kindheit, doch in Wirklichkeit war sie es niemals wieder. Das Mädchen trat in eine Kette von Leiden ein. Und seltsam genug, diese hörte erst in jener Zeit auf, da der Bruch ein vollständiger war, an jenem Tage, da sie auch mit Bewußtheit jenen Menschen eine Fremde wurde.

Die Synagoge und der Dom

Ein gelber, achteckiger Backsteinbau, in dessen Wände hoch oben riesige runde Fenster aus buntem Glas eingelassen waren, die sie immer an himmlische Feuerräder erinnerten, das war die Synagoge. Sie hätte nüchtern gewirkt, wäre nicht die runde Kuppel gewesen, welche ihr ein exotisches Aussehen verlieh in dieser Stadt der Türme und Kapellen, der Gotik und des Barocks. Schön an ihr war das Almemor mit dem Toraschrein, dessen schwerer, goldgestickter Purpurvorhang an den hohen Feiertagen durch einen weißen, silbergeschmückten ersetzt wurde und dessen Platz am Tischa be'aw ein schwarzer mit weißer Beschriftung einnahm. Und da waren die Torarollen selbst, ihre mit kleinen Glocken gezierten Silberkronen, die bunt gemalten Windeln, die man nach der Vorlesung um die Rollen wickelte, der seidene Bezug, das Silberschild und der silberne, „Hand" genannte Zeiger.

„Da lifne mi ato aumed" (Wisse vor wem du stehst) stand in riesigen Lettern an der Ostwand geschrieben. Das kleine Mädchen wußte die Bedeutung der Worte, und mit der ganzen Inbrunst ihres Herzens bemühte sie sich, dem Befehl zu gehorchen. Immer, seit erster Zweifel an ihrem Gottesglauben genagt hatte, suchte sie ihn durch gesteigerte Sorgfalt in der Befolgung der Gebote und durch Andacht des Gebetes zu verdrängen. Sie ging, wenn sie nicht gerade dem Gesang der Gemeinde folgte, dem deutschen Text nach. Sie konnte Hebräisch lesen, aber die Bedeutung der Worte verstand sie nicht.

Noch entsinnt sie sich des Morgengebetes am Schabbat. Noch entsinnt sie sich des Raumes um sie her mit den wohlbekannten Geräuschen und Bildern. Von unten herauf ertönte der feierliche Singsang des Vorbeters, dem zuweilen das Gemurmel der Männer mit einem langgezogenen „Omen" folgte. Oben auf der Galerie der Frauen fiel das Morgenlicht kaum gedämpft durch die hier und dort mit buntem Glas besetzten Fensterscheiben auf die feiertäglich gekleideten Frauen.

Eine Stelle aber gab es in den Gebeten, die schon die Siebenjährige nicht über die Lippen zu bringen vermochte, gegen die ihr Stolz sich jedesmal aufs Neue wieder aufbäumte. Geschrieben stand:

„Gelobt seist Du, Ewiger, unser Gott, der Du mich nicht zu einer Frau geschaffen", und darunter in kleinen Buchstaben: Frauen sagen: „Gelobt seist Du, Ewiger, unser Gott, der Du mich nach Deinem Willen geschaffen hast." Statt dessen sagte sie: „Gelobt seist Du, Ewiger, unser Gott, der Du mich zu einer Frau geschaffen hast." Die vorgeschriebenen Worte zu sprechen, konnte sie sich nicht überwinden, ob der eigenmächtigen Änderung aber vermochte sie sich nie des Schuldgefühls zu erwehren.

Lange braune Pulte hinter dem mit Plüsch bedeckten Tisch des Vorbeters, hier und dort ein aufgeschlagenes Buch, davor die dunklen Gestalten einiger Männer, den Tallith gleich einem gelbschwarzen Streifen über die Schultern gehängt, und oben auf der Galerie der Frauen noch weniger Beterinnen, so entsann sie sich zumeist der Synagoge. An den hohen Feiertagen aber schwoll das Gerinnsel der Andächtigen zu einem Strome an und floß zusammen, bis die verhaltene Kraft der Gemeinde in der Gemeinsamkeit des Gebetes das Gotteshaus erbeben ließ. Sie, die Monate hindurch nur ungern sich und anderen ihr Judesein gestanden, hatten, da das jüdische Jahr sich rundete, die verstaubten Zylinder und Bücher wieder hervorgeholt, und sich in die Gebetmäntel hüllend sprachen sie gemeinsam mit allen Juden der Erde die ihnen fremden hebräischen Worte des Sündenbekenntnisses. Ungewußt bestätigten sie so einen Bund, dessen Vorhandensein sie mit tausend Beweisgründen zu leugnen suchten. Auf das Mädchen übte das zum Überfließen volle Bethaus in seiner gespannten Weihe eine düstere Macht aus. Sie wurde einbegriffen in diese für Stunden selbstverständliche Gemeinschaft und doch aus Gründen, die sie nicht kannte, nie eins mit ihr.

Gern wäre sie zuweilen gekommen, wenn die Synagoge leer war, um in der Stille beim Licht der ewigen Lampe zu sinnen. Aber sogleich nach Beendigung des Gottesdienstes wurde die wuchtige Eisentür versperrt, etwas, was sie nicht verstand. Damals, sie zählte wohl schon dreizehn Jahre, wußte sie noch nicht, wie berechtigt es war, denn man lehrte sie, daß Judenverfolgungen einer düsteren Vergangenheit angehörten, und von den Synagogenschändungen, die von Zeit zu Zeit vorkamen, drang die Kunde nicht zu ihr.

Da war der Dom, an dessen langgezogenem Kirchenschiff die Bürger der Stadt Jahrhunderte hindurch in den wechselnden Stilen der Zeit gebaut hatten. In ihm fand sie die ersehnte Sammlung. Die hoch aufstrebenden Säulenbündel schienen in den spitzen Bögen keinen Abschluß zu finden und sich im Ungewissen zu verlieren. Zwischen ihnen lag die Stille als ein zu ihnen Gehöriges, noch unterstrichen vom Echo der vereinzelten Schritte. Nicht als eine

Abtrünnige oder auf der Suche nach einem neuen Gott trat sie in das gedämpfte Licht der weiten Hallen. Aus dem Verlangen nach einem Ort der Sammlung kam sie hierher. Sie vermied die Zeiten gemeinsamer Andachten. Um das Weihbecken beschrieb sie einen weiten Bogen, als bedeute es Gefahr. Niemals wagte sie, sich vor einem der vielen Betpulte niederzusetzen. Sie schritt hin und her durch die Bogenhallen an Kapellen und Seitennischen, an Statuen und Bildern vorbei. Sie ging vorsichtig, instinktiv bemüht, den lauten Nachhall ihrer Schritte zu dämpfen. Und wie sie ihrer Fremdheit immer eingedenk blieb, ja, vielleicht weil sie sich stets bewußt war, nur Gast und nicht zugehörig zu sein, verebbte der Sturm in ihr um ein Geringes, war es ihr vergönnt, den Schmerz in ihrem Herzen, seine Sehnsüchte und seine Bitterkeit zu mildern.

Draußen in der Grelle des Marktplatzes lag die Welt der Erwachsenen verlogen und unbarmherzig, keine Rücksicht nehmend auf Gefühle, Sehnsüchte entfachend und ihnen die Richtung versagend. Hier drinnen zwischen den Gebilden hoch getürmter Steinblöcke sammelten sich die zerfahrenen Wesensstränge des Seins. Sie schienen ein Ziel zu spüren und sich nach ihm auszurichten gleich den Schiffen des Domes, die in dem in mattes Kerzenlicht getauchten Altar zu ihrem natürlichen Abschluß gelangten.

Und so wie sie sich in dem stummen Raume selbst fand, ließ sie sich ein anderes Mal in ihm gehen, ließ die Gedanken wandern, wohin sie wollten und konnten, ohne doch Gefahr zu laufen, sich zu verlieren. Von den hohen Mauern mit ihren dämmerbunten Fensterscheiben wallten die Ströme, so stark sie auch sein mochten, letztlich immer wieder zu ihr als zu ihrem Zentrum zurück. Worüber sie in jenen Stunden grübelte, blieb ihr nicht im Gedächtnis. Sie wußte später nur noch von einem Ringen mit sich selbst, von einem Aufbäumen gegen überlieferte Werte, ohne doch andere an ihre Stelle setzen zu können. Es ist nicht ohne Ironie, daß sie sich für diese Auseinandersetzungen gerade einen Ort aussuchte, der von seinen Erbauern zur Wahrung und Aufrechterhaltung eines Dogmas und zum Kampf gegen ketzerischen Zweifel bestimmt war.

Wenn auch bewußt die Lehre des Christentums nicht zu ihr drang, so sollte sie doch später erkennen, daß die Atmosphäre der Klosterschule und der katholischen Stadt – deren Wahrzeichen ja der Dom war – tiefe Spuren in ihr hinterließ. Das jüdische Gebot mit seinem „Du sollst" und „Du darfst nicht" und der christliche Gedanke, so wie sie ihn verstand, daß einzig das Leid frei ist von Schuld, lagen wie ein beständiger Druck auf ihr. Sie schien der gequälte Mensch zu sein, dem das Gesetz und das Leid gleich zwei schweren Balken auf den Schultern lasteten. Erst zurückblickend von der Zeit an, da sie sich von beiden zu befreien begann, erkannte sie in ihnen einen der Gründe für den düsteren weltverneinenden Ausblick ins Leben jener frühen Tage, da sie sich an Gesetz und Leid klammerte, wie um der Schuld zu entgehen, der sie sich ob ihrer Gotteszweifel verfallen glaubte.

Von den Bildern und Statuen blieb ihr besonders ein Marmorrelief über der Grabstätte eines Bischofs im Gedächtnis. Es stellte die Vision des Propheten Jecheskel von der Auferstehung der Toten dar. Dieser und vielen anderen Schöpfungen der Juden begegnete sie zuerst in ihrem christlichen Gewand. So kannte sie auch den Satz: „Liebe deinen Nächsten wie dich selbst" nicht aus dem Buche ihres Volkes, sondern nur als einen Ausspruch Christi.

Gerne suchte sie den kleinen Domfriedhof auf, den die hohen Spitzenfenster im Viereck umschlossen. Hier lagen die Bischöfe und Domherren unter Stein- und Marmorplatten begraben. Rosen, Lilien und Rosmarin wucherten. Es war ein friedlicher Winkel. Kein Laut von draußen drang herein. Nur selten begegnete sie einem Menschen. Selbst die Vögel schienen es nicht zu wagen, ihren Gesang zwischen diese Mauern zu tragen. Oft saß sie auf der Bank, und das Knäuel der Gedanken rollte, wohin es ihm beliebte. Die Anwesenheit der Toten störte nicht. Sie verlieh dem Ort eine feierliche Würde.

Beim Verlassen umfing sie dann wieder das mahnende Dämmern des Kreuzganges. Aus dem Dunkel der Krypta leuchteten geheimnisvoll die stillen Flammen der Wachskerzen. Die hohen Säulenbündel des Hauptschiffes zogen nochmals an ihr vorüber. Die Schnitzereien und Seitenkapellen in ihrem weihrauchdurchflossenen Grau schienen fern und voll verborgener Bedeutung. Draußen hinter der wuchtigen Eichentür strömte das geschäftige Leben des Marktplatzes wieder auf sie ein. Doch Grelle und Lärm blieben noch eine Weile lang fremd.

Nicht weit entfernt, unter der wuchtigen Krone zweier uralter Kastanienbäume, hatte sie zum ersten Mal erfahren, daß Judesein Nichtzugehörigsein bedeuten kann. Das war kurz nach Beginn der Schulzeit gewesen. Den Ranzen auf dem Rücken kam die Sechsjährige mit einer ihrer Mitschülerinnen die enge Gasse von der Klosterschule herauf. Plötzlich blieb die andere stehen, als erinnere sie sich an etwas. „Ich darf nicht mit dir gehen. Du bist Jude", stieß sie feindlich hervor. Das kleine Mädchen wußte, daß sie in die Synagoge und nicht in die Kirche ging, daß man zu Hause kein Schweinefleisch und zu Pessach, was die anderen Ostern nannten, Mazzen aß, doch was das mit ihrem Nachhausegehen zu tun hatte, begriff sie nicht recht. Sie antwortete aber nur kurz: „Dann nicht", und bemühte sich, es so stolz wie möglich herauszubringen. Sie sprach zu niemandem davon, doch daß es tief in ihr schmerzte und brannte, konnte sie nicht verhindern. Im Laufe der Jahre sollte ihr noch verschiedene Male ähnliches widerfahren. Und doch war sie, ob sie es nun wahrhaben wollte oder nicht, ihrem Fühlen und Empfinden nach eine Deutsche, geprägt von der westfälischen Landschaft und von der Kette der Ahnen, die ein halbes Jahrtausend in ihr gelebt hatten, in Dörfern, die kein Getto kannten. Sie war dem Wesen nach genauso auch Jüdin und als solche von ihren Mitmenschen abgegrenzt, doch da waren viele, die französische, polnische und andere Vorfahren hatten, und niemand hielt es ihnen vor. Aber Judesein ließ sich nicht gleichsetzen mit einer der Religionsgemeinschaften um sie herum oder mit der Abstammung von irgendeinem andern Volk. Das sollte sie bald auf eine Weise erfahren, die keine Argumente duldete.

Wie ein Unwetter brach, sie war damals fünfzehn Jahre alt, der nationalsozialistische Umschwung auf sie ein. Die Treue eines Menschen sollte für sie den Dom mit der Synagoge zu gemeinsamem Symbol verbinden. Sie war ihre Lehrerin, einer der wenigen Menschen, wie es sie in allen Ländern und zu allen Zeiten gegeben hat, denen die Treue zum Mitmenschen selbstverständlich ist und die ihretwegen bereit sind, Leid und Verfolgung auf sich zu nehmen.

Kurz vor den verhängnisvollen Wahlen hatte sie den Wunsch geäußert, an einem Gottesdienst teilnehmen zu dürfen. Sie ließ sich durch die Ereignisse nicht von ihrem Vorhaben abbringen. Schon früher hatte sie zu dem Mädchen mit Achtung von den Juden als Volk gesprochen. Die aber hatte nichts davon hören wollen. Sie war bereit, für ihr Judesein einzustehen, es zu verteidigen, aber solche Gedanken hielt sie für Undank dem Lande gegenüber, in dem sie lebte, dessen Luft sie atmete und dessen Brot sie aß. Nun hatten sie sie ausgestoßen. Sie war zu stolz, auch nur in Gedanken zu versuchen, sich aufzudrängen. Aber jede Berührung, jedes Wort schmerzte. Aus dem wilden Erleben jener Tage ragt die schlichte Selbstverständlichkeit, mit der sie, die deutsche Frau in das Gotteshaus ihrer jüdischen Schülerin kam wie eine ruhige Insel, die keine Sturmflut zu überschwemmen vermochte.

Oft sah sie später wieder den hohen achteckigen Bau vor sich wie an jenem Freitagabend, angefüllt mit gedämpftem Licht und wehmütiger Weihe. Wieder klang in ihren Ohren die vertraute volltönende Stimme des Vorbeters. Wieder fühlte sie sich hingegeben in jene Stimmung von Schmerz und Starre. Wieder war sie die Halbwüchsige jener Tage, nicht mehr Kind und noch nicht Erwachsene, dem feindlichen Ansturm wehrlos ausgesetzt, weil nichts in ihrer Erziehung sie gestählt, sie für dergleichen vorbereitet hatte. Dumpf und unartikuliert empfand sie den Schmerz, wie jemand, der noch nicht zu fragen versteht, noch nicht die Berechtigung des ihm zugefügten Leides anzuzweifeln weiß.

„Lecho daudi likrass kalo" (Komme mein Freund entgegen der Braut) forderte in althergebrachter Weise der Vorbeter zum Empfang des Schabbats auf, als seien sie Braut und Bräutigam. Neben ihr die hochgewachsene Frau blickte unverwandt auf den Purpurvorhang, hinter dem, so hatte sie ihr erklärt, die Torarollen standen. Der Raum schien sich mit getragener Weihe, mit gesammelter Andacht und mit einem Hall von Jubel zu füllen, wie sie das zuvor nie erlebt und empfunden. Die grau getünchten Mauern von gestern flossen im weichen Goldschimmer der Kerzen, die ihren harten elektrischen Glanz aufgegeben hatten und schwebend auf den Schatten ruhten. Jedes Pult, jeder Pfeiler, jeder Tisch, jedes Buch verloren die scharfe Abgegrenztheit ihrer Formen, um Teil zu werden von geweihter Fülle. „Baui bescholaum" (Komme in Frieden), wandte sich der Rabbiner der Gemeinde zu. Die Worte schienen an sie gerichtet zu sein. Für Augenblicke verspürte sie nichts als Frieden und Ruhe wie lange nicht mehr.

Dann aber waren sie plötzlich wieder da, die Bilder des gestrigen Abends. Eine schmalbrüstige Straße mit Fachwerkdächern eng ineinander geschachtelt, darunter moderne Schaufenster und Läden. Da waren Schienen. Die Straßenbahn fuhr nicht. Menschenmassen ballten sich dichter als gewöhnlich. Es war die gleiche Straße, wie sie sie immer gekannt hatte, aber sie war es doch nicht, und noch weniger waren es die Menschen. Die Luft stach scharf auf die Haut ein. Sie war mit elektrischer Schwüle geladen, einer Schwüle, die von den Leibern der Menschen ausging. Mit dem dumpfen Gemurmel schloß sie sich an den Körper wie ein klebriges Netz, dem man sich nicht entziehen kann.

In verhaltener Erregung schienen sie auf etwas zu warten. Auch sie verspürte in sich von der Schwüle. Sie war vielleicht die einzige unter den vielen, die sich dessen bewußt wurde und dagegen ankämpfte. Sie fühlte sie mit schmerzlicher Wachheit. Sie empfand Blicke und Gemurmel feindlich gegen sich gerichtet. Irgendwo sang jemand das Lied, nach dem Manne benannt, den die einen für einen Helden, die anderen für einen Hurenjäger hielten. Da waren sie wieder, jene blutrünstigen Worte. Sie mischten sich mit dem Gesang des Vorbeters. Sie übertönten sie. Sie hatte fortgehen wollen, sich aber nicht vom Platz gerührt.

Eine Gruppe aufgeregt durcheinander sprechender und lachender Mädchen schlenderte untergefaßt vorüber. Sie trugen Schülermützen in der gleichen Farbe wie sie selbst. Als sie sie bemerkten, stutzten sie, wollten ihr einige Worte zuwerfen, besannen sich aber und ließen ihre Blicke über sie hingehen wie über eine Fremde, wie über eine Ausgestoßene. Sie krümmte sich getroffen. Ihr Stolz, den sie zu Hilfe rief, versagte. Andere Gruppen zogen vorüber, darin Bekannte und Unbekannte. In aller Augen lag das gleiche seltsame Funkeln. Wo hatte sie nur schon einen solchen glühenden Glanz gesehen? Bei ihrem Bruder, als er Lungenentzündung hatte und fieberte. Aber das war ja Unsinn. Die Leute um sie herum waren doch nicht krank. Vielleicht war mit ihr selbst etwas nicht in Ordnung, da sie doch alles wie durch einen Schleier sah, mit einem Dröhnen in den Ohren.

„Boruch ato adaunoi" (Gelobt seist du Ewiger) begann der Vorbeter den Segensspruch des Weines. Sie suchte seinen Worten zu folgen. Doch die Gestalt in dem schwarzen Talar zerfloß, und sie war wieder in der Straße.

Die letzten Farben der Sonne verschwanden vom bewölkten Himmel, und die Dämmerung schlug über der Menge zusammen. Da fuhr es wie ein Schlag durch die Menschen. Auch sie erschrak. Als habe jemand ein Zeichen gegeben, verstummte die Masse und wich nach beiden Seiten zurück, so die Fahrbahn freigebend. Die Luft schien unerträglich heiß zu werden. Das Mädchen starrte mit schmerzenden Augen in die hohle Gasse, die immer noch leer blieb. Ein Zucken sprang durch die Glieder. Ohne hinzusehen spürte sie das Zittern der Leiber. Einen Augenblick lang glaubte sie in Gelächter ausbrechen zu müssen, und sie verkrampfte die feuchten Handflächen ineinander.

Dann war es plötzlich da. Wieder hörte sie das chaotische Gejohle der Masse, das mit dem Trommeln der Kapelle zu einem fanatischen Getöse anschwoll. Jene Leute hatten vielleicht selbst ihren Taumel schon vergessen. Sie aber glaubte wieder die flackernden Pechfackeln in den erhobenen Fäusten zu sehen. Gleich einer menschlichen Flammenreihe schwankten sie auf und nieder. Sie warfen ihren flüchtenden Schein auf die Gesichter von Trägern und Schauenden. Fahl und fanatisch stierten sie vor sich hin. Wieder vermeinte sie das „Juda verrecke" zu hören, welches die heiser geschrieenen Kehlen immer wieder hervorstießen. Das Schlimmste aber waren die marschierenden Füße in den schwarzen, hochgeschlossenen Soldatenstiefeln, auf denen der Fackelschein wie Irrlichter hin und her tanzte. Sie sah nur noch diese Füße in gleichmäßigem Takt auf sich zukommen, grausame, gleichsam nackte Füße, die kamen, um sie zu zertrampeln, und es gab keine Flucht vor ihnen.

Irgendwie endete der Gottesdienst. Irgendwie verließ sie mit der Lehrerin das Bethaus. Erst als sie durch die nun nächtlichen Straßen zurückging und diese stehen blieb, schrak sie aus ihren Wachträumen auf. Die Lehrerin schaute eine Weile nachdenklich in das Dunkel. Dann zeigte sie auf die Silhouette des Domes, dessen Umrisse sich noch von dem in letztem Licht schwelenden Himmel abhoben und sagte – das Mädchen wußte nicht ob zu ihr oder nur zu sich selbst –: „Mit der Vernichtung der Synagoge beginnen sie, enden werden sie mit der Zerstörung des Domes." Sie ließ die Hand sinken und zog den Mantel enger um die Schultern.

Die Brandstiftung

Umstände, welche ich mit der Begegnung an jenem trüben Märznachmittag in der mitteleuropäischen Hauptstadt B. nur in indirekte Verbindung zu setzen vermag, haben es bewirkt, daß ich mich heute nach einem Vierteljahrhundert noch genau an Einzelheiten erinnere.

Es war in den ersten Monaten nach der Machtübernahme durch die Nationalsozialisten, eine Zeit, die Ihnen ja noch aus eigener Erfahrung, wenn vielleicht auch aus einer anderen Perspektive als mir bekannt ist. Ich erspare mir, die Aufwühlung der Gefühle näher zu beschreiben, welche diese Vorgänge in mir verursachten, die ich ja tiefer als Sie von den Ereignissen betroffen wurde. Es mag sein, daß dieser Umbruch meines Wesens, die Zertrümmerung bisher anerkannter Werte und Wertungen mich klarer, aus von Gewohnheit noch nicht ausgeleierter Schau sehen und empfinden ließ.

Ich entsinne mich, die Stiegen, welche zu der Wohnung der mir befreundeten Frau W. führten, schon oft vorher emporgestiegen zu sein, ohne je bemerkt zu haben, was mir an diesem ungemütlich feuchten Spätnachmittag in seiner ganzen wie an mich gerichteten Ironie auffiel. Es befand sich nämlich zwischen den Namensschildern des zweiten Stockwerkes eines, welches in großer deutlicher Druckschrift besagte: „Verein der Selbstmörder" und darunter in schwarzen zierlichen Kursivbuchstaben den Sohn eines bekannten Schriftstellers als Wohnungsinhaber angab. Zwei Treppen darüber las ich über dem Namen einer religiösen Sekte: „Letzte Rettung der Seelen". Zwei weitere Wendungen höher gelangte ich zu meinem Ziel, der Wohnung eines bekannten Arztes, dessen Frau damals einen starken Einfluß auf mich ausübte.

Kleine, an sich unbedeutende Einzelheiten fallen mir ins Gedächtnis zurück, so zum Beispiel der an der Eingangstür angebrachte Messingklopfer in Form einer geballten Faust, der gelbblonde Haarknoten der mir öffnenden Wirtschafterin, der seltsam von dem ergrauten Haar der Stirn abstach.

Die Halle, in die ich eintrat, auch das nahm ich eigentlich erst an jenem Märztag wahr, verriet einen eigenwilligen, ja kapriziösen Geschmack. Der dicke, rot leuchtende Wollteppich, der bei meinen früheren Besuchen ein Wohlempfinden, fast möchte ich Lustempfinden sagen, in mir ausgelöst hatte, verursachte mir dieses Mal einen ärgerlichen Widerwillen. Ich hatte das Gefühl, als müßte ich meine Füße bei jedem Schritt gewaltsam aus einer mit rötlichen Algen durchsetzten Schlammschicht herausziehen. Die bauchigen Sessel, von denen jeder einer besonderen Stilperiode und einem anderen Lande entstammte, hatten früher meine zustimmende Bewunderung erregt, weil sie trotz der Gegensätze des in ihnen sich ausdrückenden Formgefühls eine den persönlichen Geschmack ihrer Besitzerin betonende harmonische Einheit formten. Heute versetzte mich ihr Anblick in Wut, die mich bedrückte und lähmte, weil sie keinen Auslaß fand, denn sie wandte sich nur gegen mich selbst. Ich fühlte mich ausgesperrt aus der Welt, deren Ausdruck die Sessel waren, ohne daß ich eine andere mein Zuhause nennen konnte. Die mit Gobelins bespannten Wände, das spärliche, durch die mit exotischen Tieren und Früchten bedruckten Vorhänge gelblich gefilterte Licht vermehrten nur noch mein Unbehagen, meine Verlassenheit, meine innere Starre. Ich versuchte mich dagegen anzustemmen, aber es gelang mir nicht.

Ich muß hier zur Erklärung einfügen, daß ich kurz vorher in der S. Allee (die nur in ihrem Namen noch an Bäume erinnerte) einem jener johlenden Haufen begegnet war, wie sie in jenen Tagen mit blutrünstigen Schreien durch die Straßen zogen. Ich hatte gesehen, wie sie mit langen Latten die Glasscheiben eines durch die gesetzlich vorgeschriebene besondere weiße Beschriftung als jüdisch erkenntlichen Geschäftes zerbrachen, wie sie die Auslagen durchwühlten und zertrümmerten. Ich hätte ihnen leicht ausweichen können. Ich tat es nicht. Ich starrte gebannt in diese entfesselten, verzerrten, tierischen Gesichter. Nein, nicht tierisch. Nie habe ich ein Tier mit solchen Blicken gesehen. Solche Blicke blieben uns Menschen vorbehalten. Ich sah sie die Stangen in unverhohlenem Genuß der Zerstörung immer wieder in die ausgelegten Waren stoßen, während zu beiden Seiten Polizisten das Geschäft flankierten und unbeteiligte Passanten wie mich mit einem unter den Umständen fast komisch wirkenden, sich monoton wiederholenden Satz zu Ordnung und Weitergehen aufforderten. Als ich in die entstellten Mienen dieser Menschen blickte, begann ich zu ahnen, was ich nicht wahrhaben wollte, daß nur Menschen solches und Schlimmeres zu tun fähig sind. Ich erwähne es, wie gesagt, hier, um jene hilflose, gegen mich selbst gerichtete Wut zu erklären, die ich beim Eintritt in die mit exquisitem Geschmack ausgestattete Halle in mir feststellte. Ich spürte anscheinend, daß ich jener Welt des unbeschwerten Genusses der Sinne, zu der es mich zog, nie würde angehören dürfen.

Die Wirtschafterin bat mich Platz zu nehmen. Frau W. war durch einen dringenden Anruf fortgerufen worden, wurde aber bald zurückerwartet. Ich schaltete die Stehlampe ein und wählte aus den bis zur Decke reichenden Regalen einen Gedichtband, um in seiner Lektüre die Gegenwart zu vergessen. Es waren Verse, die ich ihrer Lieblichkeit wegen bewunderte, die ich allerdings inzwischen aus eben diesem Grunde geringschätzen lernte.

Ich muß geraume Zeit so gesessen haben, bevor ich ein leichtes Räuspern wahrnahm, so leise, daß es die Stille des Raumes kaum unterbrach. Ich schaute auf und bemerkte in der halbdunklen Ecke mir gegenüber die Umrisse einer Gestalt. Ich kam mir wie von einem unbekannten Eindringling überrumpelt vor und ließ ärgerlich den Birnenkranz des Kronleuchters aufflammen.

Der Mann in dem roten Plüschsessel hob instinktiv die Hand über die Augen, um sich gegen das ihm plötzlich entgegenflutende grelle Licht zu schützen. Unter einem Büschel grauglatten Haares ragte eine lange hakige Nase hervor, auf der die dicken geschliffenen Gläser einer Brille ritten. Von den glitzernden Stahlbügeln hingen zwei tiefe Hautfalten herunter, in die der Mund eingebettet zu sein schien wie in einer Schachtel, ein kleiner entschlossener Mund, dessen Festigkeit nirgendswo sonst in seinem Aussehen Bestätigung fand. Die ihn rot überragende Rückenlehne ließ ihn noch kleiner erscheinen, als er wirklich war. Alles an ihm war weich, fast zart, der Blick seiner Augen, die Form seines Kopfes, dessen Linien über spitze Schultern in einen Schoß fielen, darin wie zwei edle Tiere die Hände ruhten. Es waren seltsam eindrucksvolle, wie mit verschlissener Seide überzogene Hände. Sie waren nicht schön, dazu waren ihre Nägel zu zerrissen und ungepflegt. Es kam jedoch in ihnen etwas zum Ausdruck, was mich in ungewohnter Weise anzog. Es mischten sich in ihnen asketische Entsagung mit üppiger Sinnlichkeit. Sein Anzug war einfach, fast ärmlich. Es fiel mir auf, daß er statt einer Krawatte eine breite Atlasschleife um den Hals geknüpft trug, wie ich sie nur aus alten Bildern kannte.

Er ließ seine Blicke wie kleine flinke Käfer an mir herunterlaufen. Sie befühlten mich, sie tasteten mich ab. Er räusperte sich noch einmal mit dem gleichen kurzen Hüsteln wie vorher, dann zwängte sich die Stille unbehaglich zwischen uns.

Ich bemühte mich, meine Lektüre wieder aufzunehmen, vermochte mich aber nicht zu konzentrieren. Immer wieder verstreuten sich meine Gedanken, immer wieder ertappte ich sie bei den Haufen der Pogromwütigen. Das aber war das letzte, woran ich denken wollte. Ich überwand meine Scheu und stürzte mich in die Anrede des Fremden.

„Sie warten", begann ich stockend, „gewiß auch auf Frau W." Als er stumm bejahend nickte, setzte ich hinzu: „Warten Sie schon lange hier?" Er schüttelte verneinend den Kopf. „Sie haben sicher viel Interessantes erlebt", stotterte ich ohne jeden Zusammenhang, weil mir nichts Besseres einfiel, nur um das Schweigen nicht wieder hochsteigen zu lassen, nur um in der Leere nicht wieder jenes triumphierende Kreischen hören zu müssen.

Der Mann hatte bisher in das Polster des Sessels zurückgelehnt gesessen. Jetzt richtete er sich auf, zog seine Füße näher an sich heran, so daß sie in den Kniekehlen einen spitzen Winkel bildeten, und umklammerte mit den blassen schmalknöcheligen Fingern ein Päckchen in braunem Packpapier, welches zwischen ihm und der Stuhllehne lag.

„Sie wollen eine Geschichte, meine Geschichte?" begann er mit dünner zirpender Stimme. „Ja", stimmte ich bereitwillig zu, erleichtert, dem Schweigen entronnen zu sein. „Sie wollen die Geschichte meines Lebens?" fragte er noch einmal und fuhr fort, ohne auf Antwort zu warten: „Aber mein Leben ist viele, ist Hunderte von Geschichten. Greifen Sie aufs Geratewohl ein Bündel Erzählungen, und Sie finden den Bericht meines Lebens in ihnen. Sie meinen, es könnten sich widersprechende, einander ausschließende Berichte sein. Eben darum gleichen sie meinem Leben, weil ich so bin und das Gegenteil davon. Sollten sie vielleicht stumpf und schwerfällig wie stehende Abwässer sein? Eben das gehört zu mir. Sind sie sprunghaft und unberechenbar? Um so mehr passen sie zu mir. Meine Rede von den hundert Existenzen ist Ihnen meine Ausrede, nicht wahr?" Er hatte eine Hand von dem Paket gelöst und benutzte sie, um jeden Satz mit akrobatischer Mimik zu unterstreichen. Mein Schweigen wohl als Zustimmung auffassend, sprach er weiter: „Es stimmt. Nur daß auch diese meine Ausrede Bestandteil meines Wesens ist, Teil dieser Unumgrenzbarkeit, Teil dessen, was Sie mit leichtfertig hingeworfenem Wort mein Leben nennen mögen." Er beugte sich weiter vor, wie um sich mir zu nähern. Das Glühen des Kristallüsters tanzte in seinen Brillengläsern. „Ich spüre ihren Ehrgeiz, ihre zurückgedämmte Begierde und bin es schon selber. Ich sehe das putzsüchtige Gehänge ihres, seines Leibes und habe mich selber damit behängt. Ich begegne blutrünstigen Blicken, will zurückweichen und bin schon selbst von ihnen befallen." Mir war es plötzlich, als hörte ich das meckernde Hohngelächter des Menschenrudels von vorhin. Ärgerlich unterbrach ich ihn: „Ich nehme an, daß Sie ein Glaubensgenosse sind." „Ja", bestätigte er einfach ohne Umschreibung: „Ich bin Jude." „Wie können Sie sich dann mit jenem Mordgesindel identifizieren?" empörte ich mich. „Warum, vermag ich Ihnen nicht zu erklären. Aber es ist so. Die Aufdeckung kausaler Zusammenhänge war von jeher meine schwache Seite." Ich vermeinte einen spöttischen Anklang in seiner Stimme wahrzunehmen. „Ich habe Ihnen lediglich ein Phänomen beschrieben, welches Sie bejahen oder ablehnen können, während mir selbst die Wahl versagt bleibt. Ich kann es lediglich an mir feststellen und mich damit abfinden. Es ist schon so wie ich Ihnen sagte, keine Besessenheit, keine noch so entartete Verderbtheit der Triebe ist meinem Empfinden fremd." Er sah den Ausdruck des Abscheus in meinen Augen. Mit fast sanfter Stimme fügte er hinzu: „Aber auch jedes Genießen eines anderen, all sein Glück sind mein." Er schwieg erschöpft und saß so unbeweglich, daß das Pochen seines Pulses an den Schläfen sichtbar wurde. Ich mußte antworten, diesem Hohn etwas entgegensetzen. Aber was? Ich brachte ein „Hm" hervor, das verächtlich klingen sollte, aber nur banal wirkte. Er fuhr fort, als habe er nicht aufgehört zu sprechen: „Darum vermag ich nie zu verurteilen, immer nur zu begründen und entschuldigen, denn ich bin es ja immer selbst, und wie sollte ich mich selber nicht begreifen oder doch wenigstens zu verstehen suchen. Niemals vermag ich zu verdammen, wenn ich es vielleicht auch manchmal möchte, denn ich bin immer beteiligt, niemals selber rein. Aber wie ich schon erwähnte, auch an jedem Glück habe ich Anteil. Niemand vermag es mir vorzuenthalten. Nur daß die Freuden begrenzt, Kinder des Augenblickes, und Bosheit und Leid lang und schwer sind." Er hielt inne. Dann fügte er nachdenklich hinzu: „Am längsten aber und am schwersten zu ertragen ist die graue Mittelmäßigkeit." Verächtlich siebte er die Worte durch die Zähne. Er schien sich wieder an seinen Ausgangspunkt zu erinnern. Heftig, fast zornig blickte er mir jetzt in die Augen: „Es gibt keine einfache klare Formel des Lebens. Für die Gestirne, für das Universum mag es sie geben, für das Leben gibt es sie nicht. Ich wenigstens kenne sie nicht. Ich weiß nur von Ausreden, Selbstbelügen, vom Wahn, sich in unbewiesenem und unbeweisbarem Glauben geborgen zu fühlen. Ich persönlich ziehe es vor, in der Wirrnis der Zweifel umherzuirren. Ha, ha, ha", lachte er plötzlich höhnisch auf, „es ist ja nicht wahr, ich beneide sie ja im Grunde um die Sicherheit ihres Glaubens. Sehen Sie, auch ich kenne mich im Selbstbetrug aus, nur daß es mir nicht einmal vergönnt ist, mich in Ruhe selbst zu betrügen. Aber eines habe ich auch", flüsterte er, indem er die Hände wie einen Trichter über den Mund hielt, als fürchte er, daß ihn ein Unbefugter belauschen könnte. „Eines können sie mir nicht nehmen." Mir war nicht klar, wer mit diesem „sie" gemeint war, wagte ihn aber nicht zu unterbrechen. „Eines habe ich auch." Seine Stimme triumphierte jetzt. „Das sind meine Seelen.“ Dabei zog er das in braunes Papier gehüllte Päckchen hervor und legte es behutsam auf seine Knie. „Hier ist eine meiner Seelen. Bücher sind die Seelen ihrer Autoren. Daraus ersehen Sie, daß der Mensch mehr als eine, daß er viele Seelen haben kann. Auch ich habe viele Seelen. Glauben Sie mir?“ Ich war verwirrt von der Wendung, welche unser Gespräch oder vielmehr sein Gespräch genommen hatte und hörte erleichtert draußen in der Wohnungstür einen Schlüssel kratzen, der mir eine Antwort ersparte.

Mit dem Eintritt von Frau W. schien das Männchen (so benannte ich ihn etwas spöttisch in Gedanken) meine Anwesenheit zu vergessen oder zu übersehen. Er verneigte sich mit einer ungelenken Verbeugung vor ihr, sprach ein paar leise Worte, die mir entgingen und verschwand, ohne noch durch irgendeine Geste meine Anwesenheit anzuerkennen. Das Päckchen war in den Händen der Frau W. zurückgeblieben.

Ich war verärgert. Mein Stolz verbot mir, beleidigt zu sein. Oh, nein, nicht jeder irgendjemand mit ungeschliffenen Manieren vermochte mich zu treffen. Dennoch brannte sein unhöfliches Benehmen in mir. Ich schob es auf eine durch die Erlebnisse dieses Nachmittags hervorgerufene Überempfindsamkeit. Mit etwas gekünsteltem Auflachen wandte ich mich an Frau W.: „Da haben Sie ja einen merkwürdigen Knaben aufgefischt.“ Frau W. schlug ihre Augen zu mir auf. „Ja“, sagte sie nachdenklich, „ein eigenartiger Mann, dieser Herr S. “. Sie nannte den Namen eines Schriftstellers, den ich als einen der unabhängigsten Geister unserer Zeit verehrte. Seine Bücher waren heftig umstritten gewesen, letztlich aber mehr und mehr in Vergessenheit geraten. „Ja, er macht mir Sorgen“, seufzte meine Freundin, indem sie das braune Papier von dem Päckchen löste und ihm ein Buch entnahm. Auf dem in billige Pappe gebundenen Einband entzifferte ich seinen Namen und darunter einen Titel, den ich noch nicht kannte. „Eine seiner Seelen“, kam es mir in den Sinn. „Die Ereignisse der vergangenen Wochen haben ihn völlig aus dem Gleichgewicht geworfen“, fuhr Frau W. fort. „Neulich zielte ein Junge mit Steinen nach ihm und beschimpfte ihn. Ich wollte ihn verjagen. Er erlaubte es nicht. ‚Lassen Sie‘, flehte er mich an und hielt meinen Arm fest. ‚Er hat ja Recht. Es ist doch meine Schuld.‘ Er ist so hilflos, daß er nicht einmal versteht, einen Knopf allein anzunähen. Er weist aber jede Hilfe störrisch zurück. Es ist, als verschanze er sich hinter seinem Stolz wie hinter einem letzten schützenden Wall. Er geht nur noch selten aus. Daß er zu mir kam, weiß ich als große Ehre zu schätzen. Er vergräbt sich in seinem Zimmer. Sein Zimmer! Sein Zimmer ist eine Bücherburg. Bücher an den Wänden, Haufen von Büchern auf der Erde und Bücherstöße auf dem kleinen wackeligen Tisch. In der Ecke stehen ein Kocher und ein enges Bett. Darüber sind ein paar Haken befestigt. Das ist alles. Wie gesagt, es ist unmöglich ihm zu helfen. Aber kommen Sie, essen wir zusammen Abendbrot", sprang sie auf ein anderes Thema über, ich weiß nicht, ob aus Unbehagen über den schlechten Zustand des Herrn S. oder einfach, weil seine Lage sie im Grunde doch nicht so sehr beschäftigte.

Ich aber ging kurz darauf in Gedanken an ihn versunken langsam die ausgetretenen Stiegen des Treppenhauses hinunter. „Letzte Rettung der Seelen", „Verein der Selbstmörder", zog es jetzt in umgekehrter Reihenfolge an mir vorüber. Ob Herr S. diese wunderlichen Schilder wohl je bemerkt hatte oder ob er, wie ich bisher, achtlos an ihnen vorbeihastete? Es schien mir auf einmal wichtig zu wissen, ob er einen Verein von Selbstmördern ernst nehmen oder als einen Widerspruch in sich selbst verlachen würde.

Es verflossen mehrere Wochen bevor ich wieder mit Frau W. zusammentraf. „Erinnern Sie sich an unser Gespräch über Herrn S. ?" empfing sie mich. Dabei suchten ihre hochgezogenen Augenbrauen dem schönen, aber immer unbewegt bleibenden Gesicht einen Ausdruck von Bedauern zu verleihen. „Es ist geschehen", seufzte sie. Ich glaubte zu verstehen, worauf sie anspielte, weil es meinem damaligen Gemütszustand entsprach. Ich fragte aber doch: „Was ist geschehen?" „Sie entsinnen sich gewiß, als Sie bei mir waren, überbrachte mir Herr S. ein Exemplar seines letzten kurz vorher erschienenen Buches. Den jetzigen Machthabern mißfiel dieses Werk anscheinend besonders, ja, es ist möglich, daß sie hierdurch erst wieder auf ihn aufmerksam wurden. Sie ließen es in dem öffentlichen Autodafé mitverbrennen. Nicht daß es auf ein Buch mehr oder weniger ankäme", fügte sie mit einer Bitterkeit hinzu, die ich nie bei ihr vermutet hätte.

Was mit Herrn S. geschah, hatte Frau W. von einer kränklichen, alten Dame erfahren, die ihm gegenüber wohnte und es von ihrem Fensterplatz mitangesehen hatte. Ihr Leben beschränkte sich fast ausschließlich auf das, was sie mit Blicken von ihrem Lehnstuhl aus erreichen konnte, und so berichtete sie in ihrem Glück, eine bereitwillige Hörerin gefunden zu haben, alles bis in die kleinsten Einzelheiten.

Herr S. war entweder gewarnt worden oder hatte vorausgeahnt, was kommen würde. Jedenfalls schien er nicht überrascht zu sein, als er eines Abends eine Gruppe uniformierter SS-Männer in das Haus einbiegen sah, in dessen viertem Stock sich sein Zimmer befand. Herr S. nahm langsam die Brille ab, führte sie einen Augenblick prüfend vor die kurzsichtigen Augen, zog ein buntkariertes Taschentuch aus der Rocktasche und putzte eingehend die Gläser. Bevor er sie auf die Nase zurückgab, hielt er sie einen Augenblick in der erhobenen Hand, als dächte er über etwas nach. Er griff wiederum in seine Rocktasche, dieses Mal in die innere Brusttasche und brachte ein viereckiges kleines Tütchen hervor. Er legte es in das Oval seiner schmalen Hand und betrachtete es einige Sekunden lang aufmerksam. Dann schüttete er den weißen pulvrigen Inhalt in ein Glas Wasser, welches auf der Fensterbank stand. Er entnahm einem mit allerlei Gerümpel angefüllten Kasten eine Kerze und zündete sie an, und während er in der einen Hand die brennende Kerze hielt, nahm er mit der andern das Glas Wasser und trank es. Er rückte einen Schemel an eines der Büchergestelle heran, kletterte hinauf und hielt das unruhig flackernde Stearinlicht an ein Bündel vergilbter Zeitschriften, bis sie in grellem Schein auflohten. Dann stieg er herunter und setzte sich auf den Stuhl. Er saß ganz still, ganz unbeweglich und machte, hätte sie es nicht besser gewußt, den Eindruck, als lausche er auf etwas, auf eine Geige vielleicht, auf sich von weither nähernde Schritte. Es war dann, daß die Stubentür in heftigem Schwung aufflog und die Männer in den starren, blanken, schwarzen Lederstiefeln in den Raum drangen. Sie bemerkten nicht sogleich, daß das spindeldürre Männchen in dem abgenutzten schäbigen Anzug mit der vorspringenden hakigen Judennase die Hiebe ihrer Kolben schon nicht mehr spürte.

Ich vermochte nicht zu trauern. Ich hörte das Ende des Berichtes mit einem Gefühl der Erleichterung an. Wundern Sie sich nicht darüber. Ein guter Freund war damals gerade aus dem Konzentrationslager zurückgekehrt. Man kehrte damals noch manchmal zurück. Er hatte mir die Zustände dort geschildert. Herr S. hätte sie nie überlebt. Aber seien Sie unbesorgt, ich werde sie Ihnen nicht beschreiben. Ich weiß nur zu gut, daß ich dadurch in unverzeihlicher Weise gegen die Regeln des guten Geschmackes Ihres kultivierten Kreises verstoßen würde.

Kristall und Schäferhund

Die Synagogen brannten. Innen mit Petroleum angezündet, außen kunstgerecht mit Löschgeräten kaltgehalten, stiegen ihre Flammen in allen Städten und in allen Dörfern Deutschlands in den Novemberhimmel auf. Sie sollten als Symbole dienen, und zu Symbolen wurden sie.

Der Beginn war ruhig und friedlich. Unheimlich so, wenn ich jetzt daran denke. Stahlblau spannte sich der Himmel über die Alleen der Bäume. Ich saß im Park auf meinem Lieblingsplatz unter der alten Eiche am Ende einer schmalen Gasse, die umstanden war von Sträuchern. Es waren Fliederbüsche. Ich entsinne mich. Ich wußte, daß es Fliederbüsche waren. Ich hatte sie im Frühling blühen sehen, in Rot und Lilablau und einen, den neben meiner Bank, in vollen weißen Dolden. Auch in dem kleinen Garten meines Elternhauses am Bache blühte der Flieder. Ich erinnere mich noch daran.

Es war so still, ich hätte vergessen können, daß ich mich in einer großen Stadt befand und daß es Spätherbst war, beinahe Winter schon, wenn hinter dem unregelmäßig schwarzen Gitter der Geäste sich nicht die Autobahn breitspurig und steif entlanggezogen hätte. Doch sie war weit von mir entfernt. Vom Knattern der Motoren blieb nur ein Brummen wie das Summen von Bienen, wenn sie im Sommer von einem Blütenkelch zum andern taumeln. Es war so friedlich, unheimlich friedlich, wenn ich jetzt daran denke.

Als ich zurückging – es dämmert früh in den Novembertagen – am Eingang zu der Stadtbahn, auf der Treppe, begegnete ich Männern in brauner Uniform. Sie trugen Standarten, rot mit weißem Feld und schwarz gehakten Kreuzen. Sie kamen von einer Kundgebung oder waren auf dem Weg dorthin. Sie fielen mir nicht auf, wenigstens nicht sogleich, nicht im Augenblicke des Begegnens. Fünf Jahre hatten mich an ihren Anblick schon gewöhnt, an sie und an die Lieder ihres Hasses. „Wenn Judenblut vom Messer spritzt, dann geht's noch mal so gut." Ich fand es vulgär. Doch ich glaubte nicht daran, daß sie es wirklich meinten. Nicht bis zu jenem Tage.

Ich schloß die Tür auf. Ich summte eine Melodie. Meine Gedanken weilten noch im Park. Ich dachte an die gelbschnäbelige Amsel, die der Wind in dem gedörrten Laub der Eiche jetzt in den Schlaf wiegte. Die Frau, bei der ich wohnte, kam mir entgegen. Sie begrüßte mich nicht wie gewöhnlich mit der Tageszeit. Ich bemerkte es nicht sogleich. Ich war versponnen in mein Sinnen. Erst in dem Licht der Stube sah ich die rotgeweinten Augen. Sie hatten ihren Mann verhaftet. In Schutzhaft genommen. So nannten sie es doch.

Es klingelte. Sie zuckte zusammen. Auch ich erschrak. Doch es war nur die Schneiderin, eine Finnin. Sie wußte, was geschehen war. Viele Juden waren verhaftet worden. So ist das immer, sagte sie, immer verfolgt man die Minorität. Auch meinem Bruder ist es geschehen. Nicht hier, in einem andern Land. Ich war ihr dankbar, daß sie kein billiges Mitleid bot. Wir standen eine Weile stumm am Fenster. Unter uns, es war ein hohes Haus, lagen die Schatten der Dächer, umwunden von den Lichtperlen der Nacht. Im Süden zuckte unruhig ein heller Schein. Die Synagogen brennen, sagte sie. Dann ging sie fort. Es wurde eine lange Nacht.

Am Morgen stand ich auf, versuchte so zu tun, als sei es ein Tag wie alle andern. Ich wusch mich, zog mich an, bereitete mein Frühstück vor und ging zur Arbeit. Ich fand das Büro verschlossen. Der Hausmeister zuckte die Achseln. Es sind Juden, sagte er und fügte nichts hinzu. Ich ging zurück. Die Frau war nicht zu Hause. Sicher versuchte sie, Auskunft zu erlangen über den Verbleib des Mannes. Ich setzte mich an meinen Tisch und nahm ein Buch vor. Wie oft hatte ich nicht davon geträumt, eines Morgens das Büro versperrt zu finden und Zeit zu haben, statt Briefe einzuordnen, Hebräisch und Palästinakunde zu lernen, nachzuholen, was mir, die ich so weit von alledem entfernt gewesen war, fehlte. Doch die Luft im Zimmer bedrückte mich. Drei-, viermal las ich den gleichen Satz und wußte nicht, was ich gelesen hatte.

Schließlich zog ich meinen Mantel an und ging hinaus. Er hatte breite Kragenaufschläge, die der Mode schon längst nicht mehr entsprachen, war grün in grau gesprenkelt und sehr schäbig. Die Querfäden an seiner linken Seite, dort wo ich die Büchermappe zu tragen pflegte, waren aufgerieben. Ich hatte ihn nicht gerade kunstvoll gestopft, und auch die Farben paßten nicht genau. Ich ging ohne Ziel und ohne Richtung. Ich gelangte zu einem runden Platz. Straßenbahnen fuhren. Kraftfahrzeuge und Räder umstrudelten das Denkmal in seiner Mitte, einen kriegerisch behelmten Reiter, dessen bronzeglattes Pferd nicht müde wurde, sich aufzubäumen. Um sie herum zog sich das Band der Fußgänger, und hinter ihnen stand der Ring der Häuser, geprägt vom Wetter und dem Verlauf der Jahre, doch unbeeindruckt vom Wechsel der Regime. Zwischen ihnen wirbelte der Lärm, Rasseln eiserner Schienen, Dröhnen der Motoren, Hupen und das Knirschen plötzlich angezogener Bremsen. Über ihnen schwankten bleich die Wolken, erhellt von einer unsichtbaren Sonne. Daran erinnere ich mich noch.

Ich überquerte den Platz. Ich bog in eine der vielen Straßen ein, willkürlich, ohne zu ahnen, warum ich gerade diese wählte. Paradereihen gleichgültiger Fenster unter den Höckern angeklebter Stuckdreiecke zogen an mir vorbei. Über einigen waren die Jalousien herabgelassen. Das fiel mir auf. Es ist natürlich möglich, daß es nur Zufall war. Auch die Fassade, deren Dach in Stufen zu ihrem First emporkletterte, fiel mir auf. Sie erinnerte mich an das Rathaus in unserm Städtchen. Jungfrauen aus Stein und ohne Unterleib trugen die Last eines Balkons auf ihren Rücken. Geschäfte für elektrische Geräte, Pumpen, Kleider, Hüte, Schirme, Unterwäsche, Lebensmittel, Autoersatzteile, Weine und ich weiß nicht, wofür sonst noch, drängten sich so eng wie möglich aneinander, um jeden Zentimeter Platz zu nützen. Sie zeigten Schriften über ihren Schaufenstern wie in den Städten aller Länder. Doch hier und dort stand auf den Scheiben – niemand konnte behaupten, er habe nicht gesehen – in bleichen weißen, stets sich gleichenden Buchstaben die Benennung eines Inhabers mit den für Juden vorgeschriebenen zusätzlichen Namen „Sara“ oder „Israel“. Hastende Menschen, eilende Maschinen wie in den großen Städten aller Länder. Sie alle strebten irgendwelchen Zielen zu. Nur ich ging ohne Eile, ohne Ziel durch diesen frostig trüben Morgen. Ich fühlte seine Kälte nicht, obwohl der Mantel mich nur wenig vor ihr schützte. Ich las sie ab an den Gesichtern der mir Begegnenden. Ich dachte an die in Brand gesteckten Synagogen, an die in Lager transportierten Manner. Ich dachte, ohne jedoch richtig zu begreifen, merkwürdig von mir selber abgelöst.

Kurz hinter dem Haus mit dem Treppengiebel und den steinernen Jungfrauen ohne Unterleib stauten sich Menschen. Ein Zusammenstoß, ein Verkehrsunfall, dachte ich und wollte schon in eine Gasse ausweichen, denn ich verabscheue den Anblick blutbesudelter Körperteile. Da bemerkte ich, daß sich die Masse rhythmisch im Takt vor und zurück bewegte wie der Kolben einer Lokomotive. Sie weckte meine Neugier. Ich näherte mich. „Weitergehen! Sie stören den Verkehr. Nicht stehenbleiben! Weitergehen, Sie stören den Verkehr!“ Ich sah einen Mund, der sich bewegte, einen Unterkiefer, der monoton herabfiel. Er gehörte zu einem Mann in der Uniform der Polizisten. Blau war sie, so glaube ich. Ja, sie muß blau gewesen sein. Polizisten trugen blaue Uniformen. Regungslos stand er, den Rücken nah der Hauswand. Doch er lehnte sich nicht an. Vielleicht verstieß es gegen seine Dienstvorschrift sich anzulehnen. Seine Augen waren geradeaus gerichtet. Sie schauten nirgendswohin. Ich erkannte es, als ich vorbeiging und sein Blickfeld durchschnitt. Auch an der andern Seite des Geschäftes stand ein Mann in der gleichen Uniform und genauso regungslos. Zwischen ihnen auf dem Schaufenster – niemand konnte behaupten, er hätte nicht gesehen – in Augenhöhe erkannte ich die Reste der bleichen weißen Buchstaben. „Weitergehen! Sie stören den Verkehr“, plärrten die Statuen der Polizisten. Zwischen ihnen bewegte sich der Menschenhammer vor und zurück. Sie hielten einen langen Balken, wie man sie zur Konstruktion von Giebeldächern benutzt. Jedem Vorstoß folgte ein Klirren und jedem Klirren ein Schrei, gebündelte, schon etwas heisere Verzückung. „Nicht stehenbleiben, alle weitergehen!“ schnarrte der Mund. Er allein in der steifen mit Uniform behangenen Figur bewegte sich. Die Passanten gingen weiter. Sie warfen einen raschen Blick zur Seite und entfernten sich. Niemand sah zu. Wer stehenblieb, tat mit. Ich war der einzige Gaffer.

Jetzt torkelte die Wachspuppe im Schaufenster. Ihr Fuß mit beigem Seidenstrumpf und elegantem Stöckelschuh zerbrach. Im Fall riß sie ein Brett mit sich. Schuhe taumelten herab, wildlederne und blank polierte, Regenstiefel und Pantoffeln, vergoldete Sandalen, bunte Kinderschuhe. Wieder stieß der gelbe Balken vor. Sie stöhnten vor Anstrengung und Lust. Unter der Wucht des Stoßes wankte die Scheidewand und brach. Stapel weißer Kästen wurden sichtbar. Das war ihr Zeichen. Die fest geballte Masse lockerte sich auf. Sie teilte sich in voneinander abgehobene Gestalten. Eine suchte die andere zu verdrängen. Eine Schulter schob die andere zurück. Sie rissen einander um und kümmerten sich nicht um die Schreie der Strauchelnden.

Mob, sagen Sie verächtlich. Vielleicht. Doch auch Mob sind Menschen wie Sie und ich. Im Geiste sah ich sie, wie sie am Tage werkten und in den Nächten die Zeremonien des Liebens vollzogen. Ich sah sie in den tausendfältigen Situationen, von denen jede ein Splitter war in dem Kaleidoskop ihres Lebens, sie, die jetzt aller Hemmungen entbunden vorwärts drängten, um zu zerstören und zu plündern. Sie waren die Akteure einer von unsichtbaren Regisseuren inszenierten Handlung. Die Regisseure blieben durchaus gesellschaftsfähig. Das geben Sie doch zu.

Die Augen unter den zerzausten Haaren flackerten in ihrer wilden Gier. Unter den ausgefransten und durchriebenen Jacken erahnte ich das Zittern ihrer Leiber. Sie zwängten sich voran. Sie behinderten einander. „Alle weitergehen!“ schnarrte die monotone Stimme des Polizisten. Ich höre sie wie jetzt. Die Dicke mit dem wasserblonden Haar unter der schief gerückten Baskenmütze riß die geballte Faust hoch. Nackt stieß ihr feister Arm aus der Jackenhülle. Aufdringlich wie das Riesenglied eines erregten Mannes gleißte er in der von warmem Atem wabernden Luft. Die Backen, überpudert oder auch nur matt und bläulich angelaufen von Kälte und Erregung, hingen lose herab und wackelten. Die Brüste aber stachen prall aus dem eng anliegenden Gewebe des Pullovers. Sie warf den Kopf zurück. Sie entblößte lange Schneidezähne. Sie schrie. Ich verstand nicht, was sie schrie. Ich hörte nur, daß andere Stimmen „bravo“ riefen. Sie stemmte die Wucht ihres massigen Leibes gegen die widerwillig Weichenden. Sie war die erste, die das Ziel erreichte und ein Paar feuergelbe Tanzsandalen in ihren aufgedunsenen Händen schwenkte. Hinter ihr ergossen die Leiber sich wie eine dickflüssige Masse in den Laden. Nicht das Besitzen, das Erreichen und Vernichten waren ihnen wichtig. Ich sah sie nachher sich blutig schlagen um einen linken, einen rechten Schuh. Doch noch nicht jetzt. In diesen Augenblicken ihres Vorwärtsstürmens kannten sie nur die Besessenheit des zur Orgie gesteigerten mutwilligen Vernichtens. „Alle weitergehen! Sie stören den Verkehr“, plärrte der Mund über der blauen Uniform. Und die Passanten gingen weiter.

Nur ich stand still. Ich stand und schaute. Ich weiß nicht mehr wie lange. „Warum gehen Sie nicht endlich?“ wandte der Polizist sich plötzlich zu mir um. Ich begegnete den Augen. Sie waren grau und leer. Wie die Löcher in einem Felsen, von denen man nicht weiß, ob sie flach und schal sind oder tief in das Gestein hineinführen. „Ich störe niemand. Ich habe ein Recht, hier zu stehen“, sagte ich, obwohl ich genau wußte, daß ich kein Recht mehr hatte. Er widersprach mir nicht. Er schien den gelben auf meiner Stirne eingebrannten Flecken nicht zu bemerken, der mich, so glaubte ich, für alle sichtbar kennzeichnete, so wie die gelben Schilder an den Wohnungen, in denen Juden wohnten, so wie die weißen Buchstaben auf dem Glas der Schaufenster. Doch es war ja noch vor der Zeit der gelben Sterne. „Gehen Sie“, sagte er streng, „es ist vorbei. Nehmen Sie sich ein Paar Schuhe, wenn Sie wollen. Dort hinten in der Ecke unter dem Seidenpapier haben die Leute eines übersehen. Nehmen Sie es, wenn Sie wollen. Es kommt auf ein paar Schuhe nicht mehr an.“ Und als ich mich nicht bewegte, fügte er hinzu: „Sie müssen wirklich gehen. Hören Sie? Was geschieht, geschieht, ist vorbei und abgetan.“ Er hatte recht. Was geschieht, geschieht. Nur daß es vorbei und abgetan ist, darin irrte er. Nicht solange wir leben.

Ich ging zurück, ging durch die gleichen Straßen wie vorher, vorbei an den gleichen verrußten Häusern, den gleichen Litfaßsäulen und Geschäften, über den runden Platz, den die Kraftfahrzeuge noch immer wie ein Karussell umfuhren, vorbei an seinen Ampeln und an dem Bronzepferd, das sich noch immer bäumte. Die gleichen Straßen? Die gleichen Häuser? Es waren nicht mehr die gleichen Straßen. Auch nicht die gleichen Menschen. Es waren nur noch bemalte Kulissen und Legionen entrückter Augen in zu Marionetten entfremdeten Gesichtern. Ich ging und ging. Von weither kam der Wind und blies durch meinen abgetragenen Mantel.

Abends versuchte ich am Telefon die Eltern zu erreichen. Es klingelte. „Ihre Verbindung", meldete das Fräulein vom Fernamt. Und dann „Noch einen Augenblick." Und dann „Teilnehmer meldet sich nicht mehr." Und dann „Die Leitung wurde unterbrochen." Ich beschloß zu fahren. Ich blätterte im Kursbuch. Nur ein Bummelzug. Das bedeutete die ganze Nacht.

Ich saß allein in dem Abteil. Ich weiß nicht, ob es kalt war oder nicht. Ich mußte umsteigen in einem kleinen Ort im Harz. Der Name ist mir entfallen. Ich weiß nur noch, daß die Zeitungen ihn damals oft erwähnten. Eine Führerschule der Partei befand sich dort. Ich mußte lange auf den Anschluß warten. Eineinhalb Stunden oder zwei. Ganz deutlich sehe ich jenen Wartesaal vor mir mit seinem knöchern fahlen Fußboden. Der Qualm müde gerauchter Stunden und der Kohlenstaub entflohener Züge hingen in ihm eingesperrt. Sie mengten sich mit dem Geruch von schalem Fett und abgestandenen Gemüsen. Durch die schmuddeligen Dunstgewebe drang das mißtrauische Blinken der Bierschankhebel: Wer bist du? Was suchst du hier? Hörst Du das Dröhnen in der Nacht? Die Teller auf dem verlassenen Buffet klirrten drohend unter dem Anprall meiner Schritte, unheimlich von Wand zu Wand geworfen in dem nächtlich leeren Raum. Nur eine trübe Lampe brannte. Ich war der einzige Gast. Ich saß an einem Tisch, auf dessen rot und weiß gescheckter Decke die durchsichtigen Muster brauner Flecke lagen. Mir gegenüber lehnte mein Schatten sich auf Stuhl und Wand. Draußen vor den nackten Fenstern stieß ein Felsen seine Zacke in den Mond. Ich horchte in die Nacht hinein. Ich wartete auf Schritte, die nicht kamen. Ich hörte das Rasseln eiserner Gitter, die nicht waren, das johlende Geschrei der Menge, das Prasseln von Flammen und fallendem Gemäuer. Kein Laut. Einmal nur ging ein Mann vorüber. Ich sah ihn selber nicht, sah nur das Sturmlicht in den unsichtbaren Händen flackern.

Ich öffnete die Tasche, in die ich eilig Pyjama, Zahnbürste und was man sonst noch braucht auf einer solchen Reise hineingeworfen hatte, auch ein Buch, irgendeines, das gerade auf dem Tisch lag. Erst jetzt bemerkte ich, daß es die Bibel war. Sie mußte von meiner letzten Hebräischstunde dort liegengeblieben sein. Ich schlug sie auf, um irgendwo in ihr zu lesen, nicht weil ich fromm war, nur um dem Horchen in die tote Nacht, dem Lauschen auf Geräusche, die nicht waren, zu entgehen. „Hawel, hawalim, alles ist nichtig", las ich. „Was nützt dem Menschen seine Mühsal, daß er sich müht unter der Sonne? Was war, wird sein, und was geschah, wird wiederum geschehen. Es gibt nichts Neues unter der Sonne. Hawel, hawalim, alles ist nichtig." Auch unsere Einsamkeit. Auch unser Fahren durch die Nacht zu ungewissen Zielen. Nur daß ich damals die Einsamkeit noch spürte. Meine Gefühle waren noch nicht so vereist. Es hatte ja noch nicht geschneit.

Der Tag brach an, so wie die Tage im November dämmern. Zögernd hob das fahle Licht sich aus dem Bleigewand des Morgens. Ankunft, die keine Heimkehr war. Wiedersehen, das nicht freute. „Sie haben deinen Vater fortgeführt. Sie haben ihn in ein Lager gebracht", sagten die Aschengesichter der Mutter und Schwester in den geborgten Betten. „Auch meinen Mann, alle Männer", nickte die Freundin, bei der sie Zuflucht gefunden hatten. Alle Männer von dreizehn Jahren aufwärts, streng nach jüdischem Gesetz. „Es ist ein Arbeitslager, es ist kein. . ." Sie sprachen es nicht aus. „Es ist ein Arbeitslager", wiederholten sie. Sie klammerten sich an die Worte. „Ja", log ich, „ein Arbeitslager", und wußte doch genau, was Buchenwald bedeutete. Wie glatt es von den Lippen rutschte. Wie unbewegt ich blieb.

Zerbrochene Scheiben, zerschlagene Fensterrahmen. Unser Haus. Die Tür war nur angelehnt. Ein Tier sprang mir entgegen, mein Hund, seinem Schicksal überlassen. Wieder und wieder legte er die Tatzen auf meine Schultern, leckte er meine Hand, schmiegte er die Schnauze an mich und winselte. Es war ein grauer Schäferhund mit langem Kopf und überzüchtet schmalen Gliedern, ein Intellektueller unter Hunden. Wir waren ganz allein, ganz abgeschieden von der Welt, die draußen ihren gewohnten Alltag begann.

Schäferhunde und Kristall. Sie wurden die Symbole jener Finsternis, eine Nacht, ein Tag, noch eine Nacht und noch ein Tag und vielleicht mehr. Wer weiß, wieviele Tage sie umschloß? Wer kennt sich in den Finsternissen aus? Schäferhunde und Kristall, die Symbole jener Tage. Ich liebe Kristall nicht. Es hat einen tückisch kalten Glanz. Spiegel, Schalen und Karaffen, alle aus hartem glitzernden Kristall, alle zerbrochen und über den Flur verstreut. Man sieht den Teppich nicht, nur noch die Scherben. Haufen von Scherben. Fragmente in Porzellan gebrannter Bilderfrüchte, Kimonostücke von Teetassengeishas, Holzschnörkeleien, zersplittert und mit Astwunden besät. Die Eingeweide eines Schrankes, Knöpfe, Spielkarten, Haushaltungshefte, Fetzen Papier, die Briefe und Bilder waren. Das Hirn einer Vitrine, Nippsachen, Seidenschleifen, ein Messinggriff. Blattgewächse, die zerknickten. Und über ihnen allen das böse Funkeln des Kristalles. Ich trete auf die Scherben, auf Haufen von Scherben aus Kristall, Porzellan und Glas, vertraute Gegenstände, die zerbrachen und unter meinen Füßen erneut zerbrechen. Hinter mir geht der Hund, vorsichtig die Tatzen hebend und niedersetzend. Wir gehen langsam hin und her. Wir kehren immer wieder an den gleichen Ort zurück. Wie lang ist schon ein Flur? Zehn Meter oder fünfzehn. Wir gehen, und unser Gehen ist nur eine andere Form des Stehenbleibens.

Scherben, Scherben, nichts als Scherben. Weint meine Seele? Trauert sie um das zerstörte Heim? Wer spricht von Trauer? Es existiert kein Heim in dieser Welt, nur Finsternis und Fremde. Hämisch blitzen die Kristallsplitter. Glauben sie eine Träne zu entdecken in den feuchten Winkeln der Augen, ein verhaltenes Schluchzen? Sie irren sich. Es gibt keine verborgenen Tränen, kein unterdrücktes Schluchzen. Hört mich, wie ich lache. Hahaha, hohoho! Es torkelt durch die gespaltenen Türen in Schlafzimmer, in denen Betten stehen, die kahle Gestelle wurden und in Stuben, die nur noch Gerümpel bergen, verworfen und zurückgelassen von ihren Plünderern. Es kichert in den leeren Fächern, die Damastbezüge und weiße Kittel enthielten für Aussteuer und Beerdigung. Gestohlen? Verbrannt? Was ist es wichtig? Wer braucht sie noch? Es gibt keine Hochzeit und kein Sterben mehr, nur noch Vergewaltigung und Mord. Hinter mir der Schäferhund bleibt stehen, spitzt die Ohren und hebt die lange Schnauze zu mir auf. Auch er wird Opfer sein. Bevor der Tag sich zweimal rundet, wird er sterben. Es gibt nur noch Opfer und Opferer, und alle Linien, die zwischen ihnen trennen, verschwimmen. Wer heute Opferer ist, kann morgen Opfer werden. Wer Opferer ist, kann zugleich Opfer sein. Er hätte weiterleben können. Ich wollte, daß er sterben sollte. Er wurde das Opfer meiner Eitelkeit. Weil ich es nicht ertrug, ihm als Gefährten meiner Hasser zu begegnen, mußte er sterben. Ich, die mich seine Freundin nannte, beschloß seinen Tod. Ich bestimmte es. Doch ich kannte diesen meinen Beschluß noch nicht. Erst mußte dieser Tag vergehen, ein Tag so lang, wie Jahre es nicht sind. Schäferhunde und Kristall. Nein, ich liebe sie nicht. Sie sind Symbole der Finsternis, die ich vergessen will. Will, sagte ich? Nicht will, die ich vergessen muß, wenn ich leben will. Nur im Vergessen kann ich Leben finden. Ich traue denen nicht, die das Erinnern predigen. Sie errichten dem, was geschah, Denkmäler aus Pappmaché. Sie mokieren sich über uns, die an ihm leiden. Sie selber haben es längst ausradiert aus ihrem Herzen. Das war nicht allzu schwer. Sie hatten es zur Vorsicht sowieso nur mit Bleistift dünn verzeichnet. Doch überall gibt es Kristall und Schäferhunde. Wie kann ich da die Finsternis vergessen?

Scherben. Scherben aus Porzellan, Glas und Kristall. Und auch aus Gußeisen. Sie haben ihre Arbeit gründlich getan. Ich gehe über Hügel von Scherben, über zerhackte Stühle und zerfetzte Gardinen und hinter mir der Hund. Ich gehe und er folgt mir. Ich gehe wie ein Pendel hin und her, obwohl ich genau weiß, daß es sinnlos ist zu gehen, doch nicht sinnloser, als irgendetwas anderes zu tun.

Ein Knurren. Ich hebe meinen Blick. Draußen steht ein Mann. Ein gerötetes Gesicht mit Hut und Brille. Eine Aktentasche unter dem Arm. Er trägt einen grauen Mantel. Die gezackte Fensterscheibe endet neben seiner Nasenspitze. Er ist, so sagt er, der Gerichtsvollzieher, gekommen eine Strafe einzutreiben, die längst gestrichen wurde. Rücksichtsloser Pfändungsbefehl, erklärt er und zieht die rechte Schulter hoch. Er liebt den Auftrag nicht. Das ist nicht schwer zu sehen. „Hm“, sagt er und brummt etwas, das ich nur errate. „Ich komme später zurück, wenn Sie ein bißchen aufgeräumt haben.“ Ich meine zu bemerken, daß er den Kopf schüttelt. Doch vielleicht irre ich mich auch. Und dann, was ist es wichtig, ob er es tut oder nicht.

Wieder ein Knurren. Wieder ein Gast. Ein kleiner untersetzter Mann in blauen Arbeitshosen. Ein Schreinermeister, der in der Nähe wohnt. Spezialist für Vertikos und Särge. Er stellt sich mitten in den Flur zwischen die Scherbenhaufen aus Hölzern und Kristall. Er flucht. Er ist erbost. Geruch von Branntwein weht aus seinem Atem. Ganz ohne alle Vorsicht sagt er Dinge, die ihn ins Gefängnis bringen können. Seine Trunkenheit wird ihn nicht davor schützen. Jene wissen ganz genau, daß Betrunkene nur sagen, was sie denken. Er spricht nicht zu mir. Fünf Jahre lang hat er geschwiegen, ein getreues Mitglied in dem Klub der Schweiger, der zahlreichsten Vereinigung der Welt. Jetzt schreit er es heraus. Es dauert lange, bis seine von Alkohol gelöste Zunge erlahmt. Er bietet sich an, die Fenster mit Brettern zu vernageln. Ich lehne nicht ab. Es wäre zu umständlich, ihm zu erklären, daß es ganz unwichtig geworden ist, ob man noch dieses oder jenes stiehlt.

Der Schreiner geht. Andere Gestalten tauchen auf, Menschen, die ich nie zuvor gesehen, Aasgeier. Sie wittern billigen Ramsch. Sie wollen alles kaufen, die Möbel in den Zimmern oben, die noch heil geblieben sind, die Kastenwagen im Hof, die Presse im Büro. Ich denke an den Gerichtsvollzieher, an die Bank, die unser Konto sperrte, daran, daß wir ohne Geld geblieben sind. Ich weigere mich, wenn ich auch weiß, daß es nicht richtig ist. Schließlich verkaufe ich das Pferd. Wer soll es füttern? Ich vergesse die Treue des alten Arbeiters. Er kommt auch an diesem Tag. Doch da ist es schon geschehen. Ich lasse das Pferd mit unsern Hassern ziehen. Mit schweren Schritten folgt es seinem Käufer durch die Gasse. In meinen Händen brennen drei schmutzige Scheine.

Wieder taucht das Gesicht mit Hut und Brille auf. Er ist ungehalten mit mir. „Das hier dürfte längst schon nicht mehr da sein", zischt er und zieht eine Ledertasche aus dem Schrank. Was macht es aus? Er weiß nicht, daß es nicht mehr wichtig ist. Ich denke an den Vater, an den Onkel, an all die andern, verhaftet und in Lager verfrachtet. Nimm, denke ich, nimm, was du willst, was dir dein Amt befiehlt. Nur tu es rasch. Erspare mir die Qual, von Gegenstand zu Gegenstand mit dir zu wandern. Jedes Gerät ein Stück vergangenes Leben. Jedes Gerät ein Stück aus meinem Heim. Was fasele ich von Heim? Es gibt kein Heim. Es darf es nicht mehr geben. Es gibt nur noch zerstörte Häuser in der Welt.

Er geht mit mir von einem Raum zum andern, gründlich und ohne Eile. Er wählt, beklebt mit Zetteln und trägt gewissenhaft in eine Liste ein. Er schüttelt hin und wieder seinen Kopf. „Dieses Fahrrad brauchte nicht mehr da zu sein. – Auch diese Lampe nicht." Er begreift nicht, daß es nicht mehr wichtig ist, nicht an diesem Tage. Was kümmert mich, wovon wir essen werden. Morgen wird es mich wieder kümmern, morgen, doch nicht heute. Von einer Stube in die andere ziehen wir, und hinter uns geht mit gesenktem Kopf der Hund. Mir ist der Weg durch diese Zimmer noch nie so lang geworden.

Plötzlich wirft sich – des Hundes Knurren kündigte ihn an – ein Schatten über uns. Ich kenne seinen Träger gut. Ich habe ihn schon oft bei uns gesehen, wenn er meinen Vater oder Onkel um Auskunft bat oder ihnen einen gemeinsamen Handel vorschlug. Der ein Geschäftsfreund war, wurde zum Aasgeier. Auch er. Jetzt hat der Mann mit der Brille keine Möglichkeit mehr, ein geschlossenes Fach zu übersehen. „Oben auf dem Boden des Lagerhauses liegen die Rinderhäute", belehrt er den Gerichtsvollzieher. „In der kleinen Hütte sind die Edelmetalle, Zinn, Kupfer, Blei eingeschlossen. Ich nehme alles. Damit der Staat keine Verluste erleidet", fügt er hinzu und lacht. Nehmt! Nehmt was ihr wollt, nur nehmt es rasch. Dehnt die Minuten nicht ins Unendliche. Was steigt in meiner Kehle auf? Nur das nicht, nur nicht ihnen Tränen zeigen. Tränen sind das Brandmal der Erniedrigung. Wir müssen stolz bleiben, vergiß es nicht! Wer hat das doch gesagt? Wir gehen über das Kopfsteinpflaster des Hofes. Sie schieben den eisernen Vorhang hoch, und wir treten in die muffigen, mir so vertrauten Gerüche des Warenhauses ein.

Der Geschäftsfreund schwelgt. „Vierundfünfzig Pferdehäute, hundertdreißig Fuchsfelle, zwanzig Marder, fünfzehn Ziegen, dreißig Eichhörnchen", diktiert er. „Noch ein Posten Rinder, eins, zwei, drei, vier mal fünfzig. Schreiben Sie, schreiben Sie, fünf Ballen Wolle, zwölf Ballen weiße Lumpen. Schreiben Sie, schreiben Sie. Vergessen Sie die Knochen nicht und das Papier." Sollen sie es nehmen. Sollen sie an sich reißen, was sie wollen. Es kommt nicht darauf an. Es kommt auf nichts mehr an. Ich weine nicht. Oh, nein. Es gibt gar keinen Grund zu weinen. Nichts was geschieht, ist wichtig genug, um auch nur eine Träne zu vergeuden. Ich weine nicht. Ich weiß es ganz bestimmt. Ich kann nur nicht verhindern, daß etwas über meine Backen läuft. Ich bin ungehalten mit mir selbst. Ich wende mein Gesicht ab, damit sie es nicht bemerken. Es ist ganz unnötig. Sie sind vertieft in ihre Beschäftigung. Der eine zählt und diktiert. Der andere schreibt, zwar widerwillig, ich sehe es daran, wie er den Bleistift setzt, doch er schreibt. Der Geschäftsfreund schwelgt. Er genießt jedes seiner Worte. Die Augen blitzen. Sie werden seine Preise akzeptieren müssen. Er bietet außer Konkurrenz. Er ist dabei, ein gutes, ein sehr gutes Geschäft zu machen, das beste seit vielen Jahren.

Endlich ist es vorbei. Sie haben das Haus verlassen. Ich bin wieder allein, allein mit Schäferhund und zerbrochenem Kristall. Was nicht zerschlagen wurde, ist mit Kuckuckszetteln beklebt. Beschlagnahmt alles Bewegliche, und was ist schon fest in einem Hause. Selbst Türen lassen sich aus ihren Angeln heben. Klubsessel, Lampen, Kommode, Geldschrank, alles was den Äxten der Zerstörer und den Plünderern entging, fein säuberlich und akkurat mit Zetteln beklebt und in Listen eingetragen.

In einer Spiegelscherbe, auch sie Kristall, erblicke ich mein Gesicht. Ein Stück nur. Doch auch ein Stück kann schon zuviel sein. Es klingelt. Ich weiß zuerst nicht, was der Klang bedeutet. Dann entsinne ich mich. Ich nehme den Hörer auf. „Hier spricht die Polizei." Ein Wachstuch, ein Wasserkessel und ein Geschirrständer, die gestern nacht gestohlen wurden, sind abzuholen. Nur das. Nichts von Wäsche und Geschirr, die geplündert wurden. Silberne Bestecke konnten sie nicht mehr stehlen. Die hat der Staat von allen Juden schon beschlagnahmt. Ich lache nicht. Ich stimme höflich zu, obwohl ich genau weiß, daß ich sie nicht abholen werde. Ich habe ihr Fehlen nicht bemerkt. Und hätte ich es auch, was ist es wichtig, noch ein Kessel, noch ein Tuch.

Die Trümmerluft des Hauses roch sauer. Ich ertrug sie nicht länger. Ich trat auf die Straße hinaus, und hinter mir in meinem Schatten ging der Hund. Über der Tür raschelte ein Plakat. Es wehte wie eine Fahne. Ein Schuß hatte es durchlöchert und an einer Seite abgerissen, eine Kugel, die ihr Ziel verfehlte im Eifer der Zerstörung. „Hier wohnen Juden", warnten schwarz auf gelbem Grund die Buchstaben. Hier haben sie seit Jahrhunderten gewohnt. Das Papier raschelte. Die Leute schauten nicht auf. Sie vermieden, es anzusehen. Sie blickten nicht auf mich und nicht auf das zerstörte Haus. Sie kannten mich. Ganz ohne Zweifel kannten sie mich. Auch wenn ich selbst mich nicht an sie erinnerte. Sie wußten, das Mädchen in dem unmodernen schlecht gestopften Mantel war die Tochter des Juden R., den sie verhaftet hatten wie alle andern Juden der Stadt, alle bis auf einen, doch das wußten sie wohl nicht. Verhaftet und verschickt. Wohin? Sie kümmerte nicht, wohin. Es war gefährlich, sich um Geächtete zu kümmern. Eine neue Freiheit wuchs in mir, die Freiheit derer ohne Besitz und Rechte. Dem, der nichts besitzt, kann nichts genommen werden. Ich spürte, wie sie mich durchdrang. Was machte es, daß sie im Grunde nur ein Wahn war wie alle Freiheit. Sie konnten nicht stolz sein auf verbrannte Synagogen und ohne Gerichtsverfahren, ohne Beschuldigung wie Verbrecher abtransportierte Juden. Sie waren es auch nicht. Sie hielten die Blicke gesenkt. Sie begriffen. Vielleicht schämten sie sich sogar der in ihrem Namen verübten Taten. Die Angst verbot ihnen, ihre Scham zu gestehen. Sie schwiegen. Sie waren die getreuen Diener der Furcht, dieses mächtigsten Herrschers der Erde. Plötzlich hob sich ein Gesicht. Ernst nickte es mir zu. Ich kannte es bestimmt nicht. Ein Paar Augen suchten mich. Ein Mund sagte laut und deutlich: „Guten Morgen." Ich überhörte es. Mich ging der Gruß nicht an. Nicht mehr. Erhaben war ich an jenem Tag über Haß und Mitleid. Ich merkte es in diesem Augenblick. Es hatte zu schneien begonnen. Feine, weiße Flocken blieben an meiner Schulter hängen. Später einmal würde das Eis in mir zerbrechen und schmelzen. Seine Tropfen würden das Maß des Leides füllen. Doch was kümmerte mich das jetzt.

Sie kam den Berg herab, den ich hinaufging. Sie trug die gelbe enge Jacke des Bundes deutscher Mädchen mit einem Abzeichen der Führerinnen. Ihre Haare waren glatt und kurz geschnitten. Sie und ich waren die einzigen mit glattem schwarzen Haar in unserer Klasse. Wir begegneten uns an der Mauer unter dem Kastanienbaum. Sie hob die Lider nicht. Sie senkte sie auch nicht. Kein Zucken. Kein Zeichen, daß sie mich erkannte. Sie blickte geradeaus durch mich hindurch wie durch ein klares ungetrübtes Glas. Ich existierte nicht. „Ich darf nicht mit dir spielen, weil du Jude bist.“ Unter dem Kastanienbaum hatte sie es mir gesagt. Nicht unter diesem, unter einem andern Baum. Es gab zuviel Kastanienbäume in dieser Stadt. Damals, vor vierzehn Jahren wußten wir beide nicht, was Judesein bedeutet. Wir hatten es inzwischen gelernt, jede auf ihre Weise. Wußte ich jetzt, was Judesein bedeutete? Wir hätten Freundinnen sein können dem Temperament nach. Mein Judesein und ihr Elternhaus ließen es nicht zu. Wir wahrten Distanz. Wir griffen uns gegenseitig nicht an. Der Klassengeist verbot es. Wir tolerierten einander. Das war damals noch möglich. Zwölf gemeinsam verbrachte Jahre sind eine lange Zeit, doch nicht so lang, daß man sich nachher nicht ignorieren kann.

Andere Gestalten zogen an mir vorüber. In Uniformen. In Zivil. In Mänteln und Jacken. Keine von ihnen ging mich an. Ich gehörte nicht zu ihnen und sie gehörten nicht zu mir. Nicht mehr. Ich dachte an ein fernes, unbekanntes Land, die Heimat meiner Sehnsucht, unerfahren und mir doch so nah, so nah wie diese Erde unter meinen Füßen es nicht mehr sein konnte. Einmal zuckte ich zusammen. Mir gegenüber ging eine Frau, die ich nicht verleugnen wollte, der ich verbunden blieb, was immer auch geschah. Sie trug dicke Gläser vor den kurzsichtigen Augen. Sie sah mich nicht.

Ich streifte durch die Straßen ohne Plan und ohne Richtung. Ich sah die Häuser, Kraftfahrzeuge und Gärten. Doch ihre Bilder gingen nicht wirklich in mich ein. Kinder spielten auf dem Damm am Bach. Sie warfen rote und gelbe Bälle in die Luft, fingen sie auf und warfen sie erneut hoch. Sie taten es mit ruckweisen, eckigen Bewegungen. Daran erinnere ich mich. Ein kleiner Junge hatte mich bemerkt. Er hielt an und wartete, bis ich mich genähert hatte. „Schenk mir deinen Hund“, rief er mir zu. „Dummkopf“, verwies ihn ein anderer und stieß ihn in die Seite, „es ist ein Judenhund. Weißt du das nicht?“

Ich irrte weiter. Zweimal oder öfter umkreiste ich den Stadtwall, der als Promenade diente. Dann besann ich mich. Ich ging zu meiner Mutter in die Wohnung ihrer Freundin. Frauen aus der Gemeinde hatten sich dort versammelt. Sie suchten Zuflucht beieinander, als ob es stimmte, daß geteilter Schmerz geringer sei. Sie trugen die gleichen Aschengesichter, waren alle in einer Nacht um ein Jahrzehnt gealtert. „Es ist nur ein Arbeitslager“, hörte ich sie wieder sagen. Wieder nickte ich. Ich hätte ihnen die Wahrheit enthüllen müssen. Die krasse nackte Wahrheit hätte ich in ihre Mitte schleudern müssen. Das ist meine Überzeugung. Ich tat es nicht. Ich zog den leichten Weg der Lüge vor.

Sie saßen im Wohnzimmer um den Tisch herum, einen ovalen

Tisch aus Mahagoni. An den Wänden hingen Bilder, die ich seit meiner Kindheit kannte, die Judenbraut, das Abendläuten und die Toteninsel. Zwischen den Frauen saß ein einziger Mann, der, den sie vergessen hatten. Nicht eigentlich vergessen. Nicht weil sein Name in den Listen fehlte. Das Verzeichnis war durchaus fehlerfrei verfaßt. Er war nur verreist gewesen, als sie kamen, um ihn zu verhaften.

Sie sprachen von banalen Dingen, von Rezepten, wie man am besten einen Pflaumenkuchen backt, von ihren Kindern und von Briefen, die aus dem Ausland kamen. Sie sprachen unaufhörlich, kaum daß sie sich eine Atempause gönnten. Die Angst vor der eigenen Stille trieb sie dazu an. Sie fürchteten sich vor den Bildern, denen ihre Phantasie sie ausliefern könnte. Sie wußten vielleicht selber, was es mit dem Arbeitslager in Wirklichkeit für eine Bewandtnis hatte.

Es klopfte. Sie verstummten. Alle Augen richteten sich auf die Tür. Bedrohlich grub das Schweigen sich zwischen ihnen ein. Ich saß dem Eingang am nächsten. Ich erhob mich und öffnete. Ein Polizist stand draußen, ein Offizier in Uniform, ein guter Bekannter meiner Eltern. Das gelbe Plakat, welches keinen Zweifel ließ, wer hier wohnte, knisterte. Ich erschrak vor dem Gesicht des hochgewachsenen, blonden Mannes. Es war so fahl wie die Gesichter der Frauen. Eine scharfe Linie zog sich um seinen Mund. Stücke von Gesprächen, die ich mitangehört hatte, fielen mir ein. Er gehörte zu jenen Narren, zu jenen Unverbesserlichen, die noch an persönliche Geradheit und Gewissen und auch an Ehre glaubten. Er verlangte mit dem Mann zu sprechen. Er gab ihm Anweisungen für sein Verhalten, um der Verhaftung zu entgehen. „Nicht Ihretwegen, meinetwegen", sagte er bitter, „um nicht noch einen ruchlosen Befehl ausführen zu müssen."

Dann bat er mich zur Seite. „Blieb Ihrer Mutter genug Geld zum Leben?" fragte er mich zögernd. „Sie müssen es mir sagen, wenn Sie Geld brauchen. Mein Gott, es ist so wenig, was man tun kann." Ich spürte sein Bemühen, sich zu beherrschen. Er verabschiedete sich rasch. Wir hatten Geld. Oh, ja. Das Geld der Aasgeier von dem Verkauf des Pferdes, hundertzwanzig Mark. Ich hatte keine Ahnung, wie lange sie reichen würden.

Ich hielt es nicht mehr in der Wohnung aus. Auch sie war angefüllt mit Trümmern der Vergangenheit. Wieder Straßen. Wieder Kastanienalleen, die nur in sich selbst zurückführten. Dann stand ich vor dem langgestreckten Gebäude. Vielleicht war ich absichtlich hierhergekommen und hatte deshalb dieses Mal den Hund zurückgelassen.

Graue Front und graue Fensterscheiben. Unzählige Male mußte ich an diesem Haus vorbeigegangen sein auf den Pendelwegen zu den begrenzten Zielen der kleinen Stadt. Kein Weg ist weit in ihr, nicht wenn man, ihr schon entwachsen, zurückkehrt. Steinerne Stufen. Eisernes Geländer. Ein festes braunes Tor. Wer konnte erraten, was sich hinter ihm verbarg? Es öffnete sich, bevor ich Zeit fand, die Hand auf seine Klinke zu legen, schien mir. Sie haben dich erwartet. Ein böses Omen. Geh nicht hinein. Hüte dich vor dem Rachen, der sich auftut mit Zähnen, die verborgen bleiben. Was zauderst du? Geh weiter. Begib dich in das dunkle Gehäuse hinein, in seine langen kahlen Flure. Sie können dir nichts mehr anhaben, mögen die Stahlbänder der Treppen auch noch so feindlich funkeln.

Nummern. Nummern in die Hunderte hinein. Feindliche Nummern. Eine Schranke hindert dich am Weitergehen. Sie ähnelt den Bahnhofssperren, an denen Schaffner die Fahrkarten kontrollieren. Ein Formular wird dir gereicht. In Blockbuchstaben auszufüllen. Dein Name. Vergiß den Namen nicht, den sie hinzufügten als Kennzeichen deiner Rasse. Ob sie wissen, daß „Sara" Fürstin bedeutet? Geboren, wann und wo. Zweck des Besuches? Ganz zwecklos, wenn du ehrlich sein willst. Und dann zum Schluß: zwölf Uhr und drei Minuten. Zwölf Uhr und drei Minuten zeigt die Uhr, als die Schranke hinter dir ins Schloß fällt.

Wieder Nummern. Jede Tür und ihre Nummer und hinter ihr in Akten gebündelte Schicksale genau nach Buchstaben geordnet, A vor B und D nach C. Keine Abweichung ist hier erlaubt. Eine der vielen Türen öffnet sich. Eines aus tausenden Gesichtern tritt heraus. Nicht deinetwegen. Ganz zufällig begegnest du ihm auf dem glatt gebohnerten Linoleummuster, weiße Kreuze über gelben Sternen. Vorsicht, daß du nicht fällst. Er trägt ein Schriftstück in der Hand. Er ist auf dem Weg von einem Büro zum andern. Er sieht dich und hält an. Er begrüßt dich. Woher kennt er deinen Namen? „Haben Sie die Wäsche zurückerhalten?" Seine Stimme ist glatt und vertraulich. Hüte dich vor ihm und seiner Anteilnahme. Die Barriere hinter dir hat die Schranke zwischen euch nicht aufgehoben. Menschen, die in diesem Hause dienen, müssen für dich jenseits der Grenze bleiben. Hier in diesem Gebäude bist du der Pflicht enthoben, zwischen Freund und Feind zu sondern. Wer der Gestapo dient, ist gegen dich.

Du klopfst an eine Tür. Ein Geräusch von drinnen. Du deutest es als Aufforderung. Du drückst die Klinke nieder. Lautlos gibt sie nach. Alle Angeln in diesem Haus sind gut geölt. Blaue Tapeten bedecken die Wände. Ein blauer Teppich dämpft deine Schritte.

Blaue Farbe schreckt die Fliegen ab. Du hast es irgendwo einmal gelesen. Aktenregale. Vor dem Fenster Töpfe mit Blattpflanzen und Kakteen. In der Ecke eine schmale Gießkanne und eine Dose. „Pflanzennahrung", entzifferst du. Auch Blumenfreunde können Menschenhasser sein. Vielleicht ist er nicht einmal das. Vielleicht ist er nur ein Beamter, gewissenhaft und auf Beförderung bedacht.

Jetzt blickt der Mann hinter dem Schreibtisch auf. „Sie sind die Tochter des Herrn R.", sagt er und schweigt. Was will ich? Warum bin ich hier? Ich erwarte keine Hilfe. Nicht von ihm. Selbst wenn er könnte, würde er nicht helfen, Vater und Onkel zu befreien. Ich mußte kommen, mußte es, um mir zu beweisen, daß ich bereit bin, alles zu versuchen. Ich habe keine Angst. Die Ereignisse der letzten Tage haben sie besiegt. Morgen oder übermorgen werde ich mich wieder fürchten, doch nicht heute. Ich sage, was zu sagen ich mir vorgenommen habe. Er antwortet höflich ein paar leere Worte, und ich bin entlassen. „Guten Tag", sage ich. „Guten Tag", sagt er. Es war ganz sinnlos, daß ich gekommen bin. Zwölf Uhr und neunzehn Minuten zeigt die Wanduhr, als ich die Schranke passiere.

Wieder kehrte ich in die Wohnung der Freundin zurück. Wieder hielt ich es nicht mehr in ihr aus. Ich rief den Hund, der ohne sich zu regen in der Ecke lag, als ob er so zu überleben hoffte. Wir verließen das Haus, die Straße und bald darauf die Stadt.

Vor uns lag jetzt die Heide. Gelber Sand durch feuchte Nebel abgedunkelt und in ihm Inseln mit verdorrtem Heidekraut, Erinnern an die Lüste eines Sommers, der längst verfallen. Schwarzweiße Birken hielten die entlaubten Zweige über trotzig finstere Wacholderbüsche. Am Horizonte stieg ein dünner Rauchfaden aus einem unsichtbaren Haus. Schwerfällig schoben die Wolken sich nach Osten. Ein fahles Leuchten brütete über dem Lande. Nichts deutete auf Schnee. Die wenigen Flocken, die gefallen waren, hatten keine Spuren hinterlassen, nicht in der weiten Einsamkeit der Heide, nur in der Öde meines Herzens. Wieder ging ich ohne zu wissen wohin, nur daß die Heide keine Straßen kennt, die zu vorbestimmten Zielen führen, und meine Richtungslosigkeit mich nicht bedrückte. Ich stieß auf Fußstapfen. Ein Mensch und neben ihm ein Tier waren vorbeigegangen. Erst später merkte ich, daß es unsere eigenen Fährten waren, die wir kreuzten. Weite gelbe Flächen. Eintöniger Sand, der alles Wachsende verweht. Die Landschaft einer Seele.

Der Abend trieb mich in die Stadt zurück. Wieder stand ich vor unserm Haus. Doch ich ging nicht hinein. Ich scheute mich vor den Dämonen der Zerstörung, die unter den zerbrochenen Ringen des Herdes nisteten. Ich ging an den Mauern entlang. Aus rötlichem

Backstein waren sie gefügt. Ich wußte, daß sie rötlich waren. Ich sah es nicht. Das Licht der Straßenlampe war nicht hell genug. Ich bog in die enge Gasse ein. Eine Sackgasse. An ihrem Ende floß der Bach. Im Schein der Laterne unterschied ich die Umrisse unserer Pferdewagen, die dort standen. Kleine Schatten bewegten sich zwischen ihnen. Riesenratten vielleicht, die die Nacht aus ihren Wasserlöchern gelockt hatte. Dann erkannte ich die Uniformen. Eine Gruppe Zehn- oder Elfjähriger, Angehörige des Jungvolks, war damit beschäftigt, einen Wagen herauszuschieben. Es war ihnen noch nicht gelungen. Das Wasser hatte den Boden unter den Rädern aufgeweicht.

„Was macht ihr da?"

„Wir schieben den Wagen heraus."

„Wer hat euch das gestattet?"

„Der Nachbar hat es uns erlaubt."

„Der Nachbar?"

„Der Besitzer ist doch nicht da."

„Der Nachbar hat kein Recht dazu. Ich verbiete es. Ich bin die Tochter des Besitzers." Ein Wagen mehr, ein Wagen weniger, als ob es darauf noch ankäme. Doch irgend etwas in mir, ich selbst begriff nicht, was es war, zwang mich, mich hartnäckig zu widersetzen. Sie hatten nicht damit gerechnet, auf diese Weise gestört zu werden. Sie wußten nicht, wie sie sich verhalten sollten.

Jemand war die Gasse entlang gekommen, ohne daß ich es gehört hatte. Es war ein Mann mit dunklem Hut und einem Mantel mit Samtkragen, wie Arbeiter sie trugen, wenn sie am Sonntag mit der Familie spazierengingen. Er beachtete mich nicht. Er ging an mir voruber. Nicht einen einzigen Blick warf er auf mich. Unsanft griff er einen der Jungen am Arm und zog ihn mit sich fort. „Du machst mir das nicht mit. Du stiehlst mir nicht. Du kannst mich deinem Führer melden, wenn du willst", hörte ich ihn sagen.

Die andern blieben unentschlossen zurück. Wieder tauchte eine Gestalt auf. Sie schob ein Fahrrad neben sich her und trug die Abzeichen der Hitlerjugend.

„Was gibt es? Warum bringt ihr den Wagen nicht?"

„Die da erlaubt es nicht."

„Die da?"

„Ich bin die Tochter des Besitzers."

„Und Sie erlauben nicht, daß wir den Wagen nehmen?" Er maß mich mit einem unverschämten frechen Blick.

„Nein, ich erlaube es nicht." Es war auf einmal wichtig geworden, nicht nachzugeben, weit über die Proportionen des materiellen Wertes eines Kastenwagens hinaus.

„Wirklich nicht?“

„Wirklich nicht.“ Sollten sie mich schlagen. Sollten sie mit mir machen, was immer sie wollten. Ich konnte nicht mehr nachgeben.

„Sie wollen ihn nicht geben?“

„Nein.“

„Auch nicht leihen?“

„Nein.“

„Dann kommt.“ Ich sah sie die Fäuste ballen und sich auf mich stürzen. Ich sah es mit versteinertem Herzen. Doch es geschah nicht.

„Kommt“, wiederholte er, „geht nach Hause.“ Die Aktion wurde für diesmal abgeblasen.

Ich drehte mich um. Ich ging zurück. Ich spürte, daß es schneite.

Park im Herbst

Es kennt der Tag nur noch die grauen Dünste,
wie sie auf braungefaulten Blättern brüten.
In feuchten, frostgeschwängerten Gespinsten
erstickten längst des Sommers letzte Blüten.

Es starb der Park. Die Eiche nur reckt fahl
in ihrem hartgedörrten Laube sich empor.
Sie hält als der Erinnrung stummes Mal
die Wache an des toten Meisters Tor.

Wie aber, wenn der Meister nicht gestorben,
wenn er uns sein Gesicht erst jetzt entdeckte,
und jener bunte Schein, der ihn umworben,
ein Trugbild war, das unsre Sinne neckte.

Wenn so das mannigfach gefügte Leben
der Masken viel, doch nur ein Antlitz trüge.
Weh mir, ich seh es finster sich erheben,
der Glanz ist Wahn, und alles Licht ist Lüge.

Berlin, 9.11.38

Nach dem Sturm

Und wieder ist es wie zu allen Stunden,
im Herbstlicht brennt das jäh entflammte Land.
Die Buchen, einst vom Sommer grün umwunden,
verstreuen Funken auf den fahlen Sand.

Und Liebesleute wandeln eng umschlungen
auf Pfaden die im Dickicht stumm versickern,
und vor den Häusern spielen kleine Jungen
mit Reifen und mit blanken Knickern.

So ist es denn grad wie an andern Tagen,
nur daß die Kugeln heute silbern sind
und gestern noch in einem Bethaus lagen
auf heilgen Rollen in geweihtem Spind.

Paderborn 13.11.38

Der Beginn

Von unten, zwischen den Bergen, stieß langgezogen und schrill ein Pfiff herauf und schraubte sich durch die klare Luft des frühherbstlichen Tages. Oben auf einem der Felder, die sich über den Rücken des Hügels zogen, hob Ruben verwundert den Kopf. Er kniff die Augen zu und schaute in die Richtung der Sonne, die jetzt genau über dem Viereck der Gutsgebäude stand.

„Nanu", rief er Benjamin zu, der mit ihm gemeinsam den Kastenwagen ablud, „es ist noch nicht Mittag, und der Zug ist schon da." Er stieß die Mistgabel in den Boden und stützte sich auf den von vielen Händen blankgegriffenen Stiel. Benjamin beschattete die Augen mit der Hand und nickte.

„Ja", bestätigte er, „es ist noch zu früh." Erwartungsvoll blickten sie auf die blanken Schienenstränge hinunter, die wie parallel gestochene Kanäle durch das enge Tal flossen. Jetzt stieg hinter dem Felsen der Fetzen einer weißen Rauchfahne auf, und gleich darauf puffte zischend und schnaufend der schimmernde Leib einer Lokomotive vorüber. Hinter ihr rollten verwaschen rot die Kästen von Güterwagen, eine lange Reihe von Wagen, die erst aufhörte, als die Lokomotive schon längst wieder aus dem Blickfeld verschwunden war.

Die Türen der Waggons waren zurückgeschoben. In den offenen Eingängen standen und saßen Soldaten. Einige ließen die Beine herunterbaumeln, so daß es von weitem aussah, als sei der Zug mit Fransen behangen und an den Fransen hätte hier und da ein Tier gefressen. Grau und still schob sich die Masse der Soldaten dahin.

„Wieder ein Truppentransport. Es wird ernst", bemerkte Ruben und hieb mit der Forke auf die goldbraune, dampfende Masse ein.

„Als ob es bis jetzt noch nicht ernst genug gewesen wäre, wenigstens soweit es uns Juden betrifft", brummte Benjamin und nahm seine Arbeit wieder auf.

„Es wird ernst", hing Ruben seinen eigenen Gedanken nach und streute mit kräftig geführtem Schwung Mist auf die sandige Erde.

„Komisch", er richtete sich plötzlich auf, „sie waren alle so still. Hast du es bemerkt? Nicht einer von ihnen hat gesungen oder gewinkt. Mein Vater hat mir immer erzählt, in was für einem Taumel von Begeisterung sie beim Ausbruch des letzten Weltkrieges an die Front fuhren, wie die Züge mit Blumen und Aufschriften geschmückt waren. Dieses Mal gibt es nichts dergleichen, komisch."

„Was ist es dir so wichtig, ob sie singen oder weinen? Was kümmert es dich? Was ändert es für uns?" Benjamin war voll Bitterkeit. „Für uns ist die Mausefalle zugeschnappt. Jetzt können wir nicht mehr heraus. Jetzt ist es zu spät. Wir haben zu lange gewartet", fuhr er grimmig fort, „als ob es von uns abhängig gewesen wäre. Wir hatten keine Wahl. Wir mußten warten, bis die Reihe an uns kam. Wir haben umsonst gewartet, du und ich und all die Kinder dort." Sein Kinn wies auf das Nachbarfeld, wo eine Gruppe von Jungen und Mädchen damit beschäftigt war, Unkraut zwischen den Zwiebeln zu jäten.

„Sicher hat man schon den Krieg erklärt", nahm er seine düstere Betrachtung wieder auf, „und wir stehen hier und tun, als ob es nichts Wichtigeres gäbe, als diesen Mist abzuladen, als ob es noch jemanden kümmern wird, ob wir ihn abladen oder nicht."

Ruben hörte dem Wortерguß seines im allgemeinen eher schweigsamen Freundes erstaunt zu.

„Was zum Teufel ist in dich gefahren?"

„Nichts ist in mich gefahren", knurrte Benjamin. „Es ist nur aus, endgültig aus. Das ist es." Sie schwiegen beide, und nur das Auffallen der Mistfladen war zu hören und zuweilen ein Lachen der Kinder, welches zu ihnen herüberwehte. Auf dem gegenüberliegenden Hügel bewegten sich stumm die hohen Wipfel der Kiefern. Weit weg auf einer Straße ging ein Ochsengespann und glich dem Spielzeug eines Kindes.

„Es ist aus", unterbrach Benjamin schließlich das Schweigen. „Was ist nun schon wieder aus?" erkundigte sich Ruben bereits ein wenig ungehalten. „Was aus ist?" wiederholte Benjamin langsam, als denke er erst jetzt darüber nach. „Oh, so viel, alles, und wenn du willst gar nichts. Es kommt wie immer darauf an, wie man es ansieht." Sein sonnengebräuntes, noch nicht ganz männliches Gesicht schaute verträumt über den älteren Freund hinweg in die lichthellen Wolken, die Formen annahmen und verschwammen. „Hast du schon einmal versucht, dir dein künftiges Leben in Erez Jisrael vorzustellen?"

„Nein", sagte Ruben nach kurzem Überlegen, „es ist auch unnütz. Ich werde darüber nachdenken, wenn es so weit ist."

„Siehst du, und ich träume davon täglich, stündlich. Es ist dieser Traum, der mir das Leben hier in dem Meer feindlicher Blicke, der mir meine Vogelfreiheit erträglich macht. Ich weiß“, wehrte er mit der teils schon verschwielten, teils noch mit Blasen bedeckten Hand ab, „hier in diesem Vorbereitungslager der Jugendlichen gibt es sie nicht, diese feindlichen Blicke, spüre ich diese meine Vogelfreiheit nicht. Aber es genügt, darum zu wissen. Und dann, bei jedem Schritt in der Stadt schreit es mir mit tausend Zungen entgegen: ‚Juden sind hier unerwünscht‘, ‚Juden sind der Abschaum der Menschheit‘. Wenn ich die höhnisch feindlichen Blicke nicht mehr ertragen zu können glaubte, rief ich meinen Traum zu Hilfe, dachte ich daran, daß ich bald in Palästina, in Erez Jisrael, sein würde, versuchte ich mir mein freies Leben dort vorzustellen. Weißt du überhaupt noch, was das bedeutet, frei und selbstverständlich zu leben ohne ängstliche Seitenblicke, ohne jedes Wort wägen zu müssen? Aber jetzt ist es aus mit dem Traum. Die Mausefalle ist zugeklappt, und der Traum ist in ihr gefangen.“

Wieder arbeiteten sie schweigend Schulter an Schulter. Immer größere Lücken rissen ihre Gabeln in den warmen Dung auf dem Kastenwagen. Immer höher wuchsen die Misthaufen auf den umgeworfenen Schollen des Ackers. Von dem Felde nebenan hallten Rufe unverständlich zu ihnen herüber. Dann wurde es still.

Benjamin hatte recht. Er, Ruben, wußte es ganz genau, daß Benjamin recht hatte. Der Krieg war deklariert oder konnte jeden Augenblick erklärt werden. Das bedeutete schon keinen Unterschied. Man würde niemanden mehr hinauslassen. Sie waren die Gefangenen einer ihnen feindlichen Umgebung. Auch das stimmte. Aber während Benjamin in ungewohntem Wortschwall seiner Erregung Ausdruck gab, spürte er, Ruben, in sich eine ihm selber nicht verständliche, eiskalte Ruhe.

„Es ist sinnlos zu flüchten. Man kann seinem Schicksal nicht entgehen.“ Erst an dem erstaunten Blick des Freundes merkte er, daß er laut gesprochen hatte.

„Was willst du damit sagen?“ verlangte Benjamin zu wissen.

„Gar nichts. Das heißt, ich weiß es selbst nicht genau.“ Eine Sirene heulte auf. „Komm, es ist Zeit zum Mittagessen“, wich er einer ausführlichen Antwort aus.

Von allen Seiten strömten Kinder und Jugendliche in Arbeitskleidung und mit landwirtschaftlichen Geräten beladen in den Gutshof. Der Weg führte an dem Haus der ältlichen Besitzerin vorbei. Ihr bunt gefiederter Papagei saß wie gewöhnlich auf dem Gartenzaun und plapperte zum Gaudium der Kinder unaufhörlich den Namen seiner Herrin: „Käsbach doof, Käsbach doof.“ Sie selber hatten es ihm beigebracht. Es war ihre Rache an der Frau, die immer etwas an ihnen zu nörgeln fand und sich bei der Leitung über sie beklagte. Als Ruben und Benjamin an dem kleinen Haus, welches als Büro diente, vorüberkamen, hörten sie durch das offenstehende Fenster, wie im Radio die Kriegserklärung durchgegeben wurde. Es war geschehen. Was sie vermutet hatten, war Tatsache geworden.

Am Nachmittag, als Ruben wie gewöhnlich eine Gruppe der Jugendlichen unterrichtete, überkam ihn das Gefühl der Sinnlosigkeit seines Tuns. Was für einem Zweck konnte es jetzt noch dienen, ihnen die wirtschaftliche Bedeutung der verschiedenen Städte zu erklären? Wie hatte Benjamin doch gesagt? Die Mausefalle war zugeschnappt. Sie würden nie mehr dorthin gelangen. Wäre es nicht besser, sie auf ihre eigene Zukunft vorzubereiten, auf das düstere Schicksal, welches auf sie wartete? Aber er sprach weiter von dem Tiefseehafen in Haifa, von flachdachigen Häuserblöcken in Tel Aviv. Er beschrieb sie so, wie er es gestern und vorgestern getan hatte, als gäbe es keine Truppentransporte, keine Kriegserklärung. Er erzählte so, wie er schon viele Male erzählt hatte, ihnen und andern Gruppen vor ihnen, damals, als es noch einen Sinn hatte zu erzählen, gestern, als sie noch hoffen durften, selber einmal drüben zu leben. Er beschrieb alles so, wie er es immer getan hatte, aus Gewohnheit, auch wenn sein Herz nicht darin war und auch weil er nicht wußte, wie er ihnen jenes andere, Düstere, jenes Schicksal, das ihnen bevorstand, hätte erklären können, jenes Schicksal, welches er selber noch nicht klar erkannte, und auch weil er es nicht über sich brachte, zu ihnen davon zu sprechen, zu ihnen, die noch Kinder waren. Er erinnerte sich daran, wie ungern sie in die Städte zu Eltern und Verwandten in Ferien fuhren, wie sie sich von dort zurücksehnten nach ihrer „glücklichen Insel", wie sie das Gut nannten. Nein, er konnte dieses ihr Gefühl der Sicherheit nicht mutwillig zerstören. Dazu blieb immer noch Zeit. Die Ereignisse selber würden es schließlich vernichten, vielleicht schon bald, vielleicht morgen schon. So fuhr er fort und erzählte ihnen von Erez Jisrael als dem Lande ihres künftigen Lebens, auch wenn die Worte für ihn selbst einen hohlen Klang besaßen.

Nach dem Essen lud der Leiter den Kreis der Erwachsenen, welche die Kinder betreuten, zu einer Besprechung in sein Büro. Ruben erschien als letzter. Er hatte einen Streit zu schlichten gehabt. Als er sich gesetzt hatte, nahm der Leiter die Pfeife aus dem Mund, stocherte in ihr herum und räusperte sich wie gewöhnlich, bevor er begann: „Wir haben elf Plätze für den nächsten Palästinatransport zugeteilt erhalten, zehn für unsere Jugendlichen und den elften für einen Begleiter. Die Ausreise von hier geschieht mit der

Genehmigung der Behörden. Der Transport selbst ist illegal. Er erfolgt ohne Einwanderungserlaubnis der Palästinaregierung." Ruben dachte an die Unterhaltung auf dem Felde. Die Mausefalle war also doch noch nicht ganz zugeklappt. Aber sie würde es bald sein. Alles deutete darauf hin, auch die Tatsache, daß man sich entschlossen hatte, Kinder den Gefahren und der Ungewißheit einer solchen Fahrt auszusetzen.

Die Worte des Leiters flossen eintönig dahin, eintöniger als gewöhnlich. Man merkte der Stimme sein Bemühen an, seine Erregung nicht durchklingen zu lassen. „Bei der Auswahl der Jugendlichen", hörte Ruben ihn fortfahren, „müssen wir deshalb die möglichen Strapazen in Betracht ziehen." Er hielt an. Die Augen hinter den Brillengläsern trugen einen müden Ausdruck. „Was den Platz des Begleiters betrifft, so habe ich die Länge der Wartezeiten einschließlich meiner eigenen überprüft", nahm er die Rede wieder auf. „Ruben und Benjamin haben gleicherweise Anrecht darauf zu fahren. Ich schlage deshalb vor, zwischen ihnen auszulosen."

Die Anwesenden brachten ihre Zustimmung durch Nicken zum Ausdruck. Benjamin war bleich geworden.

„Ja", sagte auch er und nickte. Nur Ruben saß bewegungslos. Jemand riß einen Streifen Papier ab, teilte ihn in zwei ungleiche Stücke und hielt sie Benjamin hin. Benjamin zog.

„Ruben fährt", sagte er dann. Seine Stimme zitterte. Aber er beherrschte sich und lächelte.

„Nein", preßte Ruben leise heraus, „nein", wiederholte er.

„Was nein?" fragte der Leiter ungeduldig und sog an seiner Pfeife.

„Ich kann nicht fahren."

„Sei nicht dumm", redeten die andern ihm gutmütig zu. Auch Benjamin versuchte den Freund umzustimmen.

„Gelost ist gelost", lachte er, aber sein Lachen verriet die Anstrengung, die es ihn kostete. Ruben schüttelte den Kopf.

„Laß mich", sagte er, „ich kann nicht fahren."

„Darf man wissen, warum?" puffte der Leiter den Rauch gegen die Decke. Ruben antwortete nicht sogleich. Man kann seinem Schicksal nicht entrinnen, hätte er sagen mögen, ich wenigstens kann es nicht. Doch er sprach es nicht aus.

„Es sind persönliche Gründe", wehrte er schließlich jedes weitere Fragen ab. Damit war die Angelegenheit erledigt. Benjamin wurde als Begleiter bestimmt, und sie begannen mit der Auswahl der Jugendlichen.

Das Pferdegespann brachte das Gepäck zu der eine Fußstunde weit entfernt gelegenen Bahnstation. Elf Rucksäcke und elf kleine

Handkoffer, das war alles. Mehr durften sie nicht mitnehmen. Um unnötiges Aufsehen zu vermeiden, begleiteten nur Ruben und eine Delegation von vier Kindern die Abreisenden bis zum Zug.

„Bist du wirklich sicher, daß du nicht fahren willst?“ hatte Benjamin noch einmal gefragt, als er sich von dem Freund verabschiedete. „Jetzt hast du noch die Wahl. Wer weiß, ob es nicht das letzte Mal ist, daß die Mausefalle sich öffnet“, lachte er sein unsicheres Lachen. Ruben hatte verneinend den Kopf geschüttelt. Er konnte es nicht erklären, nicht dem Freund und niemand anderem. Es war, als sei in ihm etwas zugeschnappt und erstarrt. Seine Zukunft hatte sich in diesem Zuspringen entschieden, und ihm blieb nichts, als es auf sich zu nehmen. Er hatte nicht immer so gefühlt. Vor wenigen Tagen noch hätte er um diese Möglichkeit gekämpft. Vielleicht würde er irgendwann einmal wieder so reagieren. Inzwischen aber mußte er dem Geheiß seines Innern folgen, auch wenn es dadurch für immer zu spät sein würde.

Der Zug war abgefahren. Das Gebimmel der Bahn war verstummt. Die winkenden Taschentücher waren hinter dem Hügel verschwunden. Der Pferdewagen war auf das Gut zurückgekehrt. Ruben und die Kinder hatten es vorgezogen, zu Fuß durch den dämmernden Herbstwald zu gehen. Das Netz der Abendstille lag über dem mit Moos und Flechten bewachsenen Boden. Auch das Gespräch der Kinder versickerte. Schweigend folgten sie dem mit Kiefernnadeln berieselten Pfad. Das silberne Licht eines frühen Mondes floß durch die Zweige zwischen die hohen Stämme der Bäume.

Über das schimmernde Gras der Waldlichtung strich der plumpe Schatten eines Flugzeugs. Eines der Mädchen blieb stehen und schaute den grünen und roten Lichtern nach, die sich langsam nach Osten hin entfernten.

„Ich habe immer gedacht, der Krieg sei etwas Schreckliches“, sagte sie nachdenklich, als sie Ruben eingeholt hatte. „Ich habe gedacht, er sei so schrecklich, wie man es sich gar nicht ausmalen kann. Ich habe mir vorgestellt, Bäume würden wie Streichhölzer zersplittern, Häuser würden zusammenbrechen und die Erde aufgewühlt werden wie bei dem Erdbeben, von dem in der Zeitung stand. Und hier sind wir, und es ist Krieg, und alles ist friedlich geblieben wie zuvor. Vielleicht ist der Krieg gar nicht so schlimm, wie man immer erzählt.“

„Ja“, sagte Ruben und wich dem Blick ihrer großen dunklen Kinderaugen aus, „vielleicht ist der Krieg gar nicht so schlimm, wie man immer erzählt.“

Glückliche Insel

Hügel mit Kiefernwald und Heidekraut bestanden. Pastellfarbene Feldstücke auf einer Bergkuppe, und zwischen ihnen scheunenförmige Gebäude um die drei Seiten eines rechteckigen Hofes gelegt. An vierter Seite herabgekommenes Herrenhaus mit Putten, deren Flügel und Nasen abgebrochen sind und mit breiten Rissen im Mauerwerk, in deren dunkler Feuchtigkeit sich grünes Moos eingenistet hat. Vernachlässigter Garten vor dem Eingang. Wildes Queckengras neben verwilderten Rosenbüschen und Eberesche, die ohne Pflege überdauerten. Latten fehlen in dem Holzzaun wie Zähne in alten Gebissen. Spuren weißer Farbe blieben. Auf dem Zaun ein Papagei. Ein lebendiger Papagei. Er heißt Laura wie alle Papageien. Mit Diamantenbrosche am hochgeschlossenen Kleid der Witwe blieb er, um früheren Reichtum zu bezeugen. Gruppe Jugendlicher vor dem Zaun auf Weg zur Arbeit in den Feldern. Sie tragen Hacken, Spaten, Rechen über Jacken in allen Farben. Auch einige der Jacken, fleckig und verblichen, weisen Zeichen einstigen Wohlstands auf, doch von anderer Beschaffenheit. Wer sind sie? Keine Landarbeiter. Wie kommen sie hierher?

Witwe des Besitzers verpachtete herabgewirtschaftetes Gut an jüdische Organisation, die Jugendliche betreut. Motivation weder Sympathie mit Verfolgten noch Protest gegen Regime, sondern allein Fehlen besseren Angebotes. Übergabe geschieht mit ausdrücklicher Genehmigung der zuständigen Behörden. Auswanderung nach Palästina bedeutet Verlassen Deutschlands und dient somit Erreichung des offiziellen Zieles. Noch hat die Konferenz nicht stattgefunden, die andere Mittel hierfür bestimmt.

Scheunenartige Gebäude um viereckigen Hof. Häuser am Bergabhang. Anordnung der Stuben erinnert noch an frühere Bewohner, an Chemiker, Gehilfen, Personal von einer früheren Benutzung des Gutes als Gummifabrik zur Herstellung von Ringen und Kondomen. Zimmer jetzt mit übereinandergestellten Betten, Strohsäcke auf Holzbretter gelegt, in den Kellern Waschgelegenheiten und draußen am Rand des Waldes ausgehobene Kuhlen mit Brettern, um notwendige Bedürfnisse zu verrichten.

Über hundert Menschen, Jugendliche und ein paar Erwachsene,

leben auf dem Gut, mehr als das Dorf im Tal bewohnen, von dem es seinen Namen borgte. Schn., er darf verraten werden. Ob er noch existiert? Ob er nach Einverleibung in einen anderen Staat durch einen anderen ersetzt wurde? Ob er blieb, weil sein Träger so klein und unbedeutend war, daß Landkarten ihn nicht verzeichneten? Schn., glückliche Insel inmitten Meer aus Haß, Gleichgültigkeit und Unvermögen. Was hätten sie tun können? Was können wir aus ihrem Nicht-Tun lernen und aus dem Tun der wenigen? Was haben wir daraus gelernt? Gesichter tauchen auf, deren Namen und Schicksale die Zeit davongeschwemmt hat. Gesichter mit vergessenen Namen und anonymen Schicksalen. Gesichter deutlich erkennbar, nur daß nicht mehr zu unterscheiden ist, wofür der Zufall sie bestimmte.

Wen für Erez Jisrael via Schweden, England, Spanien, Schanghai. Wen für direkte Route auf illegalen Schiffen. Illegal, was Recht der Einreise betraf. Abreise erfolgte noch legal, wenn auch mit Klausel, die Rückkehr verbat. Wer sollte versinken auf Flußkähnen, die sich überheblich Dampfer nannten? Wer sollte endlich angelangt im Hafen noch ertrinken? Wer zurückgeschickt aufs Meer untergehen? Durch Torpedo? Felsenriff? Sie hinterließen keine Spuren. Wer sollte bleiben für Viehwaggons, die nach dem Osten rollten? Noch kannten sie die Zufälle der Zukunft nicht, aus deren Fäden sich schon ihr Schicksal spann. Noch lebten sie inmitten von Kiefernwäldern und Heidekraut und fuhren ungern in die Städte zu Eltern und Verwandten, die noch nicht ausgewandert, geflohen oder deportiert waren. ‚Glückliche Insel‘ nannten sie das Gut, auf dem sie arbeiteten und lernten. Sie verachteten die blonden Jungen in den braunen Hemden mit den schwarzen Halstüchern, verachteten und bewunderten sie gleichzeitig. Ein Widerspruch? Einer der vielen Widersprüche in ihrem Leben. Umgeben von totalem Staat lebten sie demokratisch. In Schulhefte trugen sie mit ungelenken Zügen Gesetze ein, nach denen sie selber ihre kleinen Bosheiten und Vergehen richteten, Faulenzen, Schlägerei, Beleidigung, Diebstahl. Sie hatten Läuse und lauschten Violinkonzerten, arbeiteten auf Feldern und lasen ‚Die letzten Tage der Menschheit‘. Nicht alle hatten Läuse, nicht alle lasen sie Karl Kraus. ‚Glückliche Insel‘ nannten sie das Gut, sie, die Kinder deportierter, ausgewanderter, geflüchteter, auf Zertifikat, Affidavit, Permit, echte und falsche Visen wartender Juden. Ironie? Nicht wenn man die Umstände bedenkt. Oder gerade deshalb. Es hängt von der Betrachtung ab.

Kehren wir zurück zu der Gruppe auf dem Weg zur Feldarbeit, die vor dem Herrenhause angehalten hat. Sie brechen in lautes Gelächter aus. Was belustigt sie? Die Papageiin Laura auf dem

Lattenzaun, die „Heil Hitler-Schalom“ ruft. Sie plärrt es auch, wenn ihre Herrin Gäste eingeladen hat, Bezirksdirektor, Landesgerichtsrat, Gutsbesitzer. Die Kinder haben es ihr beigebracht. Es ist ihre Rache, weil die Besitzerin des Gutes sich immer über sie beklagt. Weil sie lärmen. Weil sie Waldbeeren pflücken. Weil sie Fußball spielen. Weil sie dies und jenes tun. Wer sind sie? Was wird aus ihnen werden? Aus dem verträumten Jungen, den sie Professor, aus den Freunden, die sie Max und Moritz nennen? Aus dem Streber, der in jedem freien Augenblick ein Buch aus der Tasche zieht? Aus dem Jungen, der sich die Gunst der Messingblonden erschmeichelt? Aus der Naiven mit den großen, dunklen Augen? Aus der, die sich nur wäscht, wenn man sie zwingt, jedoch nie ohne Zähneputzen zu Bett geht? Aus der Flötenspielerin? Dem Fußballchampion? Aus dem Jungen, der in der Hitlerjugend diente, bis sich herausstellte, daß seine Mutter Jüdin war? Der Strom der Zeit hat ihre Schicksale davongeschwemmt.

Ein Name ist geblieben, Elchanan. Nicht einer der Jugendlichen. Ein Dreijähriger. Hierher verschlagen, weil sein Vater starb und seine Mutter auf dem Gut als Köchin und Leiterin der Wirtschaft Arbeit fand. Ein Herbsttag. Er sieht zu, wie Jugendliche Möhren ernten. Große Arbeit, sagt er voll Bewunderung. Sie sind seine Freunde. Er schaut zu ihnen auf. Er bewundert sie. Niemanden aber respektiert er so wie den Briefträger in blauer und in brauner Uniform, denn er ist gleichzeitig SA-Führer und Bürgermeister des Dorfes. Wohl auch Spitzel, dazu bestellt, die Leute auf dem Gut zu überwachen. Elchanan steht am Fenster und schaut hinaus. In der Nacht ist Schnee gefallen. Dächer, Bäume, Wege sind weiß bedeckt. Es ist das erste Mal in seinem Leben, daß er Schnee sieht. Große Arbeit, sagt er anerkennend, hat der Bürgermeister das gemacht? Nein, sagt seine Mutter, der liebe Gott. Nein, sagt er, der Bürgermeister.

Ein Jahr später ist das Gut leer. Heil Hitler-Schalom, plärrt die Papageiin Laura auf dem Zaun vorm Herrenhaus, in dem die Latten fehlen. Niemand lacht mehr schadenfroh. Die nicht auswanderten wurden in Viehwaggons gesperrt und nach Osten transportiert. Auch Elchanan und seine Mutter. Der Bürgermeister, jubelt er im Lager angelangt und zeigt auf die Gestalt in Uniform, die den Transport empfängt. Er wird nach links geschickt. Seine Mutter weigert sich, nach rechts zu gehen. Sie schließt sich dem Zug der Greise, Kinder und Krüppel an. Sie nimmt ihn an die Hand. Warum weinst du, fragt er. Ich weine nicht, sagt sie, und er glaubt ihr. Warum ziehst du mich aus, fragt er in der Baracke. Wir werden duschen, sagt sie. Ja, sagt er, wir duschen jetzt. Wir machen uns rein. An ihrer Hand geht er vertrauensvoll mit in den Nebenraum.

Die Liquidation hat unvorhergesehene Folgen für Briefträger-Bürgermeister. Sein Eifer bei Erledigung des Auftrags erweist sich für ihn als fatal. Mit Abtransport der letzten Gruppe ist seine Aufgabe erfüllt. Überwachung des Gutes wird überflüssig. Witwe und Papagei sind nicht verdächtig. Austragen der Post und winzige Gemeinde rechtfertigen seine Zurückstellung vom Militärdienst nicht mehr. Er wird eingezogen. Er wird nach Osten an die Front geschickt. Feindliche Kugel trifft und tötet ihn, einige Monate nachdem Elchanan mit seiner Mutter den Duschraum betreten hat, wenige Kilometer von ihrer Asche entfernt. Es wäre möglich, daß ihre Überreste sich begegneten, sogar vermengten, denn auch er blieb unbegraben. – So war es. So hätte es sein können. Fest steht, sie kehrten nicht zurück.

Zwei Inschriften

Zwei Gebäude, die einander gleichen. Vier Stockwerke das linke, vier das rechte. Zwölf Fenster jede Reihe. Steinvorsprünge an beiden Seiten. Mauern aus rot gebrannten Backsteinen mit Mörtelsäumen, die grau sein müßten, doch von der Zeit geschwärzt wurden. Gleiche Mauern, gleiche Form und gleiche Fensterläden. Doch andere Bestimmungen. Kloster links, Waisenhaus rechts. Christliches Kloster, jüdisches Waisenhaus. Feste Gartenmauer unterscheidet zwischen Rasen hier und Rasen drüben. Feste und hohe Gartenmauer. Nicht hoch genug, um Überblicke zu verhindern. Vom zweiten Stockwerk an ist Einsicht möglich. Einsicht und die Erkenntnis, daß der Grat der Mauer mit Glasscherben bestreut ist, um Begegnung zu verhindern. Zweck wird vereitelt durch ein Tor. Ein kleines, unscheinbares und verschlossenes Tor. Aber immerhin ein Tor. Hinter den Gebäuden am Ende der beiden Gärten eine Öffnung in der Wand, die sie gemeinsam haben und die sie voneinander scheidet, bevor sie mit scharfem Knick nach rechts und links in separate Mauern ausläuft. Pfad der hindurchführte ist längst mit Brennesseln verwachsen. Lücken zwischen den Stäben ermöglichen, daß Hände sich noch erreichen. Vom dritten Stock an kann man die Mauer ignorieren, auch den Zwischenraum, wenn man statt unter sich auf die Gesichter in den Fenstern gegenüber schaut. Fäden fuhren hinüber und herüber. Dicke Telefonleitungen, elektrische Drähte, Fäden von Spinnweben und solche, noch feiner gesponnen, die kaum sichtbar werden. Über den zwei Portalen, die zur Straße führen, zwei Inschriften in Goldbuchstaben. „Liebe deinen Nächsten wie dich selbst", lautet die eine, „We'ahawta lere'acha kamocha", die andere. Das gleiche Bibelwort. Ein Zufall? Kein Zufall.

Eines Tages bleiben die Fensterläden im linken Haus verschlossen. Sie öffnen sich nicht mehr. Die Fäden hängen schlaff über der Mauer. Nur manchmal ein Augenpaar hinter einer Ritze in dem Holz. Eines Morgens erscheinen Gestalten in der Straße. Sie tragen Wollmäntel, obwohl Sommer ist und schleppen Koffer wie auf Bahnstationen. Sie gehen in den Hof durch das Tor aus Schmiedeeisen vor dem Portal. Und nachher kommen Lastwagen mit grauen Zeltplanen, die nicht dem Schutze gegen Regen dienen. Nicht gegen Regen und nicht gegen Wind und Sonne. Männer, Frauen,

Kinder mit Rucksäcken und Koffern. Sie stellen sich in Reih und Glied auf. Was sie gemeinsam haben? Sie tragen alle auf den Mänteln zackige gelbe Flecken und darauf in dunklen Schnörkeln das gleiche Wort. Sie ordnen sich auf Befehl einer Person in schwarzen Stiefeln und brauner Uniform. Eine Liste wird verlesen. Namen werden aufgerufen. Eine nach der andern klettern die Gestalten in die Lastwagen. Eine nach der andern verschwinden sie unter der grauen Zeltplane. Eines nach dem andern entfernen sich die Fahrzeuge. Ein paar Tage später. Der gleiche Vorgang. Gestalten treffen ein mit Koffern, Rucksäcken und gelben Flecken auf den Mänteln. Lastwagen. Appelle. Einsteigen. Abfahrt. Eine Woche darauf. Wieder die gleiche Prozedur. Die Augen hinter der Ritze in dem Holz sehen es. Sie müssen es sehen. Oder sehen sie es nicht, weil sie es nicht sehen wollen? Auch daß eines Tages die Tür des Nachbarhauses aufgeht und die Kinder, die dort wohnen, auch sie mit Rucksäcken und gelben Sternen, sich vor dem Gitter aus Schmiedeeisen in einer Reihe aufstellen, können sie beobachten, wenn sie es wollen. Es war vorauszusehen, daß, was geschah, geschehen würde, wenn nicht heute, dann morgen oder übermorgen... Im Schutz der Dunkelheit knarrt ein Schlüssel in dem Schloß des Tores in der Gartenmauer. Jemand huscht hinüber. Gebt uns ein Kind, ein kleines Kind, eines, das sich durch Sprechen noch nicht verraten kann. Wir werden es retten und für euch bewahren. Kein Schlüssel drehte sich im Schloß. Keine Stimme hat gesprochen. Solche Taten kann man nicht verlangen. Sie würden sich gefährden, sich und ihre Gemeinschaft. Nein, man kann sie nicht verlangen. Nur unverlangt können sie getan werden. Andere haben sie unverlangt getan. Appell, Befehle, Listen, Verfrachtung in Lastwagen. Alles verläuft exakt nach Plan. Nur daß es nötig ist, die Gestalten dieses Mal, weil sie so klein sind, wie Pakete hochzureichen. „Wir machen einen Ausflug", sagt die eine der Begleiterinnen. Sie trägt ein Kind auf dem Arm und hält ein anderes an der Hand. „Ihr braucht euch nicht zu fürchten. In ein paar Tagen kehren wir zurück." Die hinter den geschlossenen Läden hören die Worte der Erzieherin und wissen, daß sie lügt. Sie würden es wissen, wenn sie wollten. Doch es ist leichter, nichts zu sehen, nichts zu hören. Motoren springen an. Sie fahren. Sie entfernen sich. Die Enden der Zeltplane flattern hoch. Kinderköpfe tauchen aus Dunkel auf. Die Enden flattern viele Tage. Es dauert lange, bis sie das Ziel der Fahrt erreichen. Einer überlebt und mit ihm der Bericht. Sonst ließe sich behaupten, es sei nur ein böser Traum. Frauen der Partei ziehen in das leere Haus ein. Über den Portalen in der Sommersonne blinken die goldenen Buchstaben der beiden Inschriften ‚WE'AHAWTA LERE'ACHA KAMOCHA'.

Fahrt in die Erinnerung

Nein, ich bin nicht von hier, wenn ich es vielleicht auch einmal gewesen bin. Ich komme von weither, von jenseits des Meeres. Diese Strecke aber bin ich schon einmal gefahren, vor genau zehn Jahren, kurz nach Beendigung des Zweiten Weltkrieges. Das ist wohl der Grund, warum mir die Begebenheiten jener Tage, die ich schon vergessen zu haben meinte, wieder bewußt werden. Für mein Kommen damals gab es verschiedene Gründe. Einmal glaubte ich an meine Pflicht und an die Möglichkeit, den Flüchtlingen und besonders den Juden unter ihnen zu helfen, denn wie Sie vielleicht schon bemerkt haben werden, bin ich Jüdin. Dann aber empfand ich ein brennendes Verlangen danach, die kleine Stadt wiederzusehen, in der ich geboren bin. Ich unterschied zwischen den Menschen und der Landschaft. Die Sehnsucht nach den Wäldern und Hügeln meines Geburtsortes, nach seinen Kirchen und Fachwerkhäusern, hatte sich in den Jahren der Trennung immer mehr gesteigert, und sie ließ wohl die Bilder meiner Erinnerung schöner und lockender erscheinen, als es der Wirklichkeit entsprach. Daß ich wieder fortfuhr, ohne meine frühere Heimat aufgesucht zu haben, brachten die Ereignisse mit sich. Es scheint mir heute, daß die mir damals bewußten Beweggründe nicht die wirklichen waren. Mehr als alles andere war es das Gefühl der Schuld, welches mich hertrieb, so glaube ich. Nein, ich habe kein Verbrechen begangen, auch kein Vergehen, deswegen es irgendeinem Gericht der Welt einfallen würde, mich vorzuladen. Ich tat vielmehr, was nach allen Gesetzen des Verstandes das einzig Mögliche schien. Ich nützte die Gelegenheit aus, mich zu retten. Wenn man zu jener Zeit auch noch nichts von Vergasungen und ähnlichen Greueln ahnte, so hatte ich doch schon Verfolgungen miterlebt wie Vertreibung von der Schule, Synagogenverbrennungen und dergleichen. Ich hatte unter dem Druck der Ächtung gelitten, der für mich um so schwerer zu ertragen war, weil meine Erziehung mich gelehrt hatte, mich als Deutsche zu fühlen. Also hatten sich bei mir keinerlei Schutzmittel entwickeln können, die mich befähigt hätten, den Anfeindungen Widerstand zu leisten, etwa so, wie der Lebensrahmen eines Juden vor der Emanzipation ihm eine gewisse seelische Unverwundbarkeit verlieh, weil er und die ihm feindliche Umwelt sich nicht auf gleicher Ebene bewegten. Immer wieder habe ich mir bewiesen und mir von anderen beweisen lassen, daß mein Verlassen Deutschlands der einzige mir offenstehende Weg war, daß ein weiteres Verbleiben dort mich gefährdet und niemandem geholfen hätte. Ich hatte mich ja nicht einmal um eine Ausreise bemüht, sondern sie nur nicht von mir gewiesen, als sie sich mir bot. Ich war bis nach Ausbruch des Krieges hiergeblieben. Ich half die Kinder retten, deren Gruppe ich begleitete. So und mit ähnlichen Argumenten versuchte ich mich selbst von der Richtigkeit meines Handelns zu überzeugen. Ich bewies mir, daß ich den Eltern, den Geschwistern und Freunden unmöglich hätte helfen können. Ich war mit mir selbst ungehalten und schalt mich billiger Sentimentalität. Es hat mir alles nichts geholfen. Tiefer als die Schichten meines Bewußtseins wurzelte das Gefühl der Schuld, eines tiefen unausrottbaren Schuldgefühls, einer Schuld, welche keine Entschuldigung des Verstandes gelten ließ. „Wenn du schon nicht zu helfen vermochtest", so flüsterte sie, „warum hast du nicht wenigstens ihr Schicksal geteilt? Warst du etwa zu gut für die Lager? Um Ausreden sind Feiglinge noch niemals verlegen gewesen." Es war, wie ich sagte, nur ein Raunen, aber manchmal dröhnte es mir in den Ohren und ich hörte nichts als diese eine anklagende Stimme: „Du wurdest schuldig, weil du sie verließest. Du wurdest schuldig, schuldig, schuldig." Ich fürchtete meine Sinne zu verlieren. Ich irrte stundenlang in den Gassen herum, die Menschen hinter den erleuchteten Fenstervorhängen ob ihrer Gleichmut hassend und doch auch beneidend. Ich hatte Angst, auf mein Zimmer zu gehen. Die Tage waren schlimm genug, aber unerträglich waren die Nächte. Gelang es mir im Wachen noch einigermaßen, die Stimmen zu unterdrücken in allerlei Beschäftigungen, wie das Leben, besonders wenn man erst neu in ein Land gekommen ist, sie mit sich bringt, so entfesselten meine Träume die boshaftesten Vorwürfe. Nacht um Nacht erschien meine Mutter vor mir, in Bettellumpen gekleidet, wie sie von Tür zu Tür schlurfte, nur um mit Schimpf davongejagt zu werden, und ich war schuld daran. Oft habe ich es bereut, davongelaufen zu sein, wie ich es nannte. Aber gleich sprang dann immer eine andere Stimme auf, zwang mich, meine Lüge zu bekennen und einzugestehen, daß ich froh war, dem Druck entronnen zu sein und die Qualen nicht am eigenen Leibe erfahren zu müssen. Wie ich mich danach sehnte, jenes Volk der Peiniger hassen zu dürfen. Vielleicht wollte ich auf diese Art versuchen, die Schuld von mir zu wälzen. Nicht einmal das war mir vergönnt. Ich habe während all der Jahre, welche meinem ersten Besuch hier vorausgingen, nicht zu hassen vermocht. Ich sehe diese Unfähigkeit als eine meiner Schwächen an. Damals fand ich für sie verstandesmäßige Begründungen wie diejenigen Deutschen, welche ich kannte, die sich unserer Ausstoßung und Mißhandlung widersetzt und damit auf sich selbst Verfolgung gezogen hatten, wenn ihrer auch nur wenige waren. Ich kenne Ihre politischen Anschauungen nicht, doch Sie werden zugeben müssen, daß hierzu beträchtlicher Mut und Charakterstärke gehörten. Das wäre natürlich kein Grund gewesen, die Verfolger und diejenigen nicht zu hassen, welche durch ihre Tatenlosigkeit mitschuldig wurden, zumal ich keine Religion oder Weltanschauung bejahe, die dem Peiniger zu vergeben heißt.

Vor zehn Jahren im Zug hierher auf der Fahrt durch diese Gegend wurde ich mir meiner Unfähigkeit zu hassen wieder einmal bewußt. Ich fuhr mit einem Herrn, welchen ich in Brüssel kennengelernt hatte. Ich entsinne mich noch, wir saßen im Speisewagen beim Frühstück. Draußen zogen Ruinen und Schutthaufen der ausgebombten Städte vorüber, spreizten verrostete Eisenbalken ihre gekrümmten Schienen sinnlos in den grauen Dunst des Morgens. Mein Begleiter wies voll Genugtuung auf die Zeichen der Zerstörung, welche immer zahlreicher wurden. „Es geschieht ihnen recht", sagte er voll Bitterkeit. „Ich hasse die Deutschen." Ich widersprach ihm, man dürfe nicht alle mit dem gleichen Maß messen. Ich erzählte ihm von der Handvoll Menschen, welche Treue und Mut bewiesen hatten. Ich wandte sogar ein, daß man nicht wissen könne, wie wir selbst uns unter ähnlichen Umständen benommen hätten. Er hatte nur einen Blick voll Verachtung für mich. Etwa zwei Stunden später, es hatte inzwischen heftig zu regnen begonnen, standen wir, am Ziel unserer Reise angelangt, vor dem Bahnhofsgebäude und warteten auf das Auto, welches uns abholen sollte. Ich hatte vor meiner Abfahrt aus Brüssel ein Telegramm aufgegeben, das jedoch, wie sich nachher herausstellte, nicht angekommen war. Nachdem wir die Sinnlosigkeit weiteren Wartens eingesehen und festgestellt hatten, daß es unmöglich war, ein Taxi zu mieten, beschlossen wir, uns zu Fuß auf den Weg zu machen. Ich ging auf einen Mann zu, um ihn nach der Richtung zu fragen. Nach einigen Schritten konnte ich nicht mehr weiter. Sie haben wohl kaum je Ähnliches erfahren und werden nicht begreifen, wenn ich sage, daß es mir plötzlich war, als täte sich zwischen dem Mann und mir ein Abgrund auf, den ich unmöglich überschreiten konnte. Ich ging zurück, schämte mich vor mir selbst und näherte mich dem Mann erneut. Dieses Mal gelangte ich zu ihm, aber ich vermochte keinen Ton hervorzubringen. Als ich endlich wieder Worte fand, sah ich den erstaunten Blick des Mannes und bemerkte, daß ich ihn in einer ihm unverständlichen Sprache angeredet hatte. Es gelang mir, mich zu überwinden, und ich erhielt die gewünschte Auskunft. Doch ich muß in einem stockenden und verdrehten Deutsch gefragt haben, denn mein Begleiter bemerkte ein wenig spöttisch, daß ich meine Muttersprache anscheinend schon vergessen hätte. Ich beherrschte aber die deutsche Sprache damals genausogut wie heute, und Sie würden doch wohl kaum erraten haben, das habe ich vorhin an Ihrem erstaunten Gesicht gesehen, daß ich seit mehr als fünfzehn Jahren in Übersee lebe. Bei diesem ersten Zusammentreffen mit einem Deutschen stellte ich ein mir bis dahin fremdes Empfinden fest, welches ich nicht zu benennen wußte, welches aber im Laufe meines kurzen Aufenthaltes sich mehr und mehr verstärkte. Es enthielt Bitterkeit und Schmerz, Verachtung und Ablehnung.

Wie soll ich Ihnen die Atmosphäre der ersten Tage hier schildern? Dürfte ich annehmen, daß Sie wie ich je im Orient oder sonstwo an der Küste des mittelländischen Meeres gelebt haben, so würde ich sie dem Gluthauch des heißen Windes vergleichen, wie er jene Länder im Frühling und Herbst heimsucht – und dem Menschen oft noch den letzten Tropfen von Widerstandskraft aus den Knochen saugt, so daß sie matt und wehrlos Krankheit und Bedrückung, ja selbst dem Wahnsinn preisgegeben sind.

Hätte man mich sogleich einem der Flüchtlingslager zugeteilt, so wäre mir vielleicht keine Zeit für Gedanken und Grübeleien über mich selbst geblieben. Aber meine Einteilung in die Arbeit zog sich, wie das in solchen Fällen nichts Ungewöhnliches ist, aus organisatorischen Gründen hinaus. Ich kam mir überflüssig vor und hatte mehr Muße als gut für mich war. Zudem schien ich einen besonderen Sinn entwickelt zu haben, der mich jede feindselige Bemerkung, jede abfällige Bewegung aufspüren ließ. In den von Hamsterern übervollen Zügen, in Cafés und Restaurants, wenn sie davon sprachen, wie dreckig die Juden waren, die zu Ende des Krieges in den Straßen auftauchten, wenn sie über die Juden schimpften, die ihren Worten nach allein am schwarzen Markt Schuld trugen, immer war ich gemeint, immer stachen die Worte wie Nadeln in mein rohes Fleisch. Ich nahm mir vor, diese Plätze zu meiden und vermochte es nicht. Es war, als müsse ich den Schmerz bis zum letzten auskosten. Vielleicht war es eine Art Sühne, die ich mir unbewußt auferlegte. Ich sehe Ihnen an, daß Sie etwas einwenden möchten. Gewiß wollen Sie sagen, daß es auch andere gegeben hat, solche, die sich der Schuld bewußt wurden. Ich weiß das. Aber mit denen traf ich kaum zusammen. Sie schwiegen damals wohl auch noch zumeist und lebten zurückgezogen. Zudem müssen Sie zugeben, daß ihrer wenige waren, hauptsächlich solche, die selbst gelitten und also eigentlich keinen Grund gehabt hätten, sich schuldig zu fühlen.

Wie ich schon sagte, auf der Straße, im Zug, ich mußte immer hinhorchen mit einer Begierde, welche fast an krankhafte Lüsternheit grenzte. Ich ballte die Hände in den Taschen, mischte mich aber nie in die Gespräche ein, vielleicht aus Feigheit, vielleicht aus einem Gefühl von Sinnlosigkeit, vielleicht auch, weil ich den Ausdruck der Unterwürfigkeit nicht ertrug, wie er damals sogleich in den Mienen erschien, wenn jemand sie zurechtwies. Ich hatte das verschiedentlich mit Bekannten erlebt, deren Gesellschaft ich nicht immer vermeiden konnte, obwohl ich mich mehr und mehr in mich selbst zurückzog.

Einmal habe ich zu einer Frau, als sie sich selbst so sehr leid tat, von dem gesprochen, was mich bewegte, und da wäre es mir nachher lieber gewesen, ich hätte geschwiegen. Die Umstände, die jenem Gespräch vorausgingen, sind mir deutlich im Gedächtnis. In der Nähe der Stadt, in der ich damals weilte, lag der Ort eines der berüchtigtsten Konzentrationslager. Unter den Hunderttausenden, die dort umgebracht wurden, befand sich wahrscheinlich auch mein Bruder. Ich erwähne dies nur, weil ich deshalb gefühlsmäßig wohl noch stärker beteiligt war, nicht weil es die eigentliche Tatsache des Massenmordes in irgendeiner Weise geändert hätte. Der Anblick der auf dem nüchternen Grundsatz möglichst großer Arbeitsersparnis errichteten Vernichtungsanlage steigerte das Bewußtsein meiner Schuld so, daß ich es fast nicht mehr ertrug. Aber schauen mußte ich, sehen und nacherleben, wie sie sich nackt auszogen, wie das Wasser der Duschen die Wirkung des Gases beschleunigte, wie Mitgefangene die Körper in Öfen verbrannten, ähnlich denen, derer sich die Bäcker zum Brotbacken bedienen. Unterbrechen Sie mich bitte nicht. Sagen Sie mir nicht, daß ich keinen Grund hatte, mich schuldig zu fühlen. Es mag sein wie es will, ich habe Ihnen doch schon gesagt, daß alle verstandesmäßigen Erklärungen hier nichts nützen. Ich habe auch nie begriffen, wie Menschen, welche an diesem Morden, anders kann ich es nicht nennen, aktiv beteiligt waren oder es guthießen, es fertigbringen, sich von aller Verantwortung reinzuwaschen, wie ich es oft gehört habe, indem sie geltend machen, daß sie ja auf Befehl handelten. Daß es selbst in den Vernichtungslagern einige wenige gegeben hat, die sich trotz der Befehle ihre Menschlichkeit bewahrten, wissen sie nicht oder wollen sie nicht wissen. So erzählte mir eine Bekannte von einem Gefreiten, der die Aufsicht führte über ihre Zwangsarbeitskolonne auf den Kartoffelfeldern. Nur der tägliche Diebstahl einiger Kartoffeln bewahrte vor dem Verhungern. Auf diesen Diebstahl aber stand Todesstrafe, welche auf der Stelle vollzogen wurde. Wenn eine Leibesuntersuchung bevorstand, gab er ihnen einen Wink. Vielleicht meinen Sie, daß dies nichts besonders Erwähnenswertes ist. Sie vergessen, daß der Mann sich im Falle der Entdeckung selbst der Todesgefahr aussetzte, zumeist in Form von Versetzung an einen besonders gefährlichen Frontabschnitt. Vielleicht aber wollen Sie wie so manche die Vernichtungslager als ein Märchen abtun, als eine Lüge, erfunden von böswilligen Elementen, um eigene unsaubere Absichten zu fördern, oder im besten Falle als eine bis ins Unkenntliche gezogene Verzerrung harmloser Internierungsplätze. Wenn Sie wollen, nehmen Sie es an. Es ist sicher bequemer, was das Gewissen anbelangt, und ich gehöre, ohne religiös zu sein, zu jenen altmodischen Menschen, die noch an so etwas Unmaterialistisches wie ein Gewissen glauben. Doch irgend etwas in Ihrer Miene läßt mich vermuten, hoffen wäre schon übertrieben, daß Sie sich der geschichtlichen Tatsachen ohne jeden Versuch von Beschönigung bewußt sind.

Jener Tag, von dem ich zu sprechen begann, jener Tag der Wallfahrt, so möchte ich es fast nennen, lebt unauslöschlich in mir. Ich erinnere mich fast unangenehm deutlich an Einzelheiten. So an den Starenkasten gleich neben dem Krematorium, an den enttäuschten Blick des Individuums, welches von irgendwoher auftauchte und mir seine Führerdienste aufzwang. Wenn ich es ruhig bedenke, gebührte ihm wirklich eine Entlohnung. Aber damals erschien es mir wie ein Hohn, jemanden mit Zigaretten zu bezahlen, was, wie Sie sich erinnern mögen, die im Verkehr mit Ausländern übliche Währung darstellte, ihn sozusagen zu belohnen für das Recht, in der Phantasie die Qual der Gequälten nacherleben zu dürfen. Ich gehe wieder den Schienenstrang entlang, der wie die Gleise einer Straßenbahn zu ebener Erde zwischen in Gärten gebetteten Villen dem Lager zulief. Einer plötzlichen Eingebung folgend hielt ich eine aus einem der hübschen Häuser tretende Frau an. Nein, sie hatte nicht gewußt, was sich in allernächster Nähe von ihr abspielte, sie hatte niemals bleiche Gesichter hinter den engen vergitterten Fenstern der Viehwagen gesehen. Niemals hatten Schreie das Gepolter der Räder übertönt. Niemals hatte sie sich Gedanken gemacht, was die Züge wohl enthalten mochten, die Tag und Nacht die Straße entlang den hohen Eisentoren zurollten. Heute verstehe ich, daß ich als ihr völlig Fremde kaum eine andere Antwort erwarten durfte. Damals sah ich nur die offenbare Lüge in ihren Worten, die in dem Ausdruck ihres Gesichtes noch Bestätigung fand.

Irgend jemand erwähnte ein Massengrab außerhalb der Ortschaft. Ich machte mich auf die Suche und gelangte zu einem kleinen, in das rotgescheckte Herbstlaub gebetteten Friedhof. Von einer schwarz gekleideten älteren Frau, die an einem der mit bunten

Chrysanthemen und Astern bepflanzten Gräber stand, erfuhr ich, daß ich mich geirrt hatte. Das Massengrab befand sich weiter außerhalb, auf einem Hügel zwischen den Feldern. Sie zeigte mir den Weg, und während sie mir die Richtung wies, beklagte sie den Verlust ihres einzigen Sohnes, der im Kriege im Osten gefallen war, mit dessen Tod ihr Leben seinen Sinn verloren hatte und ihr nichts geblieben war, als das Grab zu pflegen, welches nicht einmal seine sterblichen Überreste enthielt. Er war in einer der großen Schlachten gefallen. Wo und wann genau hatte sie nicht in Erfahrung bringen können. Ich blieb stumm. Sie werden denken, aus Ergriffenheit, aus Mitleid. Die Wahrheit ist, daß mein Herz kalt blieb wie ein Stein.

Nun ging ich lange Zeit einem schmalen Pfad nach, ohne mehr einem Menschen zu begegnen. Es fiel mir auf, in wie eigenartiger Harmonie die Atmosphäre der Landschaft um mich her mit meiner Gemütsverfassung übereinstimmte. Die vor der Reife schon dürren Getreidefelder jenes regenarmen Jahres fügten sich zu grauen Flikkenteppichen. Die Überreste eines Baches, ein schmales Rinnsal, schlängelten sich träge durch die bleichen Kiesel eines viel zu breiten Flußbettes. Die Luft war wie mit Schwefelschwaden geschwängert, hinter denen blaß die gelbe Scheibe der Sonne schwebte. Ich entsinne mich nicht, je in nördlichen Gegenden etwas Ähnliches erlebt zu haben, wohl im Süden, auf der Fahrt durch brennend heiße Sandwüste.

Ich gelangte zu einer mit Bäumen bestandenen Erhebung. Ein Mann und eine Frau kamen mir entgegen, wahrscheinlich ein Ehepaar, dem Aussehen nach städtisch und der Akademikerschicht angehörend. Ich fragte sie, ob das Massengrab auf diesem Hügel sei. „Aber da liegen ja nur Juden", tönt mir noch ihre verächtliche Antwort in den Ohren. „Deswegen suche ich es", murmelte ich leise, und es hatte stolz und stark klingen sollen. Ich bemühte mich, rasch an ihnen vorüberzukommen, um den Blick künstlicher Freundlichkeit, gemischt mit ein wenig Angst, zu vermeiden, wie er sogleich in ihre Züge kroch.

Oben auf dem Gipfel der Anhöhe in einem Tannenwald standen nebeneinander in schlichter Würde ein hohes weißes Kreuz und ein gelber Davidsstern, wie die Juden ihn als Erkennungszeichen hatten tragen müssen. Ich habe später viele Gedenksteine gesehen, aus denen echte Trauer sprach. Niemals wieder hat einer mich in der Tiefe meines Seins ergriffen wie jene roh gezimmerten Holzmale in der Einsamkeit des Oktobernachmittags.

Es war an diesem Abend, als ich in das mir zugewiesene Quartier zurückkehrte, daß die Frau, die meine Wäsche wusch, in Stöhnen und Klagen ausbrach mit der Absicht, von mir mehr Geld, oder genauer gesagt, mehr Zigaretten zu erlangen, was, wie ich wohl wußte, unberechtigt war, denn ich zahlte ihr schon bei weitem mehr, als ihr zukam, nur um mich ja nicht in ihrer Schuld zu wissen. Um ihren Worten mehr Gewicht zu verleihen, jammerte sie, daß in ihrer Wohnung, die beschlagnahmt gewesen und die sie kürzlich zurückerhalten hatte, drei Stühle und eine Tischlampe fehlten. Ich sehe sie noch vor mir stehen, diese Frau mit der groben Stirn unter dem straff zurückgekämmten Haar und den kalten, fast gelben Steinaugen. Ich begreife jetzt nicht mehr, wieso ich gerade mit ihr von dem sprach, was mich bewegte. Ich kann es nur so erklären, daß ich von dem gerade Erlebten so übervoll war. Ich weiß nicht mehr genau meine Worte, ich entsinne mich aber, daß ich ihrer Trauer um so nichtige Gegenstände wie drei Stühle und eine Lampe entgegenhielt, daß man mir Eltern, Bruder, Angehörige und Freunde vergast und verbrannt hatte. Ich zitterte, als ich es sagte. Die Reaktion der Frau mögen Sie mit der Primitivität ihres Denkens erklären. Mich traf sie wie ein Kolbenschlag. Ich vermeinte vor Scham in den Boden versinken zu müssen. Sie entgegnete nämlich: „Nicht nur die Stühle, auch ein Oberbett hat man mir gestohlen."

Ich hatte, wie schon erwähnt, mich immer mehr vom Umgang mit Menschen zurückgezogen, mich immer mehr vom alltäglichen Leben mit seinen normalen Beschäftigungen abgewandt und geriet allmählich in einen überempfindlichen Zustand. Wenn mich jemand ansprach, traten mir sogleich Tränen in die Augen, und nicht immer gelang es mir, sie zu bezwingen. Überall sah ich, ohne es doch zu wollen, Schmutz, Korruption und im besten Falle Unzulänglichkeit, auch dort, wo ich sicher genausogut Hilfsbereitschaft, Güte und klagloses Erdulden von Leid hätte sehen können, wie es sie, ich weiß es genau, damals in großem Maße gab.

Mein Aufenthalt hier war nicht ohne Lichtblicke. Da ist vor allem das Wiedersehen mit einer mütterlichen Freundin, einer deutschen Ärztin. Um Ihnen die volle Bedeutung dieser Begegnung für mich klarzulegen, müßte ich weit in meine Kindheit zurückgreifen, in eine Zeit, da diese Frau es verstand, in mir den Sinn für alles künstlerisch Schöne zu wecken. Schon damals sprach sie mit Achtung von dem uralten Kulturvolk der Juden, etwas für mich völlig Neues, denn ich war gewohnt, mein Judesein als Schicksal anzusehen, für das man in trotzigem Stolz einsteht. Nie war mir der Gedanke gekommen, man könnte es der ihm innewohnenden Werte wegen bejahen. Sie hatte sich all die Jahre hindurch offen zu ihren Anschauungen bekannt und bewußt der Verfolgung ausgesetzt. Unser letztes Zusammentreffen war ein einseitiges gewesen, an dem Morgen nach einem Pogrom in einer der Hauptstraßen meiner Heimatstadt. Sie bemerkte mich nicht, und ich wagte nicht, ihre Aufmerksamkeit auf mich zu ziehen aus Angst, ihr zu schaden. Wenige Tage später fuhr ich fort, ohne mich von ihr verabschieden zu können.

Ob Sie, der Sie Gleiches nicht durchlebt haben, erahnen, was es bedeutet, an die Treue und Charakterfestigkeit eines Menschen ohne Einschränkung glauben zu dürfen in einer Zeit, in der Angst und Haß selbst den Ausdruck bloßen Erkennens in den Blicken erstarren ließen?

Sie wohnte damals vor zehn Jahren in einem Dorf im Gebirge. Ich hatte ihr den Tag meiner Ankunft nicht mitgeteilt. Nach mehr als siebenstündiger Bahnfahrt langte ich bei der Gruppe von Bauernhäusern an. Ich war auf eine solch lange Reise nicht vorbereitet gewesen. Ich zitterte vor Kälte. Ich fror von innen heraus. Ich fand meine Freundin nicht zu Hause. Ihre Wirtsleute empfingen mich mit abweisenden Mienen, die sich erst erhellten, als ich ihnen Zigaretten und Gebäck anbot und sie erfuhren, daß ich aus dem Ausland kam. Sie forderten mich auf zu warten und führten mich in eine nur von brennenden Holzscheiten unruhig erhellte Stube. Ich saß in dem Lehnstuhl neben dem Feuer und vermochte nicht, warm zu werden. Durch das Fenster sah ich nichts als den dunklen Himmel der rasch heraufdämmernden Nacht. Ein Gefühl von Verlassenheit, von Ausgeliefertsein überkam mich in dem totenstillen Raum. Ich saß und wartete und konnte mich nicht von dem Empfinden des Unbehagens befreien. Was hatte ich hier zu suchen? Hätte ich mich nicht genausogut in der Stadt verabreden und treffen können? Wer wußte, wann meine Freundin zurückkommen würde? Wo würde ich schlafen? Mit Mühe nur verstand ich den Dialekt der Leute. Ein Gefühl, unbekannten Mächten preisgegeben zu sein, überfiel mich.

Aus meinem Sinnen wurde ich durch ein Geräusch aufgescheucht, welches durch den offenen Türspalt drang. Es ähnelte dem Brummen eines Bären und kam allmählich näher. In dem unruhig flackernden Flammenschein tauchten die Umrisse einer Gestalt auf, untersetzt und gebückt, menschenähnlich und doch nicht menschlich. Langsam, unendlich langsam, aber unaufhörlich, Minute um Minute, Sekunde um Sekunde, bewegte das Wesen sich vorwärts und schickte die grollenden Töne wie ein böses Warnungszeichen vor sich her. Ich bin nicht besonders ängstlich, doch ich erstarrte in meinem Sitz, ich wagte nicht, mich zu rühren. Die in ihrer verzerrten Häßlichkeit fast diabolische Kreatur bewegte sich an mir vorüber, ohne mich zu beachten oder zu bemerken. Ich erfuhr später, daß dieses unselige Geschöpf der Hausherr war, der in den letzten Jahren durch Verkalkung völlig verblödet war. Die Bauern aber raunten untereinander, er sei verhext worden zur Strafe für seine ausgekochte Schlechtigkeit. Wundern Sie sich nicht, daß ich diese sonderbare Begegnung hier erwähne. Die spukhafte, nachtdüstere Erscheinung des imbezilen Bauern entsprach so sehr meinem damaligen Seelenzustand, daß sie mir zum Symbol wurde für jene Zeit.

Spät erst kehrte meine mütterliche Freundin zurück von ihrer Wanderung durch die Dörfer auf der Suche nach Lebensmitteln. Ein paar Äpfel waren alles, was sie heimbrachte. Wir sahen uns wieder. Nur acht Jahre waren verflossen. Gemessen am Geschehen und nicht an dem eintönigen Takt der Uhren waren Jahrzehnte vergangen. Es war ein inniges Wiedersehen. Froh konnte es nicht sein, es rührte an zu viele trübe Erinnerungen. Hier sprach mir zum ersten Mal eine Deutsche von ihrer Schuld den Juden gegenüber. Ich habe es immer wieder erlebt, schuldig fühlten sich diejenigen, welche keinen Grund dazu hatten.

So sehr das Zusammentreffen mit meiner Freundin auch einem inneren Bedürfnis entsprach, es konnte nicht aus meiner tiefen Bedrückung befreien. Die Gespräche mit ihr ermöglichten mir einen schärferen Einblick in die Geisteshaltung der Bevölkerung und verschlechterten so womöglich noch meine seelische Verfassung. Es kann jedoch sein, daß mein Zustand damals schon derartig war, daß ich alles nur durch die schwarze Brille der Depression zu schauen vermochte. Es war mir, als ginge, als kröche ich durch einen langen, finsteren Tunnel, ohne zu wissen, ob ich je wieder zum Licht gelangen würde. Meine Nerven waren aufs Äußerste gespannt. Meine Einordnung zog sich immer noch hinaus. Ich befand mich nun schon seit drei Wochen in Deutschland. In den letzten Tagen wäre ich wohl kaum mehr zu den Anstrengungen fähig gewesen, wie sie die Arbeit in den Flüchtlingslagern erforderte. Die Aussichtslosigkeit meiner Lage dünkte mich unerträglich. Mein Stolz verbot mir, die Koffer zu packen und fortzufahren. Er erlaubte mir aber auch nicht, untätig hier herumzusitzen. Ich sah keinen Weg mehr. Manchmal glaubte ich, ersticken zu müssen. So kam es, daß ich eines Tages versuchte, mein Leben zu beenden. Hätte ich den Entschluß mit ganzem Herzen gefaßt und durchgeführt, so wäre es gut gewesen, denn ich gehöre zu denen, die der Überzeugung sind, daß mit dem Tode alles endet, aller Schmerz und alle Freude. Aber ich war wie gespalten. Ein Teil meines Ichs stand unter dem Zwang zu vollziehen, während die andere Hälfte wie unbeteiligt danebenzusitzen schien, bestenfalls wie in einem Theater, wo man immer weiß, daß alles nur Spiel ist und nie ernste Wirklichkeit werden kann. Sie werden die Qualen der Nötigung und des Selbstspottes sicher nicht begreifen. Man unterbrach mich. Es ist möglich, daß ich es so erhofft hatte, wenn ich mir dessen auch nicht bewußt wurde.

Die Tage, die folgten, waren für mich eine Zeit jenseits von Tod und Leben. Nichts blieb mehr wichtig, nichts mehr begehrenswert, auch zu sterben nicht. Ich brachte selbst die Kraft nicht auf, verzweifelt zu sein. Man sprach zu mir, und die Worte flossen wie ungehört durch mich hindurch. Ich sah, aber die Bilder gingen nicht in mich ein. Man brachte mich in eine Klinik, um mich auf meinen Gemütszustand zu untersuchen. Einen Augenblick lang, ich entsinne mich genau, spielte ich mit dem Gedanken, ihnen zum Spott mich krank zu stellen, obwohl es gewiß nicht viel Verstellung bedurft hätte. Dann fehlte mir auch hierzu die Kraft. Es mögen mich jedoch auch die gütigen Augen des deutschen Arztes abgehalten haben. Sein Blick, so dünkte mich, ruhte in schmerzlichem Verstehen auf mir. Eine in Leid geklärte Ruhe schien von ihm auszuströmen, die ich wohltuend spürte, obwohl ich selbst körperliche Empfindungen wie Wärme und Kälte kaum wahrnahm.

Ich wurde für normal erklärt. Mein Verhalten begegnete allgemeiner Ablehnung. Das ist verständlich. Die Arbeit in den Lagern brachte für alle genug traurige Erlebnisse mit sich, als daß sie sich noch mit der Seelenverfassung einer zufälligen Bekannten hätten belasten mögen. Es mochte jedoch noch einen anderen, nicht so offensichtlichen Grund haben. In einem jeden von uns liegen gefährliche Abgründe verborgen. Instinktiv hüten wir uns, sie aufzudecken, denn von Angesicht zu Angesicht mit ihnen vermöchten nur wenige zu bestehen. In der Begegnung mit einem, der die Grenze überschritt, wittern wir Gefahr und schrecken aus Selbstschutz zurück. Wir benützen natürlich alle möglichen Ausflüchte, um unsere Haltung vor anderen und vor uns selbst zu rechtfertigen. Wir nehmen Zuflucht zu Prinzipien, wie es meine Zimmergenossin tat, die mich des Vergehens gegen die Unantastbarkeit des Lebens beschuldigte. Sie war eine der ganz wenigen, die ihre Mißbilligung in Worte kleidete. Die andern schwiegen, wenigstens mir gegenüber.

Ich weiß nicht, was für ein Ende die Angelegenheit oder, genauer gesagt, ich genommen hätte, wenn nicht eine Frau dort gewesen wäre mit einem warmen verständigen Herzen, die sich meiner annahm. Es ergab sich später, daß sie mich schon eine geraume Zeit beobachtet hatte. Ich hatte es nicht bemerkt. Denken Sie nicht, daß ich mit ausgestreckten Händen nach der angebotenen Hilfe griff. Dazu hatten mich die Wellen meines Innern zu weit abgetrieben.

Ich befand mich in einem Zustand, in dem selbst Verzweiflung nicht mehr möglich war, in dem ich nur geschehen lassen konnte und selbst das Geschehen mich kaum berührte. Ich wäre ihr vielleicht mit Mißtrauen begegnet, wenn ich dessen noch fähig gewesen wäre. Sie verbrachte Stunden über Stunden mit mir und ließ sich von meiner Apathie nicht abschrecken. Wie es oftmals geschieht, erinnere ich mich an etwas Nebensächliches, an die dünnen Beine der goldenen Spinne, welche sie an der hochgeschlossenen Bluse trug, aber was schließlich die Wende herbeiführte, was mich veranlaßte, den ersten Schritt zurück ins Leben zu tun, darauf kann ich mich nicht besinnen. Ich habe, wenn ich es recht bedenke, ihr zu verdanken, daß ich ohne bösartige Narben davonkam. Sie bewog mich, Deutschland zu verlassen, und so reiste ich einige Tage später ab, noch schwach, wie nach einer schweren Krankheit, doch auf dem Wege der Genesung.

Heute fahre ich wieder durch die gleiche Gegend, aber ich wurde eine andere. Damals kam ich als eine, welche ihr Ausgestoßensein noch nicht verschmerzt hatte. Heute bin ich eine Fremde, eine Besucherin, die nichts mehr hier bindet als vielleicht die Erinnerung an überwundene Vergangenheit.

Warum ich Ihnen diese Begebenheiten so offen erzähle? Vielleicht deshalb, weil Sie mir unbekannt sind in einem nunmehr für mich fremden Land und ich annehmen darf, daß ich Sie, wenn ich gleich auf der nächsten Haltestelle den Zug verlasse, niemals wiedersehen werde. Es geschah, wenn Sie wollen, mehr aus dem Bedürfnis heraus, mich jemandem mitzuteilen und so selbst größere Klarheit zu gewinnen, als aus dem Verlangen, gerade zu Ihnen zu sprechen. Es ist möglich, daß auch Ihr jugendliches Aussehen mich beeinflußt hat, weil es mich vermuten läßt, daß Sie während des Krieges noch sehr jung, wohl noch ein Kind waren. Das werden die Lichter der Station sein. Leben Sie wohl. Ich sage nicht „auf Wiedersehen“, denn ich möchte mich nicht mit einer konventionellen Lüge von Ihnen verabschieden.

Besuch 1947

Welkes Gras. Grob gehobelter Mast – ein Galgen. Daneben im Geäst der Buche ein Starenkasten, jetzt leer, denn im Oktober gibt es keine Stare. Nicht hier. Nur Spatzen hüpfen durch das welke Gras und auf den glatten Arm des Galgens. Verlottertes Individuum winkt mit Finger und führt in einen Raum, der einer Backstube für Brote ähnelt. Erloschene Asche in den Öfen. Leere Eisenschieber in der toten Asche. Auf ihnen verkohlte Reste. Reste von was? Zwei offene Türen. Links kahler grauer Raum mit Haken an Wänden und Decken. Rechts kahler grauer Hof mit rostigem Stacheldraht. Bunker. Eintritt verboten. Jetzt Gefängnis ehemaliger Gefangenenwärter. Schienen in der Straße vor dem Lagertor. Villen in den Gärten an der Straße. Eine Gartentür öffnet sich. Eine Frau mit brauner Ledertasche. Nein, sie hat nie gesehen, was über jene Schienen in das Lager rollte. Auch nichts gehört. Transporte? Was für Transporte? Sie eilt davon. Eine Bäuerin mit Korb. Sie knüpft ein Gespräch an. Tochter hat in Lagerküche gearbeitet. Hat sie gewußt? Sie erwähnt ein Massengrab außerhalb des Ortes, eine halbe Stunde weit entfernt. Eine fluoreszierende runde Scheibe hinter Gespinst aus Luftdünsten. Die Sonne. Es muß die Sonne sein. Drückende Hitze, ganz unnatürlich hier im Oktober. Brücke über breitem Bachbett. Keine Wasserrinne, nur bleiche Kieselsteine. Heiligenfigur mit Gipsaugen. Zweistöckige Häuser unter grauen Schieferdächern. Geranienranken an Fensterbänken. Künstliche Blumen oder echte? Kreuze unter buntflammenden Baumkronen. Ein Friedhof. Mit Blumen bepflanzte Gräber. Darüber Denkmäler und Inschriften. Hinter ihnen weiße Kreuze in eintönig gleichen Reihen. Viele Kreuze in vielen Reihen. Alte Frau mit Runzeln und schwarzem Kleid begießt Begonien auf Grab ohne Leichnam. Er ist vor Leningrad gefallen, steht auf der Tafel. Goldene Schrift auf rotkörnigem Granit. Graue Sandsteinplatten, schwarzer Marmor und zwischen ihnen mit Kies bestreute Wege. Nirgends ein Massengrab. Strohgelbe Stoppelfelder, trockene Kartoffelstrünke. Hinter Rauchdünsten geistert die runde Scheibe der Sonne. Brombeergestrüpp, verdorrte Früchte, bröckelndes Gestein, Holzstümpfe. Weg spaltet sich. Einer verläuft im Tal. Der andere verliert sich auf der Höhe. Wohin sich wenden? Zwei Menschen kommen den Hügel herab. Ein Mann und eine Frau. Gut gekleidet. Intelligente Gesichter. Der Weg zum Massengrab? Jawohl, dort oben. Doch es lohnt sich nicht hinaufzusteigen. Warum? Nur Juden liegen dort begraben. Hügelpfad. Felsblöcke und Tannen. Zwischen ihnen die bleichen Kerzen der Birkenstämme. Waldlichtung. Verdorrtes Gras. Zwei grob gehobelte Baumäste. Auf ihnen weißes Kreuz und gelber Davidstern.

Ich beneidete sie. Ihres Hasses wegen beneidete ich sie. Sie konnten hassen. Sie haßten die Deutschen, alle Deutschen. Sie kannten keine Deutschen. Sie waren nie zuvor hier gewesen, hatten keine bösen Erinnerungen an früher. Doch sie haßten. Was geschehen war, genügte, um diesen Haß zu rechtfertigen. Ich hatte früher hier gelebt. Nicht aus Berichten, am eigenen Leib hatte ich Grausamkeit erfahren. Ich wollte hassen. Haß vereinfachte das Leben. Ich versuchte es immer wieder. Doch es gelang mir nicht. Immer wieder tauchten Bilder vor mir auf, diese und jene Frau, die mir geholfen, dieser und jener Mann, der sich meinetwegen gefährdet hatte. – Wir waren in einer der von den Amerikanern beschlagnahmten Wohnungen untergebracht, vier in einem Zimmer, das nichts enthielt als Betten, Tisch und Stühle, drei junge Lehrerinnen und mich. Wir warteten auf unsere Einteilung zur Arbeit in den Lagern der Entwurzelten – wie man sie damals nannte –, um denen zu helfen, die übriggeblieben waren von der Vernichtung. – Es war ein Tag im Herbst, der Tag meines Besuches in D., dem ehemaligen KZ, das damals noch unverschönt so aussah wie es bei Beendigung des Krieges verlassen wurde. Es war ein Fehler von mir, dorthin zu fahren. Doch das wußte ich damals noch nicht. Bei meiner Rückkehr in unser Quartier traf ich meine Mitbewohnerinnen im Gespräch mit der Frau an, die Wäsche für uns wusch. Sie forderte gerade Erhöhung der Bezahlung, obwohl wir ihr, in Zigaretten, wie sie es verlangte, für wenige Stunden Arbeit bereits weit mehr als den Monatslohn einer Verkäuferin zahlten. Sie war mit einem Ausländer verheiratet und hatte deshalb ihre Wohnung in dem Häuserblock zurückerhalten. Sie klagte, wie teuer die Butter geworden sei und daß ihr ein Stuhl entwendet wurde. Ich hörte ein paar Augenblicke schweigend zu. Dann, noch gefangen in den Eindrücken der letzten Stunden, sagte ich erregt und schämte mich sogleich: Sie beklagen den Verlust eines Stuhles. Mir hat man die Eltern verbrannt. Und sie darauf: Nicht nur den Stuhl, man hat mir auch ein Oberbett gestohlen. Ich glaubte vor Scham im Boden zu versinken. Plötzlich sah ich, wie eines der Mädchen ein Päckchen Schokolade öffnete, eine Kostbarkeit für Deutsche in jener Zeit. Sie ging auf die Frau zu und bot ihr davon an. Tu das nicht, bat ich sie heftig in Hebräisch, gib ihr keine Schokolade. Bezahlung ja, doch keine Schokolade. Sie aber, die so tief haßte und immer wieder betonte, wie sehr sie haßte, sagte: Warum nicht? Sie tut mir leid, und gab der Frau mit den bösen Bernsteinaugen die Schokolade.

Erster Eindruck

Über Häuser, die brachen und fielen,
vorbei an Gerümpel und Schutt
geht dein Auge, das glühte und suchte,
wie ein träumendes Tier im Schlaf.

Du kennst kein Frohlocken der Rache,
daß endlich der Fröner bestraft.
Du kennst kein Bedauern, weil Menschen
des Dachs und der Hausung beraubt.
Du fährst und siehst so für Stunden
und kalt wie ein Stein bleibt dein Herz.

München 22-9-47

Herbstland ist meine Seele, alles welkte.
Blatt über Blatt sinkt säfteleer herab,
und von dem Baum der sproß und Früchte zeugte,
bleibt nur Gestrüpp, Gewirr von nackten Ästen,
bleibt nur Erinnern an ein Blühn und Wachsen
und an ein Träumen, das im Wind zerbrach.

München 9-10-47

Der weiße Kittel

„Nein, wie das aber dem Fräulein Erna leid tun wird, daß Sie sie nun doch nicht zuhause antreffen. Eine Woche lang hat sie auf Sie gewartet. Gestern ist sie schließlich allein in Ferien gefahren. Nein, wie ihr das leid tun wird!“ Mit diesen Worten öffnete mir die Wirtin meiner Freundin, des einzigen Menschen, der mir in dieser Stadt noch nahe stand, die Tür. Nur ihretwegen hatte ich den Abstecher hierher gemacht, um sie abzuholen und mit ihr zusammen in die Berge weiterzufahren. Sonst hatte ich in dieser Stadt, meiner früheren Heimatstadt, nichts mehr verloren, so hatte ich mir fest vorgenommen, und ich war entschlossen, mich nach diesem Beschlusse zu richten.

Die Frau nahm mein Gepäck, prüfte mit einem verstohlenen Blick die Namen auf den bunten Klebezetteln und lud mich mit einer Kopfbewegung in das behäbig in seinem Garten ruhende Häuschen ein.

Wohltuende Ofenwärme schlug meinen vom Frost des Frühlingsabends starren Gliedern entgegen. An dem mit weißem Wachstuch belegten Küchentische saß ein Mann in schwarzen hohen bis an die Knie reichenden Lederstiefeln, die mich mit bösem Blinken ansprangen. Wenigstens schien es mir so für den Bruchteil eines Augenblickes, bis es mir gelang, die Erinnerung, die in ihnen aufflackerte, zu ersticken.

Bei meinem Eintritt legte der Mann die Zeitung nieder, nahm die Pfeife aus dem Mundwinkel und streckte mir seine breite, harte Hand zum Gruß entgegen.

„Nein, wie das Fräulein Erna es bedauern wird, daß sie nicht doch noch einen Tag länger gewartet hat“, wiederholte die Frau zu ihrem Mann gewandt und rieb die fleischigen Hände an der steifen, rot gestreiften Schürze. Dabei warf sie ihm einen Blick zu, den ich nicht begriff, der aber irgendeine Mahnung zu enthalten schien. Durch den Nebel meiner übergroßen Müdigkeit nahm ich es wahr, auch daß er vermied, meinen Augen zu begegnen. Aus Verschämtheit glaubte ich, denn er stammelte eine Entschuldigung dafür, daß ich ihn in Hemdsärmeln antraf.

„Das Zimmer von dem Fräulein ist abgesperrt“, überlegte die Frau halblaut. „Aber das macht nichts“, fügte sie rasch hinzu, als befürchte sie, ihre Worte könnten mich erschreckt haben, „da werden wir Sie halt diese Nacht in unserem Gästezimmer einquartieren. Jetzt setzen Sie sich hierhin und trinken einen Tee. Ich bereite inzwischen das Bett vor, und“, fügte sie hinzu, indem ihre Stimme einen vertraulichen Tonfall annahm, „ich lege auch eine Wärmflasche hinein. So jemand wie Sie, der aus einem heißen Lande kommt, friert doch mehr als unsereiner.“ Den letzten Satz sagte sie schon im Hinausgehen, wie um nochmals anzudeuten, daß sie über mich Bescheid wußte.

Ich nahm die Einladung an, froh, nicht wieder in die Nacht hinaus und mich nach einem Quartier umsehen zu müssen. Ich setzte mich auf den mir angebotenen Stuhl und bemerkte erleichtert, daß der Hausherr wieder nach der Zeitung griff und sich hinter dem breiten Papierbogen verschanzte.

Ich hatte bisher nicht viel Freude gehabt auf dieser meiner ersten Europafahrt nach so langen Jahren. Das Schiff war in einen Sturm geraten. Erschöpft und mit Verspätung erreichten wir den Hafen. Wir kamen an einem Sonntag an. Alle Banken waren geschlossen. Ich blieb für einen Tag ohne jegliche Geldmittel und da ich niemanden dort kannte, auch ohne Essen. In der Nacht fuhr ich weiter. Mein anfangs leeres Abteil füllte sich mit unsympathischen Reisegefährten, jungen, groben Burschen, die rauchten, tranken, lärmten und Karten spielten und was das schlimmste war, mich andauernd belästigten. Ich hatte beabsichtigt, die Freundin von meiner verspäteten Ankunft zu verständigen und glaubte, es auch getan zu haben. Jetzt erinnerte ich mich plötzlich, daß ich das Telegramm zwar aufgesetzt, aber nicht abgeschickt, sondern auf dem Nachttisch des Hotelzimmers hatte liegen lassen.

Die Frau kam zurück, bückte sich, hob meine Reisetasche von den blank polierten Holzplanken hoch und forderte mich auf, ihr zu folgen. Aus dem Halbdunkel des Flures drang mir ein saurer dumpfer Geruch entgegen, wie er feuchten und schlecht durchlüfteten Räumen anhaftet. Eine Klinke sprang zurück, eine grün verhangene Lampe flammte auf. Die Frau ordnete mit geübtem Griff eine Falte in der getupften Fenstergardine, wünschte mir eine angenehme Nachtruhe und zog sich zurück.

Das Zimmer, in das ich trat, war klein, aber alles in ihm strömte Sauberkeit aus, der glatt gebohnerte Fußboden, der mit imitiertem Marmor belegte Waschstand, die mit Vögeln und Girlanden bestickte Tischdecke und das nach Seife duftende, weiß schimmernde Federbett. Ich stellte mich vor den Wandspiegel, rekelte wohlig die

Arme und lächelte meinem müden Bilde zu. Jetzt, da ich endlich ruhen konnte, kam es auf ein paar Minuten früher oder später nicht mehr an. Ich begann mich zu entkleiden, setzte mich auf die Matratze und hing den Formen nach, die das Gedächtnis vor meinen Augen aufsteigen ließ: die gelbwandige Vase in dem Zimmer zuhause jenseits des Meeres, der winkende Arm des Freundes, die langsam sich entfernenden Lichterketten der abendlichen Hafenbucht, die roten und schwarzen Könige der Spielkarten in dem schlecht beleuchteten Zugabteil, das blasse Gesicht des Hoteljungen in Uniform, das mit Grünspan bezogene Dach des einst vertrauten Domes, die Köpfe der Wirtin und ihres Mannes, der Raum um mich her ...

Mein Blick fiel auf den Stuhl. Ein Handtuch und ein Nachthemd lagen dort für mich bereit. Wohltuend empfand ich die Fürsorge, mit der die gastfreundliche Frau mich, die ihr völlig Fremde, umgab. Ich beschloß, meiner Trägheit nachzugeben und das Nachthemd zu benutzen, anstatt die Tasche aufzuschließen und in ihr nach meinem Pyjama zu suchen. Ich griff nach dem sorgfältig in Falten gebügelten Gewand. Es war aus grobem, reinen Leinen gewebt, wie man es kaum noch fand, gewiß ein Erbstück. Ich nahm es auseinander. Die strengen, fast plumpen Formen dünkten mich bekannt. Wahrscheinlich hatte ich früher ähnlich geschnittene Kittel gesehen.

Plötzlich erschrak ich. J.H. besagten zwei winzige gestickte Buchstaben. Meine Hände erzitterten. Sie wußten auf einmal, was sie hielten. Kalter Schweiß brach aus den Poren. „Es ist ein Irrtum, ein zufälliges Zusammentreffen von Einzelheiten", schrie eine Stimme in mir auf in verzweifeltem Versuch, mich vor mir selbst und meiner Erinnerung zu bewahren. Es war vergeblich. Die Augen ließen sich nicht betrügen. Das war das Monogramm und das die ihm besondere Form. Ein Schwindelgefühl überkam mich. Der Raum schien sich zu drehen und war wie ausgelöscht.

Ein etwa zwölfjähriges Mädchen steht neben dem dickbauchigen Leinenschrank und schaut der Mutter zu, die Pack um Pack der blütenweißen Damastwäsche herausnimmt, die gelbseidenen Bändchen löst, Laken und Bezüge auf Stockflecken und Motten prüft und in das Fach zurückgibt. Das Kind steht und rührt sich nicht vom Fleck. Nicht nur Bettwäsche und Tischtücher gibt es hier. Alle möglichen wunderlichen Dinge birgt der Schrank. Da ist der weite Rock aus dunkelblauer schwerer Seide mit der seltsam geschnittenen Bluse, wie sie niemand mehr trägt. Der Großmutter hat er gehört, als sie ein junges Mädchen war. In ihm hat sie sich mit dem

Großvater verlobt. Da ist ein Jäckchen, welches sie selbst als Baby getragen hat. „Was ist das?" zeigt das Kind auf ein weißes Gewand, das es bisher nie bemerkt hat. „Das ist mein Sterbekleid", antwortet die Mutter ernst. „Dein Sterbekleid?" erschrickt das Mädchen. „Es ist Brauch bei uns Juden, daß die Frau nach ihrer Hochzeit für sich und ihren Mann die Sterbekleider näht, damit der Tag, der jedem Menschen bestimmt ist, sie einmal nicht unvorbereitet trifft", belehrt die Mutter. „Sie müssen aus reinem Leinen sein", fügt sie erklärend hinzu.

Jahre verflossen. Böse Zeiten von Haß und Verfolgung begannen. In einer Nacht brach eine Herde wilder verhetzter Menschen in das Haus ein, zertrümmerten und raubten. Auch von dem Inhalt des Wäscheschrankes blieb kein Stück zurück. Vater und Mutter schleppten sie in eines ihrer berüchtigten Lager. Sie starben ohne Sterbekleider. Für Vergasung und Öfen bedurfte es derer nicht.

Lange hatten mich die Bilder jener Schreckenszeit verfolgt, täglich, stündlich, immer, ohne Unterlaß. Mit unendlicher Mühe, um meine Sinne vor Zerstörung zu bewahren, gelang es mir schließlich, sie zu verdrängen. Ich glaubte vergessen zu dürfen.

Warum mußte ich mich jetzt wieder daran erinnern? Ich hätte es nicht wagen sollen, hierher zurückzukommen. Aber vielleicht war es doch nur ein Irrtum, ein Gebilde meiner übermüdeten Nerven. Nein, da war der Schnitt des Kittels, da war die besondere Form der winzigen Buchstaben. J.H., Johanna Heimberg, der Name meiner Mutter.

Ich sprang auf. Mit fliegenden Händen zog ich mich wieder an, griff nach meiner Tasche, löschte das Licht, durchquerte die jetzt leere Wohnküche, drehte den riesigen Hausschlüssel in seinem Schloß herum und lief in die frostige Nacht hinaus, ohne zu überlegen, wohin mich meine Füße trugen, ohne noch auf Kälte und Müdigkeit zu achten, nur fort.

So war es, wie die Erinnerung mir nachher manchmal die Begebenheiten vorzuspielen suchte, weil ich gern so gehandelt hätte.

In Wirklichkeit legte ich den Kittel zurück, warf mich, so wie ich war, in das Bett und schlief einen langen traumlos bleiernen Schlaf, aus dem mich spät am nächsten Morgen erst das Klopfen der Wirtin weckte, die mir eine Tasse dampfenden Kaffees brachte. Ich bedankte mich. Ich trank. Einige Male beschloß ich zu fragen, formulierte in Gedanken die Worte und schwieg. Ich wusch mich, kleidete mich an, ging in die Küche und schwieg. Ich verabschiedete mich und verließ das Haus. Den Kittel erwähnte ich nicht.

Es hatte in der Nacht noch einmal geschneit. Aber der Schnee vermochte dem Strahlen der Frühlingssonne schon nicht mehr standzuhalten. Wie Schlamm gab die braunbreiige Masse unter meinen Füßen nach, als ich den menschenleeren Bahnsteig entlang zum Zuge eilte.

Das Haus

(Wo mein Elternhaus stand, fließen jetzt die Wasser des verbreiterten Baches)

Wo jetzt die Wasser spülen, stand ein Haus.
In Regen stand es und in Sonnenschein,
und Menschen wohnten drin, Männer und Fraun,
ganz alt, ganz jung, und solche weder alt noch jung,
vier Katzen und ein Hund und manchmal eine Maus,
du selber auch. War's nur ein Traum?
Gingst wirklich du, wo nun der grüne Schlamm,
und lebtest deine Freuden und dein Leid,
wo sich im trüben Abendlicht
zwei weiße Tupfen auf dem Bache ruhn?
Ob sie, des Flusses Schwäne, wohl
das Klopfen unter sich im Grunde spüren
aus Kellern, längst verschüttet, drin vielleicht
des Baues Geister noch vergessen hausen?
Ob wohl der Findling, halb bedeckt mit Sand
und angefressen von dem steten Strome,
noch um mich weiß? Ob er es war,
der an der Ecke zu der Gasse wachte?
Und diese Pappeln, die so kahl und starr
von lauen Frühlingsdüften unerweckt
in graue Himmel ihre Zweige spreizen,
erinnern sich vielleicht noch jenes Kindes,
das zwischen Gräsern seine Träume träumte
von einem Leben, wie es niemals kam.
Wenn sie mich leugnen, wird mich keiner kennen. –
Wo jetzt die Wasser spülen, stand ein Haus,
das alles barg, was dann verloren ging,
das alles barg, was man zertreten hat,
so wie man wissend und mit Absicht nicht
auch den geringsten aller Würmer tritt.
Wo jetzt die Wasser spülen steigt ein Haus,
ein Giebel, Fenster, Türen, so bekannt,
aus nebeligen Dunstgespinsten auf.

Paderborn 13.4.55

Begegnung in der alten Heimat

Aus einem Hause trat sie, nichts erwartend.
Gelangweilt schickte sie den Blick umher,
hin über längst vertraute Gegenstände
und mochte dies und möchte jenes wägen,
und mochte dies berühren, jenes streifen,
um doch am Ende keines zu behalten.
Da fiel ihr Blick auf eine und erstarrte
und konnte sich nicht wieder von ihr trennen.
Ob sie nicht glaubte, was sich so ihr zeigte?
Ob sie die andre längst verschollen wähnte
in dem von ihr bejahten Mord und Brennen?
Des Hasses Schlange kroch in ihre Züge,
die sie noch immer nicht zu lösen wußte,
die sehen mußten, ganz als wären sie gebannt
an die Erscheinung, an den Geist aus Gräbern.

Die andre schaute wie auf eine Fremde,
als habe nie sie diese Frau gesehn,
so wie es jene einst getan vor Jahren.
Und nichts an ihr verriet, daß sie erkannte.
Sie sagte stolz ihr nicht: „Ich überlebte."
Es war kein Stolz in ihr, zu viele starben.
Sie sprach ihr nicht vom Leid vergangner Zeiten.
Sie klagte sie nicht an: „Du wurdest schuldig."
Des Wortes Ehre gönnte sie ihr nicht,
Und stumm, wie fremd, ging sie an ihr vorüber.

Paderborn 14.4.1955

Stadt der Kindheit

Bist du es noch, du Stadt der hundert Türme,
um deren Giebel ich die Träume wirkte,
in deren Gassen noch die Scherben glühen,
die spielend einst ein Mädchen dort verlor?
In deren Bach mit seinen Murmelquellen
Blatt über Blatt aus ihren Sinnen fiel,
und eine Welle schwemmte sie von dannen,
trug sie zum Fluß, zum Strom, vielleicht zum Meer.
Aus winterlichen Feldern steigt es auf.
Der Nebel wallt empor und füllt den Raum.
Versunken ist das Bild der langen Jahre.
Was immer du mir warst, du bist es nicht mehr.

Paderborn, 16.4.55

Traum

Oft weiß ich nicht zu trennen zwischen Traum und Tag,
weiß nicht, ob es gewesnes Sein,
ob es ein Wahn, den ich zurückerlebe.
Ob ich schon jemals diese Gasse ging,
den Quellbach murmeln hörte oder ob
es nur die Nebel meiner Sinne mir
vorrauschten in dem Düster einer Nacht?
Ob ich die Schwäne schon gekannt
und diese alten Weiden?
Ob jene Frau, die ich gesehn,
so viele hundert Male schaute,
wohl meine Mutter war,
und jenes Los ihr Schicksal wurde?
Ob Traum, ob Tag, es ist vorbeigeflossen
und wird nun niemals wieder Wirklichkeit.

Paderborn 19.4.1955

Junger Baum in Ruinen

Nun hüllten sich in grüne Lichterschleier
der Wiesen Pappeln und des Parkes Ahorn,
und durch die Straßen glitt des Lenzes Blühen
von Baum zu Baum zu immer neuen Kronen.

Da ist kein Zweig, der ihm noch trotzen könnte,
kein Blatt, das seinem Griffe sich versperrte.
Vor grauen Mauern blühen rote Tulpen
in Gärten, die des Frostes überdrüssig.

Und aus den Trümmern von verlassnen Häusern,
wo fensterlos die leeren Luken gähnen,
späht wie ein Spuk aus hohlen Totenschädeln
ein Birkenbaum in jungem Frühlingsschmuck,
der in Ruinen eine Heimat fand.

Paderborn, 8.5.55

Abschied

Nun ziehe fort, du Stadt der hohen Türme,
entschwinde meinem Blick, vertrautes Land,
aus Tagen, lang verschollen, nie vergessen.
Durch deine Wälder, dichtgeflochten, irrt
noch immer unerlöst die Kinderklage.
Ich trank vom bittren Trunke deiner Quellen,
einst dünkten ihre Wasser mich so mild.
Ich aß vom Brote, einer Saat entsprungen,
die gelber Haß in deine Furchen säte.
Ich trug den Mantel, den Erinnern webte
aus Schmach und Tränenketten der Verlornen.
Nur einen Schal, so willig hingehalten,
doch von des falschen Mitleids Flachs gesponnen,
vermochte meine Hand nicht anzurühren.
Doch fand ich zwischen kriegszerstörten Mauern
– und hatte nicht gesucht – an altem Stamme
ein unbeflecktes Reis. Im Zwielicht eines Tages
bewahrt es in dem Laube seiner Zweige
noch von dem Golde der verbrannten Sonnen,
die vielleicht einmal wieder leuchten werden.

(im Zug Paderborn-Düsseldorf 20.5.1955)

Aus den Tagebüchern 1937–1939

28.9.37.

Mich quälen die Zustände im Bund. Ich suche nach einem Weg, den man gehen könnte. Aber die Hände sind gebunden und die Augen blind. Doch ich sage mir, man muß etwas tun gegen diese Schlaffheit und das sich Tragenlassen in einer Zeit, in welcher man nicht getragen wird, sondern selbst schwimmen muß.

Es scheint, daß wir deutschen Juden schon zu viel von bürgerlicher Sattheit in uns aufgenommen hatten, zu viel von dem giftigen Atem, der es aufgegeben hatte zu kämpfen, um das Errungene nicht zu gefährden. So ist ihre Reaktion auf das Gegenwärtige denn eine bleierne Tatenlosigkeit oder ein „Sauve qui peut". Das Gegenwärtige hängt wie ein Felsblock über ihnen und wenn sie erschreckt die Augen öffnen, dann stieren sie immer auf den gleichen grauen Stein und in ihr Bewußtsein geht allmählich das Wissen ein, daß dieses allein die Wahrheit ist, der man sich anpassen muß. Alles andere, wovon Laute zu ihnen dringen, so denken sie, mag schön sein, märchenhaft schön, aber es ist doch nur ein Traumgebilde und wir leben in einer Wirklichkeit, wo für Phantasien kein Platz mehr ist.

Wir im Bund stehen gemeinsam mit dem gesamten deutschen Judentum unter dem gleichen ökonomischen und kulturellen Druck, aber man sollte meinen, daß wir uns dank unseres Wollens seelische Spannkraft bewahrt hätten, die nötig ist für den Kampf, den wir führen wollen und für das Werk, an dem wir mithelfen.

Statt dessen sehen wir bei uns eine tiefe Haltlosigkeit, die in ihren verschiedenen Formen täglich vor uns hintritt.

Man ist müde, immer wieder dieselben Ssichot zu hören über das Ziel, über die Wege seiner Verwirklichung. Aber man macht nur selten den Versuch, den Stoff, den man immer wieder mit den Ohren aufnimmt, zu nutzen, um so zur Klärung der eigenen Meinung zu kommen, man macht oftmals nicht einmal die Anstrengung, den Stoff, der ja immer nur bruchstückartig in Arbeitsgemeinschaften und auf Lagern vermittelt werden kann, durch Eigenarbeit zu vertiefen und abzurunden.

Andererseits gefällt man sich daran, Begriffe aufzugreifen. Diese Begriffe dienen ihnen gleichsam als Rauschmittel, mit deren Hilfe man sich selbst betrügt in Stunden, da sonst die Wirklichkeit vor ihnen stehen und Antwort fordern würde auf ihre Fragen. Daß es so ist, daß diese Begriffe wie spielend aufgegriffen werden von einem großen Teil unserer Menschen, auch von Menschen, die an verantwortlichen Stellen des Bundes arbeiten, sehen wir immer wieder. All die Handlungen des täglichen Lebens mit ihren Kleinigkeiten, die für sich gesehen belanglos sind, all die Hintertürchen, die der einzelne sich läßt, beweisen es, um einiges herauszugreifen.

Bei alledem aber fühlen wir uns nicht wohl. Auch wenn wir es uns oft selbst nicht zugeben wollen. Wir spüren, daß unserem Leben etwas fehlt, aber wir können uns aus unserer Trägheit nicht aufraffen, um mit der grundlegenden Arbeit an uns und damit am Bund zu beginnen, statt dessen droht uns, eine fieberhafte Geschäftigkeit zu entfalten, u. in einem Wust von Kleinigkeiten zu ertrinken, denen eine einheitliche Linie fehlt. Wir kommen so weit, daß wir entweder uns selbst nicht mehr ernst zu nehmen vermögen oder aber uns in einen Glauben an die eigene Wichtigkeit hineinsteigern.

Wenn wir wirklich zu einem Faktor werden wollen, der das seinige zum Bau beitragen kann, dann müssen wir die Wurzeln all der Mißstände aufzudecken suchen, die wir im Bund und in uns selbst teilweise [ver]deckt vorfinden. Weder dürfen die Schwierigkeiten dieses Unterfangens stören, noch Ereignisse des Tages uns hiervon ablenken.

Immer wieder stoßen wir auf die Tatsache, wie wenig das, was wir wollen, in uns verankert ist. Wir sehen, daß sich Menschen von uns lösen, ohne daß in ihnen ein innerer Kampf stattgefunden hätte, selbst wenn sie bereits lange Zeit im Bunde waren. Sei es nun, daß sie in ein anderes Land auswandern oder daß sie drüben den Kibbuz verlassen. So tief uns diese Erscheinung betrifft, so darf sie uns eigentlich nicht verwundern. Und es kann hier keinen Wandel geben, bevor wir nicht im Stande sind, unsere Trägheit von uns zu stoßen und in eine anhaltende tiefe Auseinandersetzung über die grundlegenden Fragen einzutreten. In den Jahren, welche hinter uns liegen, war es möglich, daß ein Großteil von uns Begriffe übernahm, die einige führende Menschen geklärt und geprägt hatten, denn damals wollten wir eine Massenbewegung sein. Heute aber sind es wieder Einzelne, die den Weg gehen und wir können uns nicht länger mit der Übernahme von Begriffen anderer begnügen. Man mag einwenden, daß das oben Gesagte doch nicht für alle Menschen des Bundes zutrifft, daß auch wir uns noch mit den grundlegenden Fragen unseres Lebens beschäftigen. Aber wo dieses wirklich der Fall ist, da befassen wir uns aber mit ihnen wie mit einem Stoff, den man lernen kann. Die Linie unserer Meinung, welche wir in Diskussionen vertreten, wird zumeist schon im voraus bestimmt durch die Richtung, der wir angehören. Eine Entscheidung aber kann niemand für einen anderen fällen, wenn sie echt und für den Betreffenden verbindlich sein soll. Wie die Geschichte von jedem Geschlecht neu aufgezeichnet werden muß, so müssen wir die Fragen, die verknüpft sind mit Ziel und Weg, immer wieder neu klären.

16.10.37.

Daß man dem eigenen Teufelskreis nicht entfliehen kann! Wenn es mir nicht möglich sein wird, Maß und Form zu finden, werde ich niemals etwas schaffen können. – – –

Ein Pilger kam zu einem Weisen und fragte ihn, was er tun solle. Immer wenn er an einem Ort angekommen sei, den zu erreichen er schon lange ersehnt hatte, dann tauche in seinem Herzen die Begier nach einem anderen Ort auf und der Ort, wo er sich befinde, verlöre allen Glanz. „Wisse", entgegnete ihm der Weise, „daß alles auf der Erde nichtig ist und es sich nicht verlohnt, ihm nachzujagen. Wenn Du Dir das täglich vor Augen hältst, wird auch die Unrast aus deinem Herzen weichen." „Glücklich preise ich mich", rief der Pilger aus, „daß ich Deinen weisen Rat hören durfte." Wohlgemut schritt er seiner Herberge zu. Mehrere Monde vergingen, ohne daß sich in seinem Herzen der Wunsch geregt hätte, weiterzuwandern. Jeden Morgen, wenn er zu seinem Stock griff und sich auf den Weg machen wollte, kam es ihm in den Sinn: „Wozu soll ich die Lasten der Reise auf mich nehmen und an eine andere Stätte ziehen. Was erhoffe ich mir, da doch alles auf der Welt nichtig ist." Dann legte er den Stock wieder aus der Hand und streckte sich gähnend in der Ecke hinter dem Ofen aus. Es kam der Tag, da er kein Geld mehr hatte, um sich Brot zu kaufen. Zwei Tage hungerte er und wußte nicht, womit er das Knurren seines Magens besänftigen sollte. Am dritten Tage ging er hin und kaufte für die letzten Pfennige eine Schnur. „Was soll ich", so sprach er bei sich, „mich noch weiter in einer Welt herumtreiben, die voller Nichtigkeiten ist", sprach's, ging hin und hängte sich auf.

16.11.37.

Nein, nicht weil es nicht anders geht, will ich verändern helfen, weil es anders sein soll, tue ich es. [...]

20.12.37.

Kurze Unterhaltung mit Gretl. Unter anderem unsere Stellung innerhalb des Lebens in Deutschland gestreift. Wir scheinen beide weitgehend dem natürlichen Assimilierungsprozeß unterlegen gewesen zu sein.

Man versucht häufig, die Linie der bewußtgewordenen Andersartigkeit über das Jahr 1933 in die Vergangenheit hinein zu verlängern. Bei mir zu Unrecht. Ich habe zwar auch damals nicht voll in dem Leben meiner Umwelt gestanden, aber es war eine menschliche Andersartigkeit, die gleiche oder zumindest ähnliche Andersartigkeit, wie ich sie auch jetzt meiner Umgebung gegenüber empfinde, die doch Juden sind. In mir war trotz meiner Bejahung des Jüdischen als Gemeinschaft der katholisch-deutsche Einfluß weitaus der stärkere. Das alles habe ich eigentlich erst empfinden können, nachdem sich 1935 (Winkel) mein Leben grundlegend zu wandeln begann.

Heute arbeite ich an der Gestaltung jüdischen staatlichen Lebens mit, aber ich vermag dieses Leben nur als Stufe zur Erreichung unseres eigentlichen Zieles zu sehen.

Ich bejahe, was lebendige jüdische Formgestalt ist, vermag es aber nicht zu hindern, daß ich sehr vielem, was man als jüdisch vor mich hinstellt, fremd gegenüberstehe. Wenn es mich vielleicht auch manchmal zu ergreifen vermag, weil es das Leben von Menschen darstellt und noch dazu von Menschen, mit denen ich nun einmal enger verbunden bin. Das alles aber genügt nicht, um jenes Fremdheitsgefühl, das Im-tiefsten-doch-nicht-Angesprochensein zu überwinden. Ich denke zum Beispiel an die immer wiederkehrende Schilderung des ostjüdischen Städtels und seiner Menschen. Manchmal scheint es mir, als hätten wir und auch sie die Schriftsteller es nötig, immer wieder nur das Leben mit jüdischen Vorzeichen zu schildern, weil sie eben ihres Judeseins sich noch nicht mit hundertprozentiger Sicherheit bewußt sind. Und Judesein bedeutet das Streben Voll-Mensch zu sein. Diese Forderung kann ich nicht unterlassen. Dort, wo dergleichen als reiner Ton anklingt, fühle ich mich ihm nahe, z. B. bei Rachel. Ich treffe diese Feststellungen ohne Ungeduld und mit der Bescheidenheit, zu der mich meine noch sehr beschränkte Kenntnis der neuen hebräischen Literatur nötigt. [. . .]

Dostojewsky „Aus einem Totenhaus" zu Ende gelesen. Es hat mich erschüttert wie nicht oft ein Buch. Der Gedanke, daß Menschen in ähnlicher Lage stets mit mir leben, begleitet mich in der Stadtbahn, auf der Straße und überfällt mich oft mitten im Lernen.

Alles was ich gegenwärtig wahrnehme, ist mit seinem Dämmerschein überlagert.

Diese ständige Müdigkeit! Ob ich ihrer wohl noch einmal Herr werde?

Jetzt ist es ruhig auf dem Hof und in der Wohnung, jetzt könnte ich arbeiten und – jetzt bin ich müde.

Die Fragen, die ich mit Fr. Dr. Röder durchspreche, lassen mich nicht los. Ich muß fruchtbar durch sie hindurchkommen.

13.1.38.

Einer der wenigen (von den wenigen, die ich kenne) der modernen hebräischen Literatur, der mir nahe ist, ist Achad Haam. Wenn ich seine Aufsätze lese (es geht jetzt schon bei geringer Benutzung des Wörterbuches) dann fühle ich mich froh beeinflußt von der klaren Gliederung der Sprache und, was noch wichtiger ist, von der logischen Folge seiner Gedanken. Jedesmal wenn ich einen Aufsatz von A. H. gelesen habe, stelle ich erfreut fest, daß es also doch die Möglichkeit gibt, seine Gedanken in Iwrith auszudrücken, ohne den Leser bei jedem dritten Wort mit einer Meliza aufzuspießen. Diese Meliza hasse ich von Tag zu Tag mehr, je weiter ich in die hebräische Sprache eindringe (denn erst das Bemühen, Zugang zu gewinnen zur hebräischen Literatur gibt mir ja ein Recht zur Kritik). Mir erscheint dieses ständige Zitieren von Schriftstellen Mangel an Ausdruckskraft zu verdecken, wenngleich dieses auch nicht immer Schuld des Schriftstellers sein muß. Aber wozu diese Tünche? Was schadet es, wenn man sieht, daß die lebende hebräische Sprache noch nicht geschmeidig genug geworden ist, um jedem Druck des Gefühls nachzugeben, dem der Dichter Ausdruck verleihen will, wenn nur das Bemühen und Ringen um Echtheit spürbar wird. Eines Tages, als Ergebnis langer intensiver Arbeit und noch mehr intensiven Lebens in der Sprache, werden sich vielleicht auch Meister finden, die sich des Hebräischen als kostbaren Gerätes zu bedienen wissen. Doch das unmäßige Zitieren von Schriftstellen hemmt diese Entwicklung. Gut nur, daß sich in der letzten Zeit auch hier bereits neue Wege anbahnen, die zwar die Verbindung zur Vergangenheit nicht verloren haben, sie jedoch nicht als Hindernis vor sich aufbauen. Ich denke zum Beispiel an Rachel. Warum mir diese Gedanken gerade jetzt in diesem Augenblick so heftig kommen, während ich doch friedlich an meinem Arbeitsplatz im Beth Chaluz sitze? Ich habe gerade den Aufsatz von A. H. gelesen „Halaschon Wssifruta“, sah mich in ihm in meiner Ansicht teils bestätigt, teils fand ich in ihm mir bisher fremde Gesichtspunkte klargelegt.

Der Jude in dem kleinen Städtchen im Osten, der immer wieder in den Erzählungen der hebräischen Schriftsteller vorkommt, ist mir sehr fern. Es hat keinen Sinn, da mir etwas vorzumachen. Ich will wohl verstehen und begreifen lernen, aber der Weg zu dem freien, selbstbewußten Juden (in dem doch nichts von falschverstandenem Nationalismus ist) führt nicht durch die kleine Stadt im Osten.

7.5.38.

Während der Pause im Kulturbundtheater. Man spielt „Das Gericht" von Bat Dori. – Es packt mich, weil es aus solcher Nähe heraus geschrieben ist. Ich finde bei ihr die Form des Spiels (ähnlich dem mittelalterlichen Spiel) wieder, nach der ich suche. Dieses kann meiner Ansicht nach die Form sein, in der sich Erleben und Denken künstlerisch gestaltet, weil sie erstens keinen komplizierten Rahmen verlangt, zweitens auf die strenge Gebundenheit der Form verzichtet, die sich als Lockerung für den Inhalt dahingehend auswirkt, daß an Stelle einer logischen Fortentwicklung der Charaktere, denen sich die Szenen anpassen müssen, eine Aneinanderreihung von Bildern treten kann. – Keineswegs aber soll das Spiel das Schauspiel verdrängen. Vielleicht aber ist das Hebräisch (besser: sind die hebr. Dichter) in ihrer Entwicklung noch nicht bis zum Schauspiel gelangt, so daß diese Entwicklung aus dem Anregung zur Fortentwicklung empfangen kann. Ich könnte mir vorstellen, daß späterhin beide nebeneinander bestehen würden, da sie sich ja grundlegend in ihrer Wirkungsmöglichkeit, ja sogar in der Möglichkeit ihres Seins unterscheiden.

17.5.38.

Wenn ich es vermöchte, würde ich vielleicht das Schreiben unterlassen, nur um den furchtbaren, sogar körperlich empfundenen Qualen zu entgehen. Es ist der Drang, den Zwang los zu werden, der dazu zwingt, weiter zu schreiben. Nichts von jener Freude, die, wie ich früher glaubte, ein Mensch empfinden muß, der seine Gedanken niederzuschreiben vermag. Diese Freude stellt sich nicht einmal beim Durchlesen des Abgeschlossenen ein. Da setzt dann die Kritik ein, die zu urteilen vermag, als wäre das Geschriebene nicht ein Stück meines Selbst.

17.7.38.

Wie lange werden wir seelisch das tägliche Leben unter Druck noch durchhalten. Wird die Vernichtung all unserer Lebensmöglichkeiten hier gleichzeitig unser seelisches Zerbrechen bedeuten.

In geruhsamen Zeiten spricht man wohl davon, daß ein Mensch den Pulsschlag der Geschichte erfährt. Aber daß es so aussieht, hätte ich mir niemals vorgestellt.

Bin ich Optimistin, bin ich Pessimistin? Was weiß ich? Ich weiß nur, daß ich mit aller Verbissenheit, die ich aufbringen kann, für die Erreichung des Zieles kämpfe, welches ich mir gesetzt habe und das, obgleich ich mir sagen muß, daß die Möglichkeiten fast gleich null sind.

Hier in Berlin mehren sich in der letzten Zeit die Selbstmorde unter den Juden. Wen aber kann es wundern.

Man hat das Gefühl, man müßte rasend werden.

24.7.38.

Wir setzen unser Leben auf eine Karte in der Hoffnung (= Wahn), sie würde gewinnen, obwohl wir uns bei einigem Nachdenken sagen müssen, daß es sehr wenig wahrscheinlich ist. Aber da es außer diesem Wagnis gar keine Möglichkeit gibt, es fruchtbar zu gestalten, so setzen wir halt und sind gezwungen, so zu handeln, als gäbe es nur eine Möglichkeit, nämlich, daß wir gewinnen werden, daß unser Leben fruchtbar wird.

So sieht es mit meinem Leben aus. Ende Mai habe ich mich entschlossen zu studieren. Nach Pfingsten (Anfang Juni) habe ich begonnen, die Oberprima zu besuchen in der Hoffnung, es würde mir möglich sein, bis Ostern das Mädchenseminar weiter zu machen und mich so zu ernähren. Ich hatte noch nicht einige Tage gelernt, da stellte sich heraus, daß die Mädels doch am 1.8. nach Schniebinchen gehen würden (wofür ich eingetreten war). Bemühungen, einen Zuschuß zu erhalten, schlugen vorerst fehl. Ich beschloß, doch weiter zur Schule zu gehen, weil ich sonst nach den Herbstferien überhaupt nicht mehr anfangen könnte. Jetzt steht meine Sache so, daß ich bis einschließlich September voll und für Oktober, November halb gesichert bin. (Minimum versteht sich natürlich). Was dann wird, darüber darf ich mir keine Kopfschmerzen machen.

Wohin mein Leben wohl treiben mag?

19.8.38.

Wir sind ein Volk mit einiger Begabung. Es ist der Genius, der in uns lebt, noch in dem Geringsten. Vielleicht ist es darum, daß ich trotz alledem frei einherschreite, trotz der 5 ½ Jahre, die nun schon auf uns niederblicken. Jedoch, es kann wohl nichts verächtlicher sein, als wenn man dieses Hochgefühl herabbiegt zu einem lächerlichen Chauvinismus.

17.10.38.

Nach zwei klaren Herbsttagen in Winkel wieder in Berlin.

Ich bin niedergeschlagen. Nach 1 ½ Jahren halten die Kopfschmerzen nun wieder längere Zeit an, jetzt schon bald 2 Wochen. [...] – Wieder ist diese Zeit zu angespannter, konzentrierter Arbeit untauglich, vielleicht aber schöpferisch fruchtbar. – Wie immer in solchen Zeiten schlafe ich sehr viel, obwohl ich es mir eigentlich in Anbetracht des Abiturs nicht gestatten kann. Ich würde mich gern zur Arbeit zwingen und könnte es auch wohl, aber die Erfahrung hat mich gelehrt, daß die Kopfschmerzen dadurch nur um so hartnäckiger werden. So tue ich denn nur das Notwendigste.

Die deutschen Zeitungen bringen täglich mit Schlagzeilen versehene Berichte über die Lage in Palästina. Es scheint sehr schlimm dort zu stehen. Aber eines ist mir klar. Weniger denn je dürfen wir jetzt ablassen von unserem Werk. Was aber wird geschehen, wenn man die Einwanderung sperrt? Hier können wir nicht länger leben. In 10 Tagen wird es sich vorerst entscheiden.

Von Mutter habe ich einen verzweifelten Brief bekommen. Ich glaube, ich bin ihre einzige Hoffnung. Ein Grund mehr für mich, um durchzuhalten. Aber ich weiß ja nicht, ob mein Weg mich je wird in die Lage versetzen, ihre Hoffnungen zu erfüllen.

Weiter, vorwärts, hinein in das Dunkel, von dem man nicht weiß, ob es Morast oder festen Boden bringt.

20.10.38

Was ich nicht bin, das bin ich nicht, und was ich bin, das will ich ganz sein.

Ich sah in der vergangenen Woche erst „Richard III" mit Krauß und dann „Hamlet" mit Gründgens. „Hamlet" brachte als Gesamtleistung den stärksten Eindruck in mir hervor, den ich bisher in meinem Leben empfangen habe.

26.10.38.

[...] Was wird werden?? Ich frage nicht nach meinem Schicksal, denn das eigene Leben erscheint mir zuweilen immer wieder wie ein Traum, aber mir ist bang um die Zukunft für den zerrütteten Haufen der Juden hier, den die Zeit unerbittlich weitertreibt in die Dürre und in die Nacht, in ihr Elend. Ich erschrecke, wie stumpf ich geworden bin, ich sehe und weiß, aber ich schreie nicht, denn ich habe ja noch zu essen und zu mir sind die Leute manchmal noch anständig, weil sie nicht wissen, daß ich Jüdin bin oder weil sie gedankenlos sind. Welch ein Hohn! Aber was soll ich tun? Ist nicht der einzige Weg, die Zähne zusammenzubeißen und auf dem engen düsteren Steg zu gehen, als wandele man in einem sonnigen Garten, wenn man auch weiß, daß zu beiden Seiten das Moor begierig gurgelt? Ich will noch für die Schule arbeiten und tun, als gäbe es um mich herum keine Welt, die schütter ist von vulkanischem Feuer, denn wir Juden sind ja nur der Seismograph der Welt, an dem sich ihre Erschütterungen besonders deutlich zeigen.

Immer noch Kopfschmerzen, aber zumeist nicht ganztägig.

29.10.38.

Nur schwer kann ich mich zum Arbeiten zwingen. Meine Gedanken gleiten immer ab. Wo mögen sie jetzt sein, die man gestern von hier forttransportiert hat, an der Grenze, in Polen oder wo. – Draußen regnet es und die Nässe läßt die am Boden liegenden Blätter verfaulen. Erst jetzt habe ich das Gefühl von Herbst als Vorstufe zum Winter. Zwei Bilder tauchen vor mir auf in eigenartiger Verschlingung. Beide sind sie plötzlich für Augenblicke vor mir aufgetaucht und ebenso schnell wieder zerflossen. Aber in meinem Gedächtnis werden sie haften, so lange ich eben ein Gedächtnis habe. Ich war noch ein Kind und ging über den Marktplatz. Da tauchte auf der gegenüberliegenden Straßenseite ein Zug von bunten abgerissenen Gestalten auf mit schwarzen Haaren und ausgedörrten Gesichtern. Der Straßenlärm wallte vor ihnen zurück und bildete eine unsichtbare hohe Mauer. Zwischen ihr und der Häuserfront schritt der Zug hindurch, Männer, Frauen, Kinder, bepackt mit Bündeln. Etwas lähmte mich, etwas entsetzte mich. Was es war, weiß ich nicht zu sagen. Aber immer, wenn ich jetzt an uns Juden denke, dann ist dieses Bild da, obwohl es keine Juden waren.

Das andere Bild ist hier aus dem Zoo, der Wolf in seinem Käfig. Es war an einem Tag, an dem es früh dunkelte und ich noch im Dunkeln zwischen den Käfigen einherschritt. Vor dem Käfig des Wolfes blieb ich minutenlang wie angewurzelt stehen. Unaufhörlich strich das Tier an den Stäben vorbei und immer in gleicher Höhe glühten die gelben Augen aus dem Dunkel. Ich fühlte, ihr Blick ging an mir vorbei in eine Ferne, die ich nicht kannte, diese Blicke, aus denen bezwungene, aber dennoch nicht zerrissene Wildheit sprach. Von diesen Blicken habe ich in mich aufgenommen.

Ich muß jetzt zu jemand sprechen. Ich werde heute abend an Jochewed schreiben.

6.11.38.

[. . .] Der Vorgang des Gestaltens und Formens, das also, was man wohl als den schöpferischen Akt bezeichnet, ist zermürbend und quälend und darin mit nichts zu vergleichen, was ich sonst kenne. Ich begreife allmählich, warum man diesen Vorgang mit dem des Gebärens verglichen hat, was ich früher stets als eine der vielen Phrasen empfand, die im Umlauf sind. Jetzt aber könnte ich mir vorstellen, daß es sich hier auf verschiedenen Gebieten doch um verwandte Vorgänge handelt.

Wenn ich könnte, würde ich nicht mehr schreiben, aber es ist unmöglich. Es ist wie ein Zwang auf mir, gewährt mir niemals Freude und nur selten Befriedigung, dann nämlich, wenn ich späterhin etwas noch einmal durchlese und es dann als einigermaßen gelungen empfinde, denn als wirklich gelungen kann ich naturgemäß noch nichts bezeichnen.

Wohin treiben wir?

8.11.38.

Um zu erleben, was Geschichte ist, muß man Jude sein.
Wird man es uns entgelten lassen, daß einer sich vergaß?
Wird es ein Morgen geben und wenn, wie wird es aussehen.
Ich bitte nicht um viel, nur darum, daß die Juden, die hierbleiben müssen, zu essen und Frieden haben möchten. Aber ich fürchte, nicht einmal das wird sein.

24.11.38. Auf der Rückfahrt nach Berlin.

Für 14 Tage – 4 Wochen mögen sie zu Hause evtl. noch zu leben haben. Und dann? Dazu der ständige innere Zwist, Vater und Onkel sind beschäftigungslos.

Ich versuche das Geschehen zu verstehen, aber ich empfinde es vorerst nur, ich kann es nicht greifen.

Sonnt. 12.2.39.

Ich bin ein schlechter Examensmensch. Je näher das Abitur heranrückt (es sind jetzt noch 10 Tage), desto mehr kotzt mich dieser Büffelbetrieb an. Ich möchte noch sehr viel lernen, aber nicht so, nicht weil man mir aufgegeben hat, ein bestimmtes Pensum als

Wissenspensum einzupauken, sondern lernen möchte ich, um die Grundlagen für Erkenntnis und Tat zu verbreitern. – Sehen möchte ich. Meine Welt reicht nur vom Rhein bis zur Spree, von Hamburg bis Dresden. Ich bin durstig wie ein Weinliebhaber, dem man sein liebstes Getränk vorenthält. Doch wozu sich Bilder ausmalen, die nicht Wirklichkeit sein werden, wozu in Träumen schweben, die zerstieben. Das will ich anderen überlassen, die Muße haben. Am 21. wird die Schule zu Ende sein. Am 22. werde ich mein neues Amt antreten. Und doch, das Verlangen nach Schönheit ist wie ein Brand, den man nicht zu löschen vermag. – Ich rede von Schönheit und Massen von Menschen wissen nicht, wovon zu leben, unter ihnen auch meine Eltern, meine Schwester. Doch, was soll ich tun. Soll ich mich selbst zerfetzen. Nur so könnte dieser Drang, die Welt zu sehen und zu gestalten ein Ende haben. – Aber gut ist, daß die Schule ein Ende hat. An diesem Wust von Mittelmäßigkeit kann man ersticken.

27.4.39. Vor der Ankunft der Kleinbahn nach Schniebinchen auf dem Bahnsteig in Sommerfeld.

Über zwei Monate habe ich dieses Heft nicht mehr aufgeschlagen und das nicht, weil ich keine Zeit gehabt habe. Ich habe derer soviel gehabt wie vielleicht noch niemals in meinem Leben, und vielleicht noch niemals war sie für den Augenblick gesehen so unfruchtbar. Der Grund aber, warum ich nicht geschrieben habe, war ein anderer. Ich habe in dieser Zeit soviel unwürdige und unnötige Erniedrigung erlebt [...]. Weil ich aber keine Anklagen, keine bitteren Worte festhalten wollte, bin ich stumm geblieben (bis auf einige Gedichte, die wie Recha und auch A.C. sagen, zu meinen besten gehören).

Aus der Unrast dieser Monate habe ich erst herausgefunden, als ich wußte, daß ich nach Schniebinchen gehen werde. [...] Ich werde hauptsächlich mit A.C. zusammen zu arbeiten haben und das ist sehr schön. [...]

30.5.39.

Es gibt wenige Dinge, die so schön sind (ich meine von Zuständen) wie mit einiger Berechtigung im Bett liegen zu können. Es sind die Pausen, in denen ich spüre, wie erst die Unruhe in mir verebbt und wie dann Empfindungen in mir aufsteigen, die vielleicht einmal fruchtbar werden können.

Recha war hier. Unterhaltungen mit ihr bedeuten für mich immer einen Auftrieb, der noch nach ihrem Fortgehen nachwirkt. Sie hat mir von ihrem neuen Plan erzählt, der sich mit den Kindern des jüdischen Volkes befaßt. Allein in Deutschland gibt es 130 000 Kinder. Ihr Plan geht darauf hinaus, diese Kinder in verschiedenen Ländern zusammenzufassen unter der Leitung von Frauen und Männern aus Erez Israel und sie im Geist des jüdischen Volkes zu erziehen. Die Mittel hierzu sollen durch eine neue Form des „Pidjon Haben“ aufgebracht werden. In der nächsten Woche wird sie ihren Plan vor der Executive vortragen. Außer Dr. Pines, A. C. und mir weiß noch niemand darum.

Wie gering die Einwirkungsmöglichkeiten der Menschen aufeinander sind, wie klein also die Möglichkeiten sind zu erziehen, sehe ich hier deutlich. Nur helfen kann man jungen Menschen, daß sie zu sich selbst finden. Denen aber, in denen kein Suchen sich wachrufen läßt, kann man nichts sein. Aber auch die, welche suchen, müssen größtenteils allein sich vorwärts tasten.

Ich lese von Mechthild Lichnowsky: „Geburt“. Sie war befreundet mit Karl Kraus, von dem A. C. oft spricht und dessen Bild er auf seinem Schreibtisch stehen hat.

Recha sagte mir heute zum Abschied – ich zeigte ihr die wenigen Bruchstücke und Gedichte, welche bisher hier entstanden sind und sie sagte mir (und ich glaube, sie hat es sehr ernst gesagt), wenn ich durchhielte, würde ich später einmal etwas leisten können. Ich selbst bin nicht so davon überzeugt. Ich entgegnete ihr auch, wie sehr ich mich fürchte vor der Qual, in zwei Sprachen, besser, zwischen zwei Sprachen leben zu müssen. Doch sie mag recht haben, auch diese Spannung kann fruchtbar werden.

Riwka kam gestern herein, als sie gerade bei mir war. Nachher sagte sie mir: „Sie hat nur Augen in ihrem Gesicht.“ Es ist wahr. Solch große träumerische und doch feurige Augen habe ich (ich erinnere mich wenigstens nicht) noch nicht gesehen.

Augen, das ist der Teil des Körpers, in dem die tiefsten und stärksten Ströme des menschlichen Innenlebens aufsteigen und sichtbar werden.

18.6.39.

[. . .] Auf einem nächtlichen Spaziergang durch die ausgedehnten Wälder – es war an dem Abend vor Alice W. Fortgang von hier, kam mir der Gedanke, man müßte einer späteren Generation Bericht geben in Form einer Chronik von dem inneren und äußeren Erleben hier. Unvorstellbar für jemanden, der es nicht selbst erlebt, daß das Leben weiterläuft, als gebe es nicht die Frage, in welchem Land werden wir im kommenden Monat leben und was wird morgen sich hier ereignen. Ich erinnere mich, wie ich früher Augenzeugenberichte über die Verfolgungen während der Kreuzzüge oder über die Pogrome in Rußland gelesen habe. Noch weiß ich nicht, ob und welche Form ein solcher Bericht, besser eine solche Chronik annehmen kann, aber ich will es wachsen lassen und es nicht aus dem Auge verlieren. – Auch die Menschen neben mir verlieren oft das Gefühl für das, was geschieht, vielleicht haben sie es auch noch niemals besessen, vielleicht gehört dazu ein Sinn, den man grob mit Geschichtssinn bezeichnen kann.

Schniebinchen, den 2. Sept.39.

Ich mußte ein neues Heft beginnen, obgleich das vorige noch nicht voll ist. Freilich ist es arg zerfetzt und aus dem Leim gegangen. Doch der gestrige Tag mit der Entscheidung, die er brachte, mußte hinzukommen, damit das dumpfe Gefühl sich zum Drang steigern konnte, der zur Tat führt. Äußerlich gibt es kaum einen Unterschied, der diesen Tag von den vielen, die ihm vorangingen abhöbe. Aber keine hundert Kilometer von hier kämpft man und niemand weiß, was werden wird. Ich ertappe mich oftmals am Tage bei dem Gedanken, ich sei von einem Traum befangen. Wenn dieses Gefühl mich schon sonst oft nicht verläßt, jetzt ist es noch weitaus stärker. – In solchen Stunden wie den jetzigen ist es gut, mit Verantwortung zu leben, in Anspruch genommen zu sein von den Pflichten gegenüber den jüngeren Chawerim.

17.12.39.

Ich treffe selten auf Menschen, die mir geistig überlegen sind, und ich bedarf dessen vielleicht mehr als viele andere. Ist es Überheblichkeit, wenn ich so etwas niederschreibe? Wohl kaum. Vielleicht lag es daran, daß ich bis jetzt in Deutschland gelebt habe. Meine Sehnsucht ist, hier auf Menschen zu treffen, wie ich sie mir vorstelle. Manchmal sehr selten bin ich ihnen auch in Deutschland schon begegnet.

Vorerst stehe ich vor der Tatsache, daß ich außer dem Geld für die Reise von Tel Aviv nach Jerusalem keinen Pfennig mehr besitze. Der Transfer wird nicht kommen. Soll ich deswegen das Studium an den Nagel hängen und schon jetzt in den Kibbuz gehen. Eindeutig nein. Ich will, ja mehr ich muß es schaffen.

Bereue ich, ins Land gekommen zu sein, denn ich bin ja trotz allem gekommen, ohne das Gefühl zu haben, fliehen zu müssen? Nein. Auf dem Schiff überfiel mich plötzlich eine solche Angst vor dem Land, daß ich versucht war, ins Wasser zu springen (damit ist eine wenig schöne Situation verbunden) hier aber (ich sitze gerade im Vorraum der Haawara und weiß noch nicht, ob ich für die nächsten Wochen auch nur einen Pfennig bekommen werde) hier wächst der Wille in mir stark zu werden (noch bin ich es nicht immer) und durchzuhalten meiner Aufgabe wegen, die ich in mir spüre. Ich hatte Angst, Erez Jisrael würde mich stumm machen. Jetzt weiß ich, es wird nicht so sein. Noch sehe ich nichts, noch gestalte ich nichts, nur ein Stammeln ist in mir wortlos und tastend.

23.12.39.

Ich stand wie vor einer hohen Wand. Keinen Schritt weit konnte ich sehen. Ich wußte nicht, wie es möglich sein würde, gleichzeitig zu lernen und Geld zu verdienen. Durch Margot Kaufmann habe ich ab übermorgen eine Stellung im Haushalt bei Engländern von ½ 8–½ 3 mit Essen und einem kleinen Zimmer ohne Schrank und verdiene monatlich 2 Pfund. In der freien Zeit will ich mich auf die erste Klasse des Beth Hakerem vorbereiten.

Es ist an der Zeit, wieder einmal mich selbst zu überprüfen und zu sehen, wo ich stehe. Seit 3 Wochen ungefähr bin ich aus Deutschland heraus. Aber von der so vielgepriesenen Freiheit (sog. Freiheit) merke ich kaum einen Hauch. Mein Begriff der Freiheit ist weitgehend gereinigt von phantastischen Vorstellungen. Eines aber kann und darf es nimmermehr bedeuten, nämlich Zügellosigkeit und rücksichtslose Hervorkehrung des krassesten Egoismus. Noch bin ich nicht weit genug in das wirkliche Leben des Landes eingedrungen, noch kann ich nicht urteilen. Ich kann lediglich versuchen, Eindrücke zu sammeln. Ich weiß, daß es besser ist, hier nicht satt zu werden als in Deutschland wirtschaftlich gesichert zu leben. Und doch gibt es Umstände, die mir gerade das Leben hier sehr schwer machen. In Deutschland habe ich mich nicht so für alles verantwortlich gefühlt, was geschah (im Gegenteil). Hier aber unter Juden fühle ich mich irgendwie mit verantwortlich für das Gebaren der Einzelnen. Wenn das Wort „jüdisches Volk“ keine Phrase ist, dann muß es irgendwie eine gemeinsame Verantwortlichkeit geben. Aber mehr und mehr wird mir klar, daß meine Auffassung in der Gola (als ob es hier nicht genau so gut Gola gäbe) richtig war, daß es die verschiedensten Interessengemeinschaften gibt, von denen das Volk auch eine sein mag oder vielmehr ist, daß es aber keine Gemeinsamkeit gibt, die ihren entscheidenden Stempel erhielte durch die Gemeinsamkeit des Blutes oder dessen, was Buber einmal Substanz genannt hat. Bewußter als ich es in Deutschland war, bin ich hier Sozialistin, aber mit dem verwässerten Sinn dieses Wortes will ich nichts gemein haben. Ich sehe, daß es richtig war, dieser Weltanschauung vor dem Zionismus den Vorrang zu geben (wobei es eigentlich falsch ist, Zionismus als Weltanschauung auszusprechen, da es wohl möglich ist, die Welt sozialistisch, aber nicht, sie zionistisch zu sehen). Zionismus in Erez Jisrael ist und muß verschieden sein von dem Zionismus in der Gola. Dort ist er Sehnsucht und (wenn auch aktives und gestaltetes) Warten. Hier aber bedeutet es Gestaltung des Lebens und läßt dabei das „wie" offen. –

Trotz allem aber, obgleich ich weiß, daß ich hart sein muß, sehr hart, wenn ich vorwärts kommen will (und ich will es), habe ich es noch nicht aufgegeben, an eine Idee zu glauben oder vielmehr zu hoffen, an die einzige wahre Idee, die es geben kann, an die Idee der Gerechtigkeit. Und deshalb schmerzt jede Ungerechtigkeit so als hätte ich sie selbst begangen. Nicht weil ich mit einem Gefühl der Nächstenliebe alles umschlingen will (nur das nicht, das riecht zu altbekannt nach Kloster). Dieser fast körperliche Schmerz ist einfach da, auch wenn ich ihn nicht zu erklären verstehe. – Ich sitze in der Mensa. Um mich herum Studenten. Was für Menschen! Unmöglich, sich mit ihnen verbunden zu fühlen und welche Qual, doch für sie verantwortlich zu sein. Ist das übergroße Empfindlichkeit. Ist das eigentlich fraulich und nur deshalb so quälend, weil ich aus dem sogenannten Rahmen des Fraulichen heraustrete und mir mein Leben schaffen will, nicht irgendein Schemaleben? Oder was ist es. Ich habe heute vieles durcheinander geschrieben. Vielleicht ist es unverständlich. Schadet nichts. Ich werde es klären. Eine Gewißheit habe ich. Erez Jisrael macht mich nicht stumm. Ich werde, was ich in Gedichten und sonst zu sagen habe, auch hier sagen können, solange es nicht in Iwrit geht, in Deutsch.

„Um zu erleben, was Geschichte ist, muß man Jude sein.“ Jenny Aloni – Lebensweg und Werk

„Ich habe nie daran gedacht, eine Autobiographie zu schreiben. Der Gedanke daran ist mir auch jetzt fremd.“ So sagte mir Jenny Aloni einmal, als ich sie fragte, warum sie nie einen größeren direkt autobiographischen Text geschrieben habe. Und zur Erklärung fügte sie an:

> Zwar ist auch mit jeder Erzählung und jedem Gedicht eine gewisse Bloßstellung verbunden, aber das trifft in erhöhtem Maß für eine Beschreibung des eigenen Lebens zu, wenn sie ehrlich ist und sich nicht mit der Darstellung äußerer Lebensumstände begnügt. Dazu fühle ich mich zu verwundbar. Daher lassen sich nicht direkte Folgerungen aus meinen Schriften ziehen.

Diese Bemerkungen von Jenny Aloni sind nicht zuletzt deshalb so wichtig, weil in zahlreichen ihrer Werke viele und deutliche autobiographische Elemente – Selbsterlebtes, -gesehenes, -beobachtetes – zu finden sind. Immer wieder werden Ereignisse aus der Sicht eines Mädchens, einer jungen Frau geschildert, die sich in ähnlicher Weise in der Biographie Jenny Alonis nachweisen lassen; immer wieder werden diesen Frauen Ansichten und Gedanken zugeschrieben, die sich ähnlich in Briefen und Tagebüchern der Autorin finden. Dennoch betonte Jenny Aloni mit ihren Hinweisen Selbstverständliches: Jede Erzählung ist ein fiktionales Gebilde, wieviel Elemente der Wirklichkeit auch in sie eingegangen sein mögen.

Bei genauerer Betrachtung von Jenny Alonis Erzählungen wird deutlich, daß sie häufig bestrebt war, persönliche Bezüge zurückzudrängen, damit nicht biographische Neugier den Blick auf das allgemeiner Gültige verstellt. So werden z. B. die autobiographischen Elemente mit Erlebnissen, die sie von anderen gehört und erfahren hat, verwoben, allzu leicht erkennbare biographische oder geographische Hinweise getilgt. Meistens liegt eine lange Zeitspanne zwischen dem, was Jenny Aloni erlebte und dem, was sie niederschrieb. Gelegentlich läßt sich dieser Weg an den verschiedenen Fassungen eines Werkes verfolgen. So beginnt zum Beispiel die Erzählung *Kristall und Schäferhund* in einer ersten Fassung mit dem Bericht einer Ich-Erzählerin über einige Erlebnisse am Tag vor der Pogromnacht 1938 in Berlin. Die Erzählerin berichtet, daß ihr am Morgen des 9. November, in einem Park inmitten der Großstadt auf einer Bank sitzend, die Stimmung „unheimlich friedlich" vorgekommen sei und führt gleichsam als Beleg an:

> Mir ist ein Gedicht geblieben. Es trägt das Datum des neunten Novembers vor fünfundzwanzig Jahren. Ich schrieb es auf jener Bank. Es heißt in ihm: Es kennt der Tag nur noch die grauen Dünste ...

Ein 1955 veröffentlichtes Gedicht von Jenny Aloni, *Park im Herbst*, ist datiert „Berlin, 9.11.38" und beginnt mit eben dieser Zeile. Jenny Aloni schrieb die Erzählung 1963, sie erschien zuerst in Hebräisch in einer israelischen Zeitschrift zum fünfundzwanzigsten Jahrestag des Pogroms, in Deutsch wurde die Erzählung erst 1978 in einer Zeitschrift veröffentlicht. Für den kundigen Leser ergaben also sowohl das Gedicht als auch die Datierung einen eindeutigen Hinweis auf den autobiographischen Charakter der Erzählung.

In der Buchfassung von 1983 ist die Passage gestrichen, in der das Gedicht zitiert und die Schreibsituation datiert ist; der autobiographische Bezug wird zurückgenommen, er ist für den ‚normalen' Leser nicht mehr erkennbar, zumal die beiden Städte, in denen die Erzählung spielt, die Hauptstadt mit dem Arbeitsplatz der Erzählerin und ihre Geburtsstadt, die sie nach der Pogromnacht aufsucht, nicht mit Namen genannt werden.

Mit solchen deutlichen Einschränkungen versehen, kann man auf biographische, historische und lokalgeschichtliche Elemente der Erzählungen Jenny Alonis aufmerksam machen – als Kontexte und Hintergrund, als Hinweise zu Verständnismöglichkeiten –, ohne ständig betonen zu müssen, daß Authentizität oder der Nachweis faktischer ‚Richtigkeit' nichts mit der Qualität einer Erzählung zu tun haben. So sollen im folgenden eine Reihe von Erzählungen und Gedichten Lebensstationen Jenny Alonis und Phasen der deutschen Geschichte – genauer: des Verhaltens und Verhältnisses zu den Juden – zugeordnet werden.

I. Vorgeschichten: Paderborn und die Juden vor 1933. – Die Rosenbaums in Paderborn, Jenny Rosenbaums Kindheit. – *Die braunen Pakete* und der Ritualmordskandal.

In Westfalen und in Paderborn leben Juden seit dem Mittelalter. Die Geschichte der Paderborner Juden bis ins 18. Jahrhundert ist nur wenig bekannt. Für das 19. und das 20. Jahrhundert bis zum Ende der Shoa liegen eine Reihe von Einzelstudien vor sowie eine zusammenfassende, an Dokumenten reiche Arbeit von Margit Naarmann: „Die Paderborner Juden 1802-1945. Emanzipation, Integration und Vernichtung. Ein Beitrag zur Geschichte der Juden in Westfalen im 19. und 20. Jahrhundert" (1988). Der größte Teil der Paderborner Juden war im frühen 20. Jahrhundert, wie fast überall in den westlichen und mittleren Teilen Deutschlands, weitgehend assimiliert; es waren Gewerbetreibende, Dienstboten, Geschäftsleute, auch einige Akademiker. Die wenigsten waren orthodox, sie besuchten die Synagoge außer an den Feiertagen nur selten. Erst unter dem wachsenden Druck in der Weimarer Republik erhielt für viele das religiöse Leben einen größeren Stellenwert.

Die Rosenbaums waren seit Jahrhunderten in Westfalen, im Sauerland, und in Hessen ansässig. Im Lauf des 19. Jahrhunderts kam die Familie zu einem gewissen Wohlstand, Jennys Großvater väterlicherseits zog von Beringhausen nach Paderborn und gründete eine Handlung mit Tierhäuten und Fellen. Seine Söhne Moritz (geb. 1874) und Sally (geb. 1877) bauten das Geschäft aus. Ihr Wohnhaus, in dem auch die Geschäftsräume untergebracht waren, lag in der Bachstraße 2, direkt an den Paderquellen im Zentrum der Stadt. Moritz Rosenbaum heiratete Henriette Eichengrün; sie hatten drei Töchter, Martha (1910–1917), Irma (geboren 14.5.1913), als jüngste Jenny, geboren am 7.9.1917. In vielen Dichtungen Jenny Alonis spielt das Elternhaus „an den Quellen", am „Bach" eine Rolle, werden Einzelheiten detailliert, liebevoll erinnert und beschrieben.

Jenny Rosenbaum war ein eigensinniges und willensstarkes Kind, neugierig und wissensdurstig; und sie versuchte stets, ihre Eindrücke, Fragen, Überlegungen aufzuschreiben, schon sehr früh auch in literarischer Form. Margarete Zander, eine ihrer Lehrerinnen, berichtet, bereits die junge Schülerin habe Gedichte und Texte mit „Auseinandersetzungen mit Gott und Welt" (was wohl durchaus wörtlich zu verstehen ist) geschrieben und ihr zum Lesen gegeben.

Die Lehrerin berichtet auch eine Episode aus der frühen Schulzeit: Jenny habe einmal nach der Schule fassungslos allein in der Klasse gesessen,

> eine Mutter hatte darauf gedrungen, daß ihre Tochter „von der Jüdin fortgesetzt wird", und Jenny hatte es erfahren. „Ich habe ihr doch nachmittags immer die Schularbeiten erklärt, die Klassenarbeiten habe ich sie von mir abschreiben lassen. Und nun darf ich nicht mehr neben ihr sitzen?"

Hier wird eine Grunderfahrung des jüdischen Kindes geschildert, als Ur-Szene findet sie sich mehrfach, bezogen auf unterschiedliche Altersstufen, in Jenny Alonis Erzählungen. So wird eine vergleichbare Erfahrung in *Die Synagoge und der Dom* bereits in das erste Schuljahr eines jüdischen Mädchens verlegt. Schon damals habe „sie zum ersten Mal erfahren, daß Judesein Nichtzugehörigsein bedeuten kann". Mit den Worten „Ich darf nicht mit dir gehen. Du bist Jude", habe eine Mitschülerin sie zurückgestoßen. Ganz ähnlich wird die Kindheitserinnerung der Erzählerin in *Kristall und Schäferhund* geschildert: auch hier wiederum die brüske, unverständliche Zurückweisung: „Ich darf nicht mit dir spielen, weil du Jude bist."

Die in beiden Erzählungen gegebenen Daten verweisen in das Jahr 1924. Auch Jenny Rosenbaum war damals 6 Jahre alt, sie besuchte im ersten Schuljahr das „Sankt Michaelskloster", wenige Minuten von ihrem Elternhaus (und dem Dom) entfernt.

Nur eine der Erzählungen Jenny Alonis befaßt sich mit einem Geschehen in Deutschland, das in die Zeit vor 1933 zu datieren ist: *Die braunen Pakete*. Die Geschichte, die vor der Machtergreifung in einer Domstadt spielt, ist ganz aus der Perspektive eines jungen jüdischen Mädchens erzählt. Die Beschreibung seines Elternhauses orientiert sich bis in Details an dem Haus in der Bachstraße. In mehreren Paketen werden im Laufe einiger Wochen zerstückelte Leichenteile einer Frau gefunden. Eine Atmosphäre der Angst und der Wut gegenüber dem Täter wächst. Schließlich wird als Mörder keiner der verdächtigten Zugereisten festgenommen: „Kein Fremder. [. . .] Einer von uns. [. . .] Er stammt aus einer alteingesessenen Familie." Aber sofort setzt die Ausgrenzung ein. „Alteingesessen vielleicht, doch keiner von uns. [. . .] Wissen Sie denn nicht, daß Metzger Kleins Juden sind?" Bald macht das Wort „Ritualmord" die Runde. Zwar warnt der Prediger im Dom vor dem Haß und dem Gerücht, aber das Gift sitzt in den Köpfen vieler und breitet sich aus. Judenkarikaturen und Hakenkreuze tauchen an vielen Mauern und Litfaßsäulen in der Stadt auf: Es sind die Vorzeichen „künftiger Macht".

Die Erzählung geht auf eine Begebenheit im März 1932 in Paderborn zurück: Ein jüdischer Viehhändler hatte eine bei seinem Vater beschäftigte junge Frau geschwängert; bei einem Abtreibungsversuch war sie gestorben. In Panik zerschnitt er die Leiche in Teile und verpackte diese. Die NSDAP benutzte den Fall zur Diffamierung des Judentums. Das Nazi-Blatt *Der Stürmer* erschien im April mit der dicken Balkenüberschrift auf der Titelseite: „Der Mädchenmord von Paderborn. Eine Deutsche von Juden geschändet, geschlachtet und zerstückelt." Da das sensationelle Ereignis „in der Woche vor Ostern geschehen war, traten in der Bevölkerung Gerüchte auf, Martha Kaspar sei einem Ritualmord zum Opfer gefallen."

Jenny Aloni ändert die Zeit des Vorfalls ebenso wie Namen und Beruf des Täters. Wichtiger noch: sie wählt als Betrachterfigur ein sehr junges Mädchen, das mit dem Täter befreundet ist (sie selbst war zum Zeitpunkt der Tat bereits über 14 Jahre alt); dadurch kann sie eine naivere Haltung dem Geschehen gegenüber, den verfremdenden Blick des Kindes, einsetzen. Die Erzählung entsteht Mitte der sechziger Jahre, als Jenny Aloni ihre Erzähltechnik bereits entwickelt hat und einzusetzen weiß, um die erstrebten Wirkungen zu erzielen, ohne sich von autobiographischer oder lokalhistorischer ‚Korrektheit' hemmen zu lassen.

II. Die „Machtübernahme" 1933 in Paderborn. – *Der Fackelzug, Die Synagoge und der Dom.* – *Die Brandstiftung.*

Nach der Volkszählung 1933 lebten in Paderborn 273 Juden, das waren bei einer Einwohnerzahl von über 37 000 etwa 0,73 %. Wie in vielen deutschen Städten traten die Nationalsozialisten auch in Paderborn schon kurz nach der Machtergreifung vom 30.1.1933 öffentlich gegen die Juden auf, aus Berichten vom März 1933 sind erste Schilder „Kauft nicht bei Juden" auf dem Markt bezeugt, bereits am 1. April wurden anläßlich des allgemeinen Boykotts antijüdische Plakate in Geschäften aufgehängt. Die „Gleichschaltung" verlief in Paderborn wie in den meisten deutschen Städten, der Vormarsch der Nationalsozialisten in allen Bereichen des Lebens erfolgte fast ohne Hemmnisse – immerhin bemerkenswert in einer Stadt, die so stark christlich und politisch von der Zentrumspartei (die bei der Kommunalwahl im März mit 19 von 32 Sitzen nochmals die absolute Mehrheit erhielt) geprägt war.

Jenny Rosenbaum war zur Zeit der nationalsozialistischen Machtergreifung 15 Jahre alt. „Ein etwa 15jähriges Mädchen" erlebt in der Erzählung *Der Fackelzug* einen Nazi-Aufmarsch in einer Provinzstadt, deren topographische Einzelheiten auf Paderborn verweisen. Aus seiner Perspektive wird Vertrautes fremd, eine düstere Atmosphäre der Spannung baut sich auf. Mädchen, die „Schülermützen in der gleichen Farbe" trugen wie sie selbst, gehen an ihr vorbei, stutzen, wollen mit ihr sprechen, besinnen sich, blicken schließlich über sie hinweg „wie über eine Fremde, ihr schien es, wie über eine Ausgestoßene." (Diese Erfahrung – eine zweite Ur-Szene – kehrt geradezu traumatisch in einer Reihe späterer Werke wieder.) Die gespannte, schwüle Atmosphäre findet ihre Erklärung in einem Fackelzug von Menschen in Uniform, die nationalistische und antijüdische Parolen rufen und Hetzlieder singen. Die junge Beobachterin kommentiert den Anblick der fanatischen Gesichter – nicht nur der Marschierer, sondern, erschreckender noch, der Zuschauer – „jahrelang später", mittlerweile im Ausland lebend, als Wendepunkt ihres Daseins.

Jenny Aloni hat im Gespräch solche und ähnliche Erfahrungen aus ihrem eigenen Leben berichtet: Bereits 1938 schrieb sie in ihr Tagebuch, wie „furchtbar" für sie der Gedanke sei, dem Heimatort, „an dem man so hängt, nicht mehr vertraut sein zu dürfen, weil andere mich zum Fremdling gestempelt haben." Etwas sarkastisch fügte sie hinzu: „Fremdling ist wahrlich gelinde gesprochen." (13.8.1938) Ohne Zweifel schreibt also Jenny Aloni hier auch von *ihren* Erlebnissen und Erfahrungen als Kind, als Jugendliche, als junge Frau. Die autobiographischen Elemente der Erzählung sind unverkennbar. Die Autorin hielt sie für zu auffällig, sie veröffentlichte den Text nicht. In einer Überarbeitung versuchte sie einige Jahre später, die allzu konkreten Bezüge zurückzunehmen, das Allgemeine im Besonderen stärker herauszuarbeiten. In dieser neuen Form baute sie den Text in eine größere Erzählung ein, die in den fünfziger Jahren unter dem Titel *Die Synagoge und der Dom* entstand.

Diese Geschichte, in deren Mittelpunkt wiederum ein 15jähriges jüdisches Mädchen steht, wird durch den in der Überschrift genannten Gegensatz geprägt. Die Synagoge ist dem Kind als religiöser Mittelpunkt seiner Familie vertraut, aber auch der Dom imponiert ihm durch seine Weite; in der Reflexion macht die Erzählerin sich später klar, „daß die Atmosphäre der Klosterschule und der katholischen Stadt – deren Wahrzeichen ja der Dom war – tiefe Spuren in ihr hinterließ." Sie besucht beide Gotteshäuser, obwohl sie weiß, welche Spannungen zwischen den Religionen bestehen. Auch hier begegnet wieder die Ur-Szene: die plötzliche Feindschaft einer Mitschülerin, die ihr schmerzhaft klar macht, daß sie als Jüdin ‚anders' ist. Lange wehrt sich die Erzählerin gegen dieses Bewußtsein, betont ihr Deutschtum, ihre Prägung durch die westfälische Landschaft, ihre Ahnenreihe, die Jahrhunderte zurückreicht in Dörfer, die kein Ghetto kannten – dieses Gefühl der Assimilierung, das bei den meisten deutschen Juden selbstverständlich war, ließ auch die wachsenden Anfeindungen nicht als Vorzeichen einer tödlichen Bedrohung erkennen: die Selbsttäuschung, als Gleiche angenommen zu sein, wurde von vielen noch beim Abtransport in die Lager aufrecht erhalten.

Die Lehrerin des Mädchens hat den Wunsch, die Schülerin einmal in die Synagoge zu begleiten, und sie läßt sich auch durch die öffentliche Ächtung der Juden nach der Machtergreifung nicht davon abbringen. In die weihevollen Gesänge während des Gottesdienstes schieben sich die Erinnerungen des Mädchens an den Aufmarsch, den sie am Vortage beobachtet hatte. An dieser Stelle werden wesentliche Teile des früheren Textes *Der Fackelzug* eingebaut. Die Übernahmen sind über weite Strecken fast wörtlich; gerade deshalb verdienen kleine Veränderungen besondere Aufmerksamkeit. Zunächst hieß es, die Mitschülerinnen besannen sich beim Anblick des Mädchens „augenscheinlich und ließen ihre Blicke über sie hingehen wie über eine Fremde, ihr schien es, wie über eine Ausgestoßene." In der neuen Fassung fehlen die Wendungen „augenscheinlich" und „ihr schien es"; so wird aus dem subjektiven Gefühl des Mädchens, ausgestoßen zu sein, eine von der Erzählerin beglaubigte Tatsache.

Das Mädchen wird den Klang der Lieder nicht mehr los, vor allem die blutrünstigen Worte des Horst-Wessel-Liedes, das nun so oft zu hören war: „Sie mischten sich mit dem Gesang des Vorbeters. Sie übertönten sie." Die Liedfetzen und Bilder überlagern sich, schieben sich in den Vordergrund, die Wachträume versetzen das Mädchen in einen visionären Angstzustand. Die Lehrerin verläßt mit ihr den Gottesdienst, beim Anblick der Silhouette des Domes sagt sie, ob zu dem Mädchen oder zu sich selbst, ist unbestimmt: „Mit der Vernichtung der Synagoge beginnen sie, enden werden sie mit der Zerstörung des Domes."

Die Erzählung nimmt verschiedene konkrete Details der Vorfassung zurück, nur noch der mit der Geographie Paderborns Vertraute kann die Wege von der Schule und von der Synagoge zum Dom nachzeichnen; der Kenner der Biographie kann das Urbild der Lehrerin, die bereits genannte Margarete Zander, benennen. Der ‚normale' Leser kann solche Bezüge nicht erkennen, soll es auch nicht, weil das Individuelle des Verhältnisses von Lehrerin und Schülerin den Blick auf das allgemeiner Gültige versperren könnte. Daher wählt Jenny Aloni auch in diesen ‚Paderborner' Erzählungen nicht die naheliegende Rolle einer Ich-Erzählerin.

Diese Perspektive begegnet uns in einer anderen Geschichte aus der Zeit unmittelbar nach der Machtergreifung der Nationalsozialisten in einem der frühesten, in einer ersten Fassung bereits Ende der dreißiger Jahren entstandenen Texte, *Die Brandstiftung*. Er spielt in Berlin und berichtet von einem älteren jüdischen Schriftsteller, dessen letztes Buch von den „jetzigen Machthabern [. . .] in dem öffentlichen Autodafé" – der Bücherverbrennung vom 10. Mai 1933 –

verbrannt wurde, und der sich, um der Verhaftung zu entgehen, selbst tötet. Die Ich-Erzählerin trägt deutliche Züge von Jenny Rosenbaum, zeigt ihre literarischen Interessen, ihre Ansichten; aber die Autorin, die zu dieser Zeit ja noch ein junges Mädchen war und in Paderborn lebte, erfindet sich hier gleichsam in eine Geschichte hinein, die sie später, in ihrer Berliner Zeit, erfahren hat. In der Erzählung selbst berichtet eine Bekannte, bei der sie den Schriftsteller kennengelernt hatte, was man ihr selbst über dessen Ende erzählte. In Jenny Alonis Erzählung wird diese aus zweiter Hand erfahrene Geschichte abermals erzählt, ausgemalt, erfunden. Der Wahrheitsgehalt einer solchen Geschichte besteht darin, daß sie sich so ereignet haben könnte, wie sie niedergeschrieben wurde.

III. Biographische Stationen 1935-38: Gut Winkel, Berlin. – Die Pogromnacht in Berlin und Paderborn: *Kristall und Schäferhund*. – Zerstörung und Verkauf des Elternhauses.

Im Frühjahr 1935 verließ Jenny Rosenbaum die Schule – sie wurde nicht dazu gezwungen, das zu betonen, blieb ihr stets wichtig. Durch Margarete Zander war Jenny Rosenbaum schon früh auf die zionistische Bewegung und auf das Werk Martin Bubers hingewiesen worden – bereits vor 1933 und „längst bevor die Paderborner Juden daran gedacht haben“ (31.12.1946), wie Jenny Aloni sich später erinnert. Sie nahm schon 1933 Kontakt mit jüdischen Organisationen auf, die jüdische Kinder und Jugendliche auf die Auswanderung in das englische Mandatsgebiet Palästina, das die Juden Erez Israel (Land bzw. Heimat Israel) nannten, vorbereiteten. Die nächsten Jahre waren von dieser Vorbereitung und der Mitarbeit in der „Kinder- und Jugend-Alijah“ (gegründet von Recha Freier, getragen von der „Reichsvertretung der deutschen Juden“) geprägt. Die erste wichtige Station solcher Ausbildung war Gut Winkel in der Mark Brandenburg nahe Berlin, wo die 18jährige von Mai 1935 bis Juli 1936 als Praktikantin „zur Erlernung des Gartenbaus und der Landwirtschaft“ tätig war. In dieser Zeit kommt auch die fast radikale Abwendung von der starken Religiosität der Kindheit und Jugend zum Abschluß: Das Judentum erhält für Jenny Rosenbaum mehr und mehr neben einer religiösen eine nationale Bedeutung, sie setzt sich zunehmend für den Zionismus ein. Im Sommer 1936 übersiedelte Jenny Rosenbaum nach Berlin, wurde Mitglied einer zionistisch-sozialistischen Jugendorganisation und lebte in einer von der Organisation unterstützten Wohngemeinschaft. Seit 1935 führt Jenny Rosenbaum ein Tagebuch. (Sie wird es – mit kleineren

Unterbrechungen – fast 60 Jahre lang bis zu ihrem Tod führen.) So wissen wir einiges von dem, was sie in diesen Jahren der wachsenden Nazi-Herrschaft in Deutschland und des immer stärkeren Drucks auf die Juden dachte, tat, las, lernte, schrieb. Ihre Aufzeichnungen umfassen persönliche Probleme und Beobachtungen der eigenen Person und der Umgebung, Bilder aus dem Alltag, Hinweise auf Lektüren, Erörterungen weltanschaulicher Fragen – Sinn des Seins, Rolle des Menschen, Probleme des Glaubens – und immer wieder: Auseinandersetzungen mit „jüdischen" Problemen religiöser, wissenschaftlicher, literarischer, zunehmend auch politischer Art.

In ihrem Tagebuch legt sich Jenny Rosenbaum Ende 1937 Rechenschaft über ihre „Stellung" als Jüdin „innerhalb des Lebens in Deutschland" ab. Trotz der Erfahrungen, außerhalb zu stehen, seien lange Zeit die Folgen des Assimilierungsprozesses wirksam geblieben:

> In mir war trotz meiner Bejahung des Jüdischen als Gemeinschaft der katholisch-deutsche Einfluß weitaus der stärkere. Das alles habe ich eigentlich erst empfinden können, nachdem sich 1935 (Winkel) mein Leben grundlegend zu wandeln begann.
> Heute arbeite ich an der Gestaltung jüdischen staatlichen Lebens mit. (20.12.1937)

Dieser selbstbewußte Satz zeigt, daß der Zionismus für die 20jährige ihr Leben und ihre geistige Ausrichtung immer stärker prägt. Dabei wendet sie sich nachdrücklich gegen die „Tatenlosen" (so ein Gedichttitel dieser Zeit) und Verzagten,

> gegen diese Schlaffheit und das sich Tragenlassen in einer Zeit, in welcher man nicht getragen wird, sondern selbst schwimmen muß. Es scheint, daß wir deutschen Juden schon zu viel von bürgerlicher Sattheit in uns aufgenommen hatten, zu viel von dem giftigen Atem, der es aufgegeben hatte zu kämpfen, um das Errungene nicht zu gefährden. (28.9.1937)

Jenny Rosenbaum engagiert sich nicht nur verbal für den „Kampf, den wir führen wollen und für das Werk, an dem wir mithelfen." Sie intensiviert ihre eigene praktische Ausbildung und sie gibt zugleich an Jüngere weiter, was sie gerade selbst über das Leben in Erez Israel gelernt hat. Daneben wächst ihre Überzeugung, daß eine umfassende theoretische Bildung die Grundlage für das zukünftige Leben in Israel sein müsse. Aus dieser Einsicht heraus schreibt sie sich zum Wintersemester 1937/38 als Gasthörerin an der „Lehranstalt für die Wissenschaft des Judentums" ein, belegt unter anderem Veranstaltungen in Nationalökonomie und Sozialer Fürsorge. Ab

Juni 1938 absolviert sie das ihr zum Abitur noch fehlende Schuljahr auf dem „Oberlyzeum der Israelitischen Synagogengemeinde Adaß Jisroel zu Berlin" (einer „anerkannten Oberschule für Mädchen"). Der Schwerpunkt hier – und in der gleichzeitig weiterlaufenden speziellen Schulung für die Auswanderung – liegt auf Hebräisch (Neuhebräisch, Iwrith), jüdischer Geschichte, Palästinakunde. Daneben liest sie viel, zunehmend neuere hebräische Literatur, beginnt Arabisch zu lernen, besucht die Berliner Theater, sowohl die großen Bühnen (sie sieht Werner Krauß und Gustaf Gründgens) als auch das jüdische Kulturbundtheater, in dem sie u.a. das erste moderne Stück über aktuelle jüdische Probleme sieht, *Das Gericht* von Schulamith Bath-Dori in der Regie von Herbert Friedenthal.

In ihre Berliner Schülerinnen-Zeit fällt das dunkelste Ereignis der deutsch-jüdischen Geschichte der dreißiger Jahre: die Pogromnacht des 9. November 1938. Am 7. November verübte der Jude Herschel Grünspan in Paris ein Attentat auf den deutschen Diplomaten Ernst vom Rath. Am 8.11. schreibt Jenny Rosenbaum in ihr Tagebuch:

> Wird man es uns entgelten lassen, daß einer sich vergaß?
> Wird es ein Morgen geben und wenn, wie wird es aussehen.
> Ich bitte nicht um viel, nur darum, daß die Juden, die hierbleiben müssen, zu essen und Frieden haben möchten. Aber ich fürchte, nicht einmal das wird sein.

Diese Notiz ist mit einem Satz überschrieben, der zeigt, wie klar die 21jährige die historische Bedeutung des Vorfalls erkannte:

> Um zu erleben, was Geschichte ist, muß man Jude sein.

Am folgenden Tag, dem 9. November, starb vom Rath. Dieser Tag war zugleich der 15. Jahrestag des Marsches der Nationalsozialisten auf die Feldherrenhalle, zur jährlichen Erinnerungsfeier in München hielt Goebbels eine Rede vor alten Kämpfern voll antisemitischer Hetze und dem Hinweis, auf die Nachricht von der Ermordung habe es an einigen Orten bereits spontane Aktionen gegeben. Die Spezialforschung hat längst festgestellt, daß die Nationalsozialisten auf eine solche Gelegenheit gewartet hatten, denn die Pläne zu einer breit angelegten Aktion gegen die Juden lagen schon länger vor. Als Folge der Aufrufe wurden in ganz Deutschland Synagogen angezündet und zerstört, jüdische Geschäfte und Einrichtungen beschmiert, zertrümmert, geplündert.

Fünfundzwanzig Jahre später schrieb Jenny Aloni die Erzählung *Kristall und Schäferhund*, die ihre Erfahrungen und Beobachtungen am 9./10. November in Berlin und am 11./12. November in Paderborn zum Hintergrund hat. Das persönliche Erleben ist hier in ungewöhnlichem Maße zu spüren, wenn auch mehrere direkte Bezüge – wie einleitend am Beispiel der Streichung des Gedichts *Park im Herbst* gezeigt – in der Buchfassung zurückgenommen sind. Mit der Mitteilung des Allgemeinen, des zeitgeschichtlichen Geschehens, beginnt die Erzählung denn auch, bevor sich die Ich-Erzählerin selbst zu Wort meldet.

> Die Synagogen brannten. Innen mit Petroleum angezündet, außen kunstgerecht mit Löschgeräten kaltgehalten, stiegen ihre Flammen in allen Städten und in allen Dörfern Deutschlands in den Novemberhimmel auf. Sie sollten als Symbole dienen, und zu Symbolen wurden sie.

Die Ich-Erzählerin berichtet über die Gewöhnung an den alltäglichen Nazi-Terror, selbst an die „Lieder ihres Hasses" wie das vom „Judenblut", das „vom Messer spritzt": „Ich fand es vulgär. Doch ich glaubte nicht daran, daß sie es wirklich meinten. Nicht bis zu jenem Tage."

Diese Passage bietet einen Schlüssel zum Verständnis der Erzählung, aber auch zum Verständnis der Einstellung vieler Juden im damaligen Deutschland: Man hatte sich an den Anblick der Nationalsozialisten allmählich gewöhnt, sie hatten sich mehr und mehr im öffentlichen Leben, in den Schaltstellen der Macht, aber auch im Straßenbild ausgebreitet, sie machten keinerlei Geheimnisse aus ihren Plänen und Zielen, aber diese waren so ungeheuerlich, daß sich die meisten Menschen weigerten, sie zu glauben; viele, wie auch die Ich-Erzählerin, fanden das Auftreten der Nazis primitiv und vulgär. Trotz aller Schikanen und Verfolgungen, angefangen mit den Rassegesetzen bis zu den Ausweisungen und der sogenannten Schutzhaft, glaubten auch nicht wenige Juden, daß dies eine der Verfolgungswellen sei, wie sie in Deutschland und in vielen anderen Staaten seit Jahrhunderten immer wieder vorgekommen, aber auch stets vorübergegangen waren.

Bei ihrem Gang durch die Straßen der Hauptstadt beobachtet die Erzählerin die Plünderung eines jüdischen Geschäfts, sieht das passive Verhalten von Polizei und Zuschauern, hört die Haßparolen. Beim Rückweg zieht sie gleichsam das Fazit dieses Tages für sich:

> Es waren nicht mehr die gleichen Straßen. Auch nicht die gleichen Menschen. Es waren nur noch bemalte Kulissen und Legionen entrückter Augen in zu Marionetten entfremdeten Gesichtern. Ich ging und ging.

Damit endet der erste Teil der Erzählung, der den Weg von der Stille und Friedlichkeit bis zur Entfremdung und Abwendung in wenigen Abschnitten eindrucksvoll skizziert. Die Stärke der Erzählerin liegt zweifellos in der Beobachtung von Details, von einzelnen Sätzen und Gesten, die auf ein verändertes Verhalten hinweisen, die zeigen, daß und warum die Anordnungen der Nationalsozialisten auf offene Ohren und willige Mitmacher treffen. Ich halte die wenigen Seiten dieses ersten Teils der Erzählung für eine der atmosphärisch dichtesten Schilderungen eines Alltags in Deutschland im November 1938.

Im zweiten Teil der Erzählung wird berichtet, wie die Ich-Erzählerin mit dem Nachtzug in ihre Heimatstadt fährt. Der Tag dort wird durch einen Satz eingeleitet, der als eine Art Motto über dem zweiten Teil der Erzählung, aber auch über vielen anderen Geschichten Jenny Alonis stehen könnte: „Ankunft, die keine Heimkehr war". Die Erzählerin hört, daß der Vater abgeführt und in ein Lager gebracht wurde, wie alle Männer des Ortes „von dreizehn Jahren aufwärts, streng nach jüdischem Gesetz". Man beruhigt sich damit, daß das Lager ein „Arbeitslager" sei; obwohl die Ich-Erzählerin weiß, daß dies eine Lüge ist, stimmt sie ein: „‚Ja', log ich, ‚ein Arbeitslager', und wußte doch genau, was Buchenwald bedeutete. Wie glatt es von den Lippen rutschte. Wie unbewegt ich blieb." Wieder zeigt sich der Gestus des Beobachtens, nun auch im Moment der starken persönlichen Betroffenheit.

Wie sieht die Ankunft, die keine Heimkehr war, im Elternhaus aus? Sie wird durch zweierlei gekennzeichnet, durch zerbrochene Scheiben überall und die Begrüßung durch den Schäferhund. Die Erzählerin greift beides auf, es wird in der Erinnerung zum Symbol, das ja auch der Erzählung den Titel gegeben hat. „Symbole jener Finsternis, [. . .] die Symbole jener Tage" – so werden sie genannt. Das ganze Haus ist mit Scherben übersät, auch hier haben Menschen gehaust, geplündert.

> Scherben, Scherben, nichts als Scherben. Weint meine Seele? Trauert sie um das zerstörte Heim? Wer spricht von Trauer? Es existiert kein Heim in dieser Welt, nur Finsternis und Fremde.

Auf diese Weise wird das Ereignis in einen größeren Zusammenhang gestellt, als Vorschein des Kommenden gesehen. Dem persönlichen Verlust des Heimes wird der Verlust der Heimat folgen und die prinzipielle Heimatlosigkeit in einer Welt der Gewalt.

Die Erzählung endet mit der Zeile: „Ich drehte mich um. Ich ging zurück. Ich spürte, daß es schneite." Wie öfter in dieser Erzählung und häufig im Werk von Jenny Aloni begleitet die Natur als Symbol den Menschen. Der Schnee und die Kälte stehen am Ende – welches Wetter an diesem Novembertag 1938 wirklich herrschte, ist unerheblich. Man weiß, ohne daß dies ausgesprochen werden müßte: die Erzählerin wird ihre Heimat, die keine Heimat mehr ist, verlassen.

Der politische und der persönliche Bezugsrahmen ist bei dieser Erzählung detaillierter als in den meisten anderen Texten zu rekonstruieren, weil das November-Pogrom mittlerweile historisch gut erforscht ist.

Wie in vielen deutschen Städten wurde auch in Paderborn der 9. November als „Tag der Weihe" gefeiert und mit einer großen Kundgebung auf dem Schützenplatz abgeschlossen. Die Nazi-Spitzen konnten also rechtzeitig über die von Goebbels ausgegebenen Parolen informiert werden. Im Anschluß an die Kundgebung und im Laufe der Nacht kam es zu einer Reihe antijüdischer Gewaltakte, zu Angriffen gegen Personen, zum Einwerfen von Fensterscheiben, auch zu Plünderungen, obwohl diese nach der Anweisung von Heydrich offiziell strengstens verboten waren.

Wie überall richtete sich der Hauptschlag in der Pogromnacht gegen die Synagoge. Die Berichte darüber lesen sich wie eine Groteske auf Bürokratentum und Spontaneität. Der Kreisbrandmeister verhinderte zunächst das Anzünden der Synagoge mit dem Hinweis, das naheliegende St. Vincenz-Krankenhaus könne gefährdet werden. Im Laufe des Vormittags des 10. November traf die Feuerwehr alle Maßnahmen, die umliegenden Häuser zu schützen, sie legte Wasserschlauchleitungen aus – erst danach, in der Mittagszeit, wurde die Synagoge ‚spontan' in Brand gesteckt. Vor diesem Hintergrund erweist sich der zweite Satz der Erzählung als Verallgemeinerung lokalgeschichtlicher Fakten.

Auf Anordnung Heydrichs wurden in Deutschland alle jüdischen Männer verhaftet, 42 der in Paderborn in „Schutzhaft" Genommenen wurden am 11. November nach Bielefeld gebracht und zusammen mit anderen aus dem Gestapo-Bezirk Bielefeld nach Buchenwald überführt. Die Deportierten konnten zwar nach einiger Zeit (die meisten nach mehreren Wochen) aus dem KZ wieder zurückkehren, erhielten aber den Befehl, so rasch wie möglich auszuwandern.

Im offiziellen Bericht der Paderborner Kriminalpolizei vom 17.11.1938 – „Betrifft: Aktion gegen Juden am 10. November 1938" – werden 13 zerstörte jüdische Geschäfte und Wohnhäuser genannt. Der Bericht zählt die „Schäden" im einzelnen auf, darunter:

> Produktenhandlung Moritz und Sally Rosenbaum [. . .], Bachstr. 2. Die gesamten Fensterscheiben des Hauses, etwa 300, wurden zertrümmert. Die 6-räumige Wohnungseinrichtung des Moritz Rosenbaum sowie das Büro wurden erheblich beschädigt. Gesamtschaden etwa 2 500 RM.

> Angaben über etwaige Versicherungen konnten die Familienangehörigen nicht machen. Der noch vorhandene Bestand der Rohproduktenhandlung und ein Teil der beschädigten Möbeln sind [. . .] von amtswegen gepfändet.

Jenny Rosenbaum reiste, wie die Ich-Erzählerin von *Kristall und Schäferhund*, nach der Pogromnacht nach Paderborn, fand ihr Elternhaus zerstört, die Mutter verzweifelt, Vater und Onkel waren abtransportiert. Am 17.11.1938 notierte sie:

> Morgen bin ich schon 8 Tage zu Hause und noch nicht zur Besinnung gekommen. Der Begriff der Zeit verfließt in unbestimmte Nebel. Ich kann weder rückwärts noch vorwärts schauen. Nur der gegenwärtige Augenblick mit seinen unerbittlichen Forderungen scheint wahr zu sein. Es scheint, daß ein Übermaß an Leid den Menschen mit einer Ölschicht bestreicht, daran ein zuviel an Schmerz abprallt. Mutter hat diese Schutzschicht kaum. Sie ist zerbrochen. Die vorangegangenen Monate haben sie zu sehr zermürbt.
> Wenn nur Vater und die anderen erst wieder da wären.

Kurz darauf verließ Jenny Rosenbaum ihre Heimatstadt, ahnte nicht, daß sie Eltern und Schwester nicht wiedersehen und daß sie erst 16 Jahre später zurückkehren würde. Auf der Rückfahrt nach Berlin notierte sie: „Ich versuche das Geschehen zu verstehen, aber ich empfinde es vorerst nur, ich kann es nicht greifen.“ (24.11.1938)

Bereits am 12. November 1938 war eine „Verordnung zur Ausschaltung der Juden aus dem deutschen Wirtschaftsleben“ in Kraft getreten. In der Folge wurden in den nächsten Wochen auch in Paderborn immer mehr jüdische Geschäfte und Gewerbebetriebe „arisiert“, d. h. für einen Bruchteil ihres Wertes an „Deutsche“ verkauft, oft an Parteimitglieder – nach den damaligen Gesetzen durchaus legal.

Moritz und Sally Rosenbaum mußten das Haus Bachstraße 2 an die Stadt Paderborn verkaufen. Nach der Aussage von Sally Rosenbaum wurde der niedrige Kaufpreis von 30.000 RM mit der Drohung erpreßt, daß er und sein Bruder Moritz im Weigerungsfall „wieder dahin kämen, wo wir gewesen wären. Damit war das KZ Buchenwald gemeint“.

IV. 1939: Abitur, Lager Schniebinchen (*Der Beginn*, *Glückliche Insel*). – Aufbruch nach Erez Israel. – Die frühen schriftstellerischen Versuche.

Jenny Rosenbaum wußte nach der Pogromnacht, daß jeder weitere Monat in Deutschland ihre Situation gefährlicher machte. Sie wollte jedoch ihre hilflosen Eltern und ihre Schwester, für die eine Auswanderung nicht in Frage kam, nicht verlassen. So kehrte sie zunächst nach Berlin zurück und legte ihr Abitur ab.

Das Abiturzeugnis vom 21.2.1939 zeigt für „Jenny Sara Rosenbaum" – die Führung dieses zweiten Vornamens war seit dem 1.1.1939 für Jüdinnen gesetzlich vorgeschrieben (für Juden der zweite Vorname Israel) – in Hebräisch und Religion die Note „sehr gut", in Deutsch nur „gut"; einer Jüdin eine bessere Beherrschung des Deutschen zuzugestehen, wäre unklug gewesen. Das Zeugnis weist zwei Stempel auf: den jüdischen Schulstempel und das „amtliche" Hakenkreuz.

Nach dem Abitur verläßt Jenny Rosenbaum Berlin. Der Abschied fällt ihr, nach über 2 Jahren, „überaus leicht": „Ich habe dort Wichtiges für mein Leben hinzugelernt. Die Stadt selbst aber ist mir stets fremd geblieben." (27.4.1939) Seit April arbeitet sie in Schniebinchen bei Sommerfeld in der Niederlausitz, in einem Lager, das nach Art der Kibbuzim organisiert ist. Sie gibt als Jugendleiterin und Lehrerin weiter, was sie gelernt hat. Ihr Abschlußzeugnis ermöglicht einen kleinen Einblick in die Weise, wie Jugendliche auf das Leben in Palästina vorbereitet wurden und wie Jenny Rosenbaum sich in dieser Arbeit bewährte. Es heißt u.a.:

> Sie unterrichtete mit pädagogischem Geschick Hebräisch, Palästinakunde, Jüdische Geschichte und Zionistische Geschichte [. . .] Sie [. . .] war geschickt in der Behandlung schwererziehbarer Jugendlicher. Sie gab uns viele Anregungen in der Gestaltung von Gemeinschaftsfeiern und für unser Kibbuzleben im allgemeinen. Ihre Hingabe, Phantasie und ihre Bereitschaft, immer wieder neue Aufgaben zu übernehmen, machten sie zu einer wertvollen Mitarbeiterin [. . .]. Wir hoffen, daß sie in Erez Israel bald eine Arbeitsstätte finden wird, die ihren mannigfaltigen Fähigkeiten entspricht. [siehe Bildteil, Abb. 6]

Kurz nach ihrer Ankunft in Palästina schrieb Jenny Rosenbaum für die Leitung der Jugend-Alijah in Jerusalem einen umfangreichen, detaillierten und nicht unkritischen Bericht über den Kibbuz Schniebinchen, die Ausbildungsmethoden und -inhalte, die Probleme mit den Jugendlichen – ein interessantes Dokument über einen wenig bekannten Aspekt der Alijah, das zugleich 1940 Jenny Rosenbaums erste Veröffentlichung in hebräischer und in deutscher Sprache geworden ist.

Später hat Jenny Aloni die Einblicke in das Lagerleben, die Probleme der Selbstorganisation und die nach Kriegsanbruch immer bedrohlicher werdende Situation als Hintergrund zweier kurzer Erzählungen gewählt: „Glückliche Insel" – so nennen die Bewohner das heruntergekommene Gut „Schn.“, auf dem über hundert Jugendliche – „die Kinder deportierter, ausgewanderter, geflüchteter [. . .] Juden“ – leben; es ist in der Tat eine Insel in einem „Meer aus Haß, Gleichgültigkeit und Unvermögen.“

Der Beginn geht näher auf das Leben in einem derartigen Lager ein: nicht nur auf die Feldarbeit und die Schulung, sondern auch und vor allem auf die Träume vom neuen Leben in Erez Israel, dem Traum, „frei und selbstverständlich zu leben ohne ängstliche Seitenblicke, ohne jedes Wort wägen zu müssen“. Nach Ausbruch des Krieges wird deutlich, daß jeder Transport der letzte sein kann: die Auswahl der Jugendlichen wird zur Lebenschance und zum Todesurteil. Der zum Begleiter ausgeloste Ruben tritt seinen Platz an seinen Freund Benjamin ab. Die Skizze *Glückliche Insel* ergänzt lakonisch, was mit den Zurückgebliebenen geschah: sie berichtet exemplarisch vom Schicksal Elchanans, der mit seiner Mutter, Köchin auf dem Gute, nach Osten abtransportiert wird und mit ihr in die Todeskammer geht.

Im *Beginn* erklärt der Lagerleiter den Begleitern: „Die Ausreise von hier geschieht mit der Genehmigung der Behörden. Der Transport selbst ist illegal. Er erfolgt ohne Einwanderungserlaubnis der Palästinaregierung.“ Jenny Rosenbaum, kurz nach Kriegsausbruch 22 Jahre alt geworden, kennt diese Situation, als sie zur Leiterin eines Transports ernannt wird. Er ist einer der letzten, der – über 10 Wochen nach Kriegsbeginn – Deutschland noch „mit der Genehmigung der Behörden“ verlassen kann. Am 19. November ist sie ein letztes Mal in Schniebinchen, wo die Gruppe Jugendlicher auf sie wartet. Die Reise geht quer durch Mitteleuropa mit der Bahn nach Triest. Dort treffen weitere Transporte der Jugend-Alijah aus Berlin, Wien, Prag ein. Sie alle sollen mit der „Galilea“ nach Palästina fahren. Eine kurze Aufzeichnung, eine letzte Notiz aus Triest, damit aus Europa, vom 28.11.1939, „1/2 4 Uhr nachts“: „Daran zu denken, daß man auf der Brücke zwischen zwei Ländern steht, dazu bleibt kein Raum.“

Zu den wenigen Dingen, die Jenny Rosenbaum auf die lange Reise mitnimmt, gehören vier Bände ihrer Tagebücher und ein Bündel mit literarischen Arbeiten: Es enthält neben zwei Dramen (*Barak und Deborah*, *Charlotte Corday*) und einigen Entwürfen zu Erzählungen vor allem zahlreiche Gedichte. Die meisten sind in den Tagebüchern eingetragen, datiert und vermerken den Ort ihrer Entstehung; sie erlauben daher eine Zuordnung zu Lebensstationen. Einige Gedichte stammen noch aus der Paderborner Schulzeit, einige aus Gut Winkel, die meistens entstanden in Berlin und, seit dem Sommer 1939, in Schniebinchen.

Diese Jugendgedichte Jenny Rosenbaums sind literarisch gesehen fast durchweg unbedeutend. Sie spiegeln die umfangreiche Gedicht-Lektüre der Schülerin von der Romantik über Heine und die Droste bis Rilke, George und (gelegentlich noch) bis zum Expressionismus. Die meisten Gedichte folgen tradierten lyrischen Formen, bewahren den Reim, gebrauchen bekannte, oft allzu bekannte Bilder und Wendungen. Immer wieder begegnen Bilder der Natur, der Jahreszeiten, in die ein fühlendes, empfindsames, nicht selten träumendes Ich gestellt ist. Offensichtlich geben diese tradierten Formen und die gehobene Sprache der jungen Jenny Rosenbaum einen gewissen Halt, sind Stütze gegen die ihr zunehmend feindlich begegnende Zeit-Wirklichkeit, von der sie sich ja keineswegs zurückzieht. Deren Spuren bleiben lange Zeit außerhalb des Gedichts, das einen eigenen Bereich des ‚Poetischen' jenseits dieser Welt bildet. Das Zeitgeschehen wird allenfalls in der überlieferten Metaphorik von Herbst als Verfall und Bedrohung erkennbar. In dem bereits erwähnten Gedicht *Park im Herbst* ist vom Sterben, Faulen, Ersticken des Sommers die Rede, schließlich vom Tod des „Meisters".

Trotz einiger Unbeholfenheiten vermittelt das Gedicht eine Stimmung der Bedrohlichkeit und Unsicherheit. Sie bliebe allgemein, wäre das Gedicht nicht datiert: „Berlin, 9.11.38". Das Datum verweist auf den Tag des Novemberpogroms, das hinter diesen verschlüsselten Anspielungen erkennbar wird.

Man könnte pointiert sagen: das November-Pogrom änderte auch das lyrische Schreiben von Jenny Rosenbaum; das Zeitgeschehen ließ sich nicht mehr ausgrenzen, das Poetische blieb nicht länger ein autonomer Bezirk außerhalb der Tagesrealität. Das zeigt das Gedicht *Nach dem Sturm*. Auch hier stellt die Datierung den zeitgeschichtlichen Kontext her: „Paderborn 13.11.38". Der Sturm ist das Pogrom, in dem auch das Elternhaus und die Synagoge zerstört wurden. Das Gedicht ist mithin gleichsam der Epilog zu dem in *Kristall und Schäferhund* erzählten Geschehen. Auch dieses Gedicht zeigt eine Idylle: Herbstlicht, Liebespaare, spielende Kinder: „Und wieder ist es wie zu allen Stunden" – die Anfangszeile wird zu Beginn der dritten und letzten Strophe aufgegriffen und leicht variiert: „So ist es denn grad wie an andern Tagen"; doch dann wird auf einen winzigen Unterschied hingewiesen, im Spiel der kleinen Jungen mit „blanken Knickern": „nur daß die Kugeln heute silbern sind". Was noch immer idyllisch, vielleicht gar poetisch klingt, wird dann aber in den beiden Schlußzeilen in einen ganz anderen Bedeutungskontext gerückt:

und gestern noch in einem Bethaus lagen
auf heilgen Rollen in geweihtem Spind.

Was das Gedicht *Park im Herbst* noch in abstrakter Begrifflichkeit benennt – „Wahn", „Lüge" –, wird hier in ein Bild gefaßt, das ohne Kommentar und Deutung die Idylle zerreißt. Die Welt ist eben nicht mehr „grad wie an andern Tagen", nachdem das „Bethaus", die Synagoge, geplündert und eingeäschert wurde.

In diesem Gedicht gelingt es Jenny Rosenbaum, traditionelle Formen, Bilder, schöne, ‚reine' Reime beizubehalten, aber gerade aus dem Gegensatz zu dem Inhalt Wirkung zu erzielen – so ‚lügt' die Form, die Sprache nicht mehr.

V. Ankunft und Kriegsjahre in Palästina. – Der Abtransport der letzten Juden aus Paderborn (*Zwei Inschriften*).

Die „Galilea" erreicht Palästina Anfang Dezember 1939. Jenny Rosenbaum fühlt sich selbstverständlich befreit, aber sie kommt als kritische Beobachterin; denn sie fühlt sich nun auch – im Gegensatz zu ihrem Leben in Deutschland – verantwortlich:

> Wenn das Wort „jüdisches Volk" keine Phrase ist, dann muß es irgendwie eine gemeinsame Verantwortlichkeit geben. [. . .] Zionismus in Erez Jisrael ist und muß verschieden sein von dem Zionismus in der Gola. Dort ist er Sehnsucht und (wenn auch aktives und gestaltetes) Warten. Hier aber bedeutet es Gestaltung des Lebens und läßt dabei das „wie" offen. (23.12.1939)

Für Jenny Rosenbaum ist dieses „Wie" der Sozialismus („aber mit dem verwässerten Sinn dieses Wortes will ich nichts gemeinsam haben"); er bedeutet ihr vor allem Kampf für soziale Gerechtigkeit; konkret und im Alltag heißt das für sie in den nächsten Jahrzehnten: Sozialarbeit, Einsatz für die Schwachen der Gesellschaft.

Kurz nach ihrer Ankunft in der neuen Heimat entwirft Jenny Rosenbaum einen Lebensplan. Sie ist überzeugt davon, daß dazu auch die schriftstellerische Arbeit gehören wird. Sie notiert am 17.12.1939: „Ich hatte Angst, Erez Jisrael würde mich stumm machen. Jetzt weiß ich, es wird nicht so sein." Und wenige Tage darauf bekräftigt sie: „Eine Gewißheit habe ich. Erez Jisrael macht mich nicht stumm" (23.12.1939). Mit dieser Hoffnung und Überzeugung schließt Jenny Rosenbaum ihren vierten Tagebuchband in Jerusalem ab, den sie am 14.10.1938 in Berlin begonnen hatte.

Drei Tage später schreibt sie ihr erstes Gedicht in Erez Israel:

Nach der Ankunft, datiert Jeruschalajim 26.12.39. Darin heißt es am Schluß:

> Und wenn der Sonne erste Lichterflammen,
> den Tag beginnend, auf die Erde fallen,
>
> dann spür ich erst, wie fremd ich ihnen bin,
> und westwärts schickt, obgleich er es nicht sollte,
> ein Mensch den ruhelosen wunden Sinn.
> Und nah ist fern und fern, was nah sein sollte.

Solche Spannung zwischen Nähe und Ferne, solche Dialektik von Heimat und Fremde zeigt, daß mit dem Erreichen des Zieles Jerusalem und Erez Israel die Herkunft Paderborn und Deutschland nicht abgetan ist. Am 4.2.1940 notiert sie in ihr Tagebuch: „Warum hänge ich nur so an dem Land, in dem ich so viel Leid erfahren? Warum kann ich die Liebe zu ihm nicht einfach aus mir ausreißen, wie man ein Unkraut aus dem Beet zieht?" Die Spannung zwischen diesen Polen wird ein Grundthema in Jenny Alonis Werk werden.

Vorerst bleibt ihr Schreiben weiterhin in erster Linie lyrisch geprägt, obwohl die junge Schriftstellerin hier neben Zuspruch auch Kritik erfährt. Als Urteil Martin Bubers, dem sie bereits Anfang 1940 ihre Gedichte vorlegte, notiert sie in ihr Tagebuch: „Es sei ein echter Ausdruck in ihnen zu spüren, aber die Form sei nicht selbständig. [...] Sein Rat war, viel Prosa zu schreiben." (4.2.1940) Zunächst kam die Autorin diesem Rat nicht nach; in den ersten Jahren in der neuen Heimat schrieb sie weiterhin vorwiegend Gedichte. Vor allem die ungewohnte, exotisch wirkende Landschaft, die Wüste mit ihrer fremdartigen Vegetation fasziniert sie, daneben geben ihr Alltagsbilder und -beobachtungen aus Jerusalem und den teilweise orientalisch geprägten Dörfern der Umgebung Anregungen zu neuen Gedichten.

Jenny Rosenbaum beginnt ein Studium an der Hebräischen Universität Jerusalem, das ihr mit einem Stipendium noch von Deutschland aus vermittelt worden war. Sie schlägt sich mit Gelegenheitsarbeiten, als Dienstmädchen und Tellerwäscherin, durch, engagiert sich in der Sozialarbeit. Mit Aufmerksamkeit verfolgt sie, wie sich die aus Europa gekommene Jugendgruppe entwickelt (das zeigt ein Bericht vom Dezember 1940). In einem umfangreichen Text hält sie *Erste Eindrücke* des Neu-Einwanderers in einem Land fest, „mit dem er sich zwar schon seit langem verbunden gefühlt hat, dem er aber, wie er erst jetzt gewahr wird, doch vorher fremd war." Der Bericht ist gedacht als Hilfe und Information für die „Chaverim, die, irgendwo in Europa noch darauf warten, hierher kommen zu können."

Als die Heere Hitlers 1941 über Nordafrika Palästina immer näher rücken, entschließt sich Jenny Rosenbaum, das Studium abzubrechen und gegen die Feinde ihres Volkes zu kämpfen. Anfang 1942 tritt sie in eine jüdisch-palästinensische Hilfstruppe der britischen Armee (A.T.S.) ein, sie ist vor allem im Krankenhausdienst tätig. Ihr Soldbuch weist aus, daß sie bis zum 25.3.1946 der Armee angehörte, insgesamt 3 Jahre und 293 Tage. Das „Palestine Record Office" bescheinigt ihr „a remarkable talent for absorbing knowledge [. . .]. She is trustworthy, capable and intelligent."

Jenny Aloni hat in ihren späteren Werken ihre Erlebnisse und Beobachtungen in den Kriegsjahren in Palästina unter zahlreichen Perspektiven verarbeitet: zum Beispiel wird in dem in den fünfziger Jahren geschriebenen Roman *Zypressen zerbrechen nicht* von der Ankunft einer jungen Frau mit dem Schiff aus Europa erzählt, ihren Schwierigkeiten mit der neuen jüdischen Identität, den Problemen in der neuen Heimat, den zum Teil erniedrigenden Tätigkeiten, um leben und überleben zu können, dem Erleben einer neuen Natur, und immer wieder: der Last der Erinnerung, der geistigen Auseinandersetzung um den Sinn ihres Lebens. So entwirft der Roman ein eindrucksvolles Bild von den Hoffnungen und Idealen der Neu-Einwanderer, aber ebenso von ihren zahlreichen Schwierigkeiten, Problemen, Rückschlägen – eine Offenheit, die in der israelischen Literatur der Zeit selten war. Ein Teil der israelischen Presse hielt dem Roman *Zypressen zerbrechen nicht* daher mangelnden Patriotismus vor. Max Brod, der ‚große alte Mann' der deutschjüdischen Literatur, wies solche Vorwürfe zurück und betonte, daß ein Patriotismus viel mehr wert sei, der sich den Problemen stellt, gegen sie „nur stockend, widerwillig zum Vorschein kommt", sich aber schließlich doch durchsetzt. Er nannte den Roman „ein prachtvoll einfach und in jeder Silbe wahrhaftig erzähltes Buch, das auch dokumentarischen Wert hat, neben den außerordentlichen literarischen Qualitäten eines unverbildeten schlichten naturgegebenen Stils." Für den ‚wahren' Patriotismus der Ich-Erzählerin spricht, daß sie sich schließlich trotz ihrer Zweifel zur Armee meldet (wie Jenny Rosenbaum selbst). Einblicke in das Leben in der Armee, im Krieg zeigen mehrere Erzählungen, etwa *Jenseits der Wüste* (ein Werk, das Heinrich Böll besonders schätzte, der, vom gleichen Jahrgang 1917, bekanntlich den Krieg aus einer ganz anderen, einer ‚deutschen' Perspektive erlebte und beschrieb). Dieser sehr wichtige Teil des Lebens und Schreibens von Jenny Aloni kann hier nur gestreift werden.

Von den Greueln der Nationalsozialisten gegen die Juden hörte Jenny Rosenbaum während der Kriegsjahre wie die meisten Menschen zwar einiges, aber das Ausmaß ahnte sie nicht. Erst nach dem Krieg kamen die Berichte über Einzelheiten der Judendeportationen und über die Massenmorde durch die zahlreichen Flüchtlinge aus Europa auch nach Palästina.

Ich habe bisher an verschiedenen Erzählungen gezeigt, in welchem Umfang die eigenen Erlebnisse von Jenny Rosenbaum in Paderborn und Berlin in den dreißiger Jahren Hintergrund und Gegenstand von Erzählungen waren. An einer weiteren Erzählung will ich nun verdeutlichen, daß die Darstellung ebenso eindringlich sein kann, wenn sie nicht Selbsterlebtes, sondern Berichtetes zur Grundlage nahm, das sie aus ihrer Erfahrung und ihrer Phantasie ergänzte. Nach dem Krieg erfuhr sie vom Schicksal ihrer älteren Schwester Irma: Sie habe während des Krieges

> im jüdischen Waisenhaus in Paderborn als Kindergärtnerin gearbeitet. [...] 1942 wurde sie [...] als erste aus unserer Familie mit anderen Juden aus Paderborn nach Polen in ein Konzentrationslager verschickt. Man sagt, sie sei in Auschwitz in den Gaskammern umgekommen. (Brief vom 31.12.1946/ 3.1.1947)

Das 1856 von Fanny Nathan gegründete Waisenhaus für jüdische Waisenkinder aus der preußischen Rheinprovinz und Westfalen wurde nach der Zerstörung der Synagoge zum Mittelpunkt des religiösen und sozialen Lebens der jüdischen Gemeinde in Paderborn. Nach der Verordnung vom 15. November 1938, die jüdischen Kindern den Besuch öffentlicher Schulen verbot, war es die einzige Juden offenstehende Schule in der Region. Als der Kreis Paderborn das Gebäude im Mai 1942 kaufte, wurden alle Kinder abtransportiert.

Seit Ende 1941 war das Waisenhaus auch die zentrale Paderborner Sammelstelle für die Deportationen. Die Liste des dritten Transports vom Juli 1942 verzeichnet auch den Namen Irma Rosenbaum.

Ein Jahrzehnt später wurden diese beiden Geschehnisse – der Abtransport der Kinder und der eigenen Schwester – für Jenny Aloni Ausgangspunkt einer ihrer eindrucksvollsten Kurzgeschichten: *Zwei Inschriften*. Ihr Thema: der Abtransport jüdischer Kinder und ihrer Erzieherin aus einem „Waisenhaus", dem die Bewohnerinnen des gegenüberliegenden Klosters versteckt und ohne Reaktion zusehen.

Hier geht es jedoch nicht nur um ein einmaliges schreckliches Geschehen, sondern um mehr: wie kann die Erinnerung an das Schreckliche bewahrt werden? Was eine Geschichte wie diese heraushebt aus den vielen Dokumentarberichten, ist ihre literarische Durchformung. Das Strukturprinzip der Dualität – bereits in der

Überschrift genannt: „Zwei Inschriften" – zeigt sich im Aufbau und bis in den Bau einzelner Sätze, wo ohne Kopula – ohne „und" oder „gegen" – und ohne Verben die zwei Welten aufeinanderprallen: „Christliches Kloster, jüdisches Waisenhaus." Der zentrale Gedanke wird ebenfalls in der Überschrift genannt: die Inschriften beider Gebäude in deutscher und hebräischer Sprache: „Liebe deinen Nächsten wie dich selbst". (Er stand übrigens weder über dem Paderborner Waisenhaus noch an der danebenstehenden Provinzial-Blindenanstalt der „Schwestern der christlichen Liebe", wurde also wegen seiner Symbolkraft für beide Konfessionen gewählt.)

Mit der Inschrift stellt Jenny Aloni unausgesprochen einen Verweisungszusammenhang her zu der berühmtesten Erzählung mit ‚jüdischer' Thematik einer früheren Schriftstellerin aus Westfalen, die genau 125 Jahre vor *Zwei Inschriften*, 1842, erschienen war: *Die Judenbuche* von Annette von Droste-Hülshoff. Ihre Schlüsselstelle bildet ebenfalls eine Inschrift, ein hebräischer Spruch, der im letzten Satz der Erzählung übersetzt wird: „Wenn du dich diesem Orte nahest, so wird es dir ergehen, wie du mir getan hast." Die Erzählung der christlichen Dichterin Annette von Droste-Hülshoff endet mit der alttestamentarischen Formel des „Auge um Auge". Die poetische Gerechtigkeit bewirkt, was das menschliche Recht nicht vermochte. Die jüdische Dichterin Jenny Aloni läßt ihre Erzählung mit dem Wort der Nächstenliebe enden, das Juden und Christen gemeinsam ist. Aber die Geschichte selbst erweist die tragische Ironie, ja die Perversion des Gebotes.

Der Untertitel der *Judenbuche* lautet „Ein Sittengemälde aus dem gebirgigten Westfalen"; die Novelle spielt in einem Dorf in der Nähe Paderborns. Jenny lernte sie, wie die meisten Schüler, als Schullektüre kennen: „Der Titel ihrer Erzählung ‚Die Judenbuche' zog mich an. [. . .] Ihre herbe, fast harte Sprache nahm mich gefangen." Man könnte ergänzen: *Diese* Art der Sprache wurde für Jenny Aloni (vor allem in ihrem Spätwerk) zu einem Vorbild ihres Schreibens.

Die Liste des letzten Paderborner Transports, vom 31.7.1942, verzeichnet die Namen Henriette, Moritz, Jette, Kurt und Sally Rosenbaum. Sally Rosenbaum war der einzige aus dem Familienkreis, der die Shoa überlebte. Jenny Aloni erfuhr von ihm über Deportation und Tod ihrer Angehörigen. In der Kurzgeschichte *Zwei Inschriften* lesen wir die Sätze: „Einer überlebt und mit ihm der Bericht. Sonst ließe sich behaupten, es sei nur ein böser Traum."

Jenny Aloni hat den Tod ihrer Familienangehörigen in ihren literarischen Werken nie direkt berührt. Nur der Gedichtband *In den schmalen Stunden der Nacht* (1980) enthält die Widmung: „Dem

Andenken meiner Eltern und Schwester, umgekommen in Theresienstadt und Auschwitz".

VI. Die erste Rückkehr nach Deutschland 1947. – Spiegelung in *Fahrt in die Erinnerung* und weiteren Skizzen.

Je mehr über die Massenvernichtung der Juden bekannt wurde, desto mehr steigert sich – bei Jenny Rosenbaum wie bei sehr vielen anderen überlebenden Juden – das Schuldgefühl gegenüber den Toten, „davongekommen zu sein", zu einem Trauma. Immer wieder hat sie es in den folgenden Jahren und Jahrzehnten angedeutet, ausgesprochen, beschworen.

Die Heldin Hagar im *Zypressen*-Roman fragt sich: „Hatte ich überhaupt ein Recht, von dort [Deutschland] fortzugehen? Zu fliehen und mich zu retten, wo so viele zurückbleiben mußten?" In einer Notiz von 1967 heißt es:

> Ich habe oft darüber nachgedacht, wie kann ich es der Tochter sagen, wie ihr erklären, daß ich lebe? [...] wie plausibel machen, daß ich überlebte, wo andre starben, erschossen, totgeprügelt, vergast, verhungert, sie lernt es in der Schule, Millionen andere, nur ich nicht. [...] warum? Warum gerade ich?

Diese Fragen werden nicht selten gesteigert bis zur Selbstanklage:

> Ich blieb verschont. Unverdiente Gnade, die schuldig macht. Auch wenn es nicht absichtlich geschah, meine Nummer übersehen wurde oder nicht genügend Zeit blieb. Das unterstreicht nur die Zufälligkeit meiner Existenz.

Die Fragen, die Selbstanklagen, der Wunsch, anderen, denen es viel schlechter ergangen ist, zu helfen, führen dazu, daß Jenny Rosenbaum sich zur Mitarbeit bei einer jüdischen Organisation meldet, deren Aufgabe es sein soll, Überlebenden der Konzentrations- und der Todeslager bei der Eingewöhnung in ein neues Leben zu helfen. Diese Aufgabe bringt Jenny Rosenbaum zwei Jahre nach Kriegsende, 1947, zum erstenmal wieder nach Europa. Über Marseille fährt die Gruppe nach Paris, wo sie wochenlang auf die Einreise nach Deutschland warten muß. Schließlich kommt man nach München; eine Reise führt Jenny Rosenbaum auch nach Dachau. Die meisten Begegnungen und Erlebnisse in Deutschland erschrecken sie. Sie stößt immer wieder auf Rechtfertigungen, Verteidigungen, selten auf Entschuldigungen, noch seltener auf das Eingeständnis von Schuld. Sie muß erkennen, daß das Problem der Schuld die Opfer mehr quält als die meisten der Täter. In einer Reihe von Erzählungen und Skizzen hat Jenny Aloni später Begegnungen und Gespräche dieser Zeit eingearbeitet. In der Erzählung *Fahrt in die Erinnerung* versucht die Ich-Person einem namenlos bleibenden Gegenüber bei einer Zugreise durch Deutschland Erlebnisse zu erzählen und ihre Motive zu erklären. Allerdings erfolgt eine – für die Erzählerin Jenny Aloni charakteristische – zweite Brechung des Geschehens: die Zugreise findet ein knappes Jahrzehnt später statt, bei einem zweiten Deutschland-Besuch der Ich-Person. So werden gleichsam zwei Fahrten und eine zweifache Erinnerung untereinander verflochten.

Die Sprecherin berichtet eindringlich über ihr Schuld-Trauma, die nächtlichen Alpträume, ihre Unfähigkeit zu hassen. Sie berichtet, daß sie sich anfangs kaum in Deutsch auszudrücken vermochte und wieviel von dem alten Nazi-Ungeist ihr noch begegnete. (Zwei Erlebnisse in Dachau schildert sie besonders eindrucksvoll, die ihr symptomatisch erscheinen: Sie waren es offenbar auch für Jenny Aloni, denn sie hat sie später noch einmal gesondert behandelt, als prägnant zugespitzte Skizzen: *Besuch 1947* und *Ich beneidete sie.*) Die Depressionen der Ich-Erzählerin steigern sich zu Selbstmordgedanken, sie kommt in eine Klinik; erst nach einer langen Krise kehrt sie „zurück ins Leben“. Auch Jenny Rosenbaum erlitt während der Wochen in Deutschland einen psychischen Zusammenbruch, sie verbringt einige Zeit in einem Erholungsheim in der Tschechoslowakei.

„Zurück ins Leben“ – für Jenny Rosenbaum bedeutete das: zurück nach Palästina, in ihr neues Leben. Anfang 1948 heiratete sie Esra Aloni. Unter dem Namen Erich Eichengrün hatte sie ihn bereits Anfang der dreißiger Jahre in Paderborn flüchtig kennengelernt – die Familie Eichengrün, seit langer Zeit in Menden im Sauerland ansässig und angesehen, hatte familiäre Bindungen nach Paderborn. Erich Eichengrün hatte das Adolf-Hitler-Gymnasium in Dortmund besucht (Jenny Aloni hat die täglichen Quälereien und Demütigungen des jüdischen Schülers, die ihr selbst erspart blieben, später in einer Erzählung anschaulich wiedergegeben), Deutschland jedoch bereits 1934 verlassen und seinen Namen hebräisiert. Erst viele Jahre später trafen sich die beiden in Palästina wieder. 1950 kam ihre Tochter Ruth zur Welt. Die Alonis zogen nach Ramat Gan, später nach Ganei Jehuda, einige Kilometer östlich von Tel Aviv, damals noch ein „Brachland“ am Rande der Wüste, das in den letzten Lebensjahrzehnten von Jenny Aloni immer mehr zum blühenden Garten wurde.

Das Jahr der Heirat 1948 brachte auch das wichtigste historische Ereignis der neuen Heimat. Das englische Mandatsgebiet Palästina wurde zweigeteilt; die Abstimmung in den Vereinten Nationen vom 29. November 1947 führte zur Gründung des selbständigen Staates Israel am 14. Mai 1948. An dem sofort ausbrechenden Krieg der Araber gegen Israel nahm Jenny Aloni wiederum in ihrer früheren Funktion als Krankenpflegerin teil. Die auf den Krieg folgenden Anfangsjahre des neuen Staates hat Jenny Aloni in ihren Romanen und Erzählungen unter vielen Perspektiven dokumentiert.

VII. Die erste Rückkehr nach Paderborn 1955. – Während des Aufenthaltes entstandene Gedichte. – Das Erscheinen des ersten Gedichtbandes 1956. – Erstes Zeugnis über eine Schriftstellerin: „Heimkehr" von Margarete Zander in der FAZ 1957.

Gegen Ende der Erzählung *Fahrt in die Erinnerung* heißt es:

> Heute fahre ich wieder durch die gleiche Gegend, aber ich wurde eine andere. Damals kam ich als eine, welche ihr Ausgestoßensein noch nicht verschmerzt hatte. Heute bin ich eine Fremde, eine Besucherin, die nichts mehr hier bindet als vielleicht die Erinnerung an überwundene Vergangenheit.

Ähnlich dürfte Jenny Aloni gefühlt haben, als sie acht Jahre nach ihrem ersten Deutschland-Besuch 1955 zum erstenmal in ihre alte Heimatstadt Paderborn zurückkehrte. Kurz nach dem Krieg hatte sie sich psychisch noch nicht in der Lage gesehen, den Erinnerungen und den Begegnungen mit denen standzuhalten, die sie vertrieben hatten. Bereits Anfang 1947 hatte sie geschrieben, in Deutschland wolle sie eigentlich niemanden wiedersehen außer ihrer alten Lehrerin. Wiedersehen wolle sie hingegen

> die Paderborner Landschaft [. . .]. Sie hat nie aufgehört, mir Heimat zu sein, ob ich es nun wollte oder nicht. Ja, vielleicht darum habe ich noch tiefer zu leiden gehabt. Das hat nichts zu tun mit der Tatsache, daß ich das Land hier [Israel] und seine Menschen gern habe und niemals mehr von hier fortgehen möchte. (3.1.1947)

Ein traumatisches Erlebnis, das viele Juden beim Besuch der Heimat erleben mußten – die Begegnung mit Fremden, die ihr Haus in der Nazi-Zeit ‚erworben' hatten –, blieb Jenny Aloni erspart: Die Stadt Paderborn hatte die Trümmer des Elternhauses im Zusammenhang mit der „Sanierung" des Paderquellgebietes einreißen lassen. *Das Haus*, so lautet der Titel eines während des Aufenthaltes geschriebenen Gedichts, und eine Klammerbemerkung fügt hinzu: „Wo mein Elternhaus stand, fließen jetzt die Wasser des verbreiterten Baches".

Das frühere Leben kann nur mehr in der Erinnerung und im Traum – „War's nur ein Traum?" – beschworen werden; allenfalls die Natur – das Wasser, der Findling, die Pappeln – können die Vergangenheit bezeugen: „Wenn sie mich leugnen, wird mich keiner kennen." Das Motiv des Fremdseins prägt auch die übrigen Gedichte, die Jenny Aloni während der Wochen dieses Aufenthaltes schreibt. *Begegnung in der alten Heimat* lautet der bezeichnende Titel des ersten: eine einheimische Frau erblickt die Besucherin, sie erstarrt, entsetzt darüber, sie lebend zu sehen, aber die Besucherin klagt nicht an, „stumm, wie fremd, ging sie an ihr vorüber."

Immer wieder versucht Jenny Aloni, ihre Eindrücke festzuhalten, so auch in *Stadt der Kindheit*. Das Gedicht ist alles andere als ein heimatverbundener, nostalgischer Rückblick. Die skeptische Frage des Beginns „Bist du es noch, du Stadt der hundert Türme"? wird am Ende deutlich beantwortet:

> Versunken ist das Bild der langen Jahre.
> Was immer du mir warst, du bist es nicht mehr.

Die harte Fügung dieser Schlußworte, die den harmonischen Rhythmus verweigert, unterstreicht den Bruch mit einer verklärten Vergangenheit. Die abwehrende Reaktion der Einheimischen bietet den Schlüssel zu dieser Sicht: Die Heimat, das ist nicht nur die nach wie vor geliebte Natur, das sind auch und in erster Linie die Menschen, die „Mord und Brennen" bejahten oder die auch nur – wie in *Zwei Inschriften* – wegblickten.

Später hat Jenny Aloni versucht, diese Wiederbegegnung mit der alten Heimat in eine allgemeinere Form zu bringen, sie zu lösen von dem Namen ihrer eigenen Heimatstadt Paderborn, aber auch von Personen, deren Verhalten sie unmittelbar miterlebte. *Der weiße Kittel*, geschrieben 1957, kann als Beispiel solcher literarischen Verallgemeinerung stehen.

Es wird berichtet, wie die Ich-Erzählerin nach dem Krieg in Deutschland in ihrer „früheren Heimatstadt" bei Freunden übernachtet; im Nachthemd, das man ihr anbietet, erkennt sie die Initialen J. H. Sie erinnert sich, daß ihre Mutter, Johanna Heimberg, ihr von dem jüdischen Brauch erzählte, nach der Hochzeit Kittel (übrigens eines der vielen in die deutsche Sprache eingegangenen jiddischen Wörter) aus Leinen anzufertigen, die man als Sterbekleider tragen wolle. Sie wurden bei der Plünderung des Elternhauses „in einer Nacht" in „böse[n] Zeiten" geraubt. Die Ich-Erzählerin fügt sarkastisch hinzu: „Sie starben ohne Sterbekleider. Für Vergasung und Öfen bedurfte es derer nicht." – Trotz der allgemeinen Wendungen dieser Erzählung: auch hier gibt es eine biographische Spur. Die peniblen Paderborner Polizeiberichte verzeichnen als einzigen Diebstahl in der Pogromnacht den Raub von Wäschestücken aus dem Haus Rosenbaum; Jenny Alonis Großmutter war eine geborene Heimberg. Jenny Aloni sagte mir zu der Erzählung, sie habe sich öfter vorgestellt, auf jemanden zu treffen, der die gestohlenen Sterbekleider als Nachthemden benutze.

Auf der angedeuteten doppelten Ebene entwickelte sich das Verhältnis von Jenny Aloni zu ihrer früheren Heimatstadt weiter. Es war immer die Stadt, an der sie aus der Ferne noch hing, es war die Landschaft, die sie liebte, aber sie konnte nie vergessen, daß es auch die Menschen waren, deren Verhalten sie bis 1939 kennengelernt hatte und über deren Verhalten zwischen 1939 und 1945 sie vielfach gehört hatte. Ihrem Naturell entsprechend hat sie diese Vorstellungen nie in direkte Anklagen gefaßt, aber auch nie ein Hehl daraus gemacht, daß Versöhnung nicht alles zudecken kann, daß sie nicht zu einer Entschuldigung von Tätern führen kann, die sich nicht zu ihren Taten bekennen, geschweige denn sie bedauern.

Jenny Aloni sagte mir über ihr Verhältnis zu ihrer Heimatstadt:

> Meine Beziehungen zu Paderborn sind kompliziert. Gerade die häufigen, teilweise längeren Aufenthalte dort halfen mir, mich innerlich von der „alten Heimat" zu lösen und ermöglichten gleichzeitig Anknüpfung neuer und Wiederaufnahme alter Beziehungen, die in die Zukunft weisen, ohne doch Erinnern an das, was war, zu löschen.

Zum Abschluß der Deutschland-Reise besucht Jenny Aloni ihre alte Lehrerin Margarete Zander, die mittlerweile in Düsseldorf lebt. Sie gehört zu den wenigen Menschen, denen sie wirklich traut und vertraut, auch zu den wenigen, die wissen, daß nicht nur die Schülerin Gedichte geschrieben hat, sondern daß Jenny Aloni auch in den zurückliegenden zwei Jahrzehnten regelmäßig weiterhin schriftstellerisch tätig gewesen ist, nach wie vor selten als Erzählerin, hauptsächlich als Lyrikerin. Insgesamt lagen zu dieser Zeit bereits über 200 Gedichte vor, nur wenige davon wurden (seit Ende der vierziger Jahre vor allem in hebräischer Sprache in israelischen Zeitschriften) gedruckt. Während der Reise von 1955 versucht Jenny Aloni erstmals, Gedichte in Deutschland zu veröffentlichen; zwei Gedichte erscheinen in der *Deutschen Rundschau* und den *Frankfurter Heften*. Margarete Zander ist eine gestrenge Kritikerin der Gedichte; viele ihrer Einwände sind berechtigt, ihrem sehr traditionell geschulten Geschmack entgehen freilich auch wichtige

Spuren des Unkonventionellen und Innovativen. Aber der Lehrerin, die zur Freundin geworden war, kommt das Verdienst zu, fortan unermüdlich für die schriftstellerischen Arbeiten Jenny Alonis zu werben. Sie vermittelt die Publikation eines ersten schmalen Gedichtbandes im kleinen Henn Verlag in Ratingen bei Düsseldorf (*Gedichte*, 1956). Das Bändchen geht in der Flut der Neuerscheinungen fast unbemerkt unter. Nur wenige Kritiker und Leser werden auf die Schriftstellerin aufmerksam.

Margarete Zander versucht daraufhin, auch direkt in die Werbung für Jenny Aloni einzugreifen. Sie schreibt einen umfangreichen Beitrag über ihre Schülerin mit Erinnerungen an die Schulzeit, die Familie, die beiden Wiederbegegnungen nach dem Krieg, fügt mehrere Gedichte in den Artikel ein, verweist auf den Gedichtband. Es gelingt ihr, daß die *Frankfurter Allgemeine Zeitung* den Beitrag annimmt, er erscheint unter dem Titel „Heimkehr“ am 30.12.1957. In den nächsten 30 Jahren erschien kein ähnlich umfangreicher Beitrag über die Autorin. Jenny Aloni hat ihrer Lehrerin diesen Einsatz für ihr Werk nie vergessen.

VIII. Bedingungen des Schreibens in Israel. – Jenny Aloni wird als Schriftstellerin bekannt. – Erster Versuch einer historischen Darstellung des Themas „Paderborn und die Juden“: *Baun wir doch aufs neue das alte Haus.* – Kulturpreis der Stadt Paderborn 1967. – Schwindende Publikationsmöglichkeiten.

Jenny Aloni wurde in Israel zur Schriftstellerin. Zwar hat sie, wie gezeigt, in Deutschland zu schreiben begonnen, aber das Werk, auf dem sich ihr Rang gründet, entstand seit den fünfziger Jahren in der neuen Heimat. Es unterlag damit Entstehungsbedingungen, deren Kenntnis zu seinem Verständnis wichtig ist: das lange Zeit feindliche Verhältnis vieler Menschen in Israel zur deutschen Sprache, die weite Entfernung vom geschlossenen deutschen Sprachraum sowie die spärlichen Kontakte zum literarischen Leben und zu den Institutionen der Literatur.

Eine nennenswerte deutschsprachige Literatur in Palästina gab es erst seit den dreißiger Jahren: eine Reihe bekannter, ja berühmter deutschsprachiger Autoren wanderte auf der Flucht vor Hitler aus Europa ein: Arnold Zweig, Else Lasker-Schüler, Max Brod, Martin Buber, Josef Kastein, Ludwig Strauß sind die bedeutendsten aus einer größeren Zahl. Das zentrale Problem aller dieser Autoren war: die Sprache, in der sie schrieben, der sie ihren Erfolg als Künstler verdankten, in der sie zu Hause waren, die einen wesentlichen Teil ihrer Identität ausmachte – diese Sprache war auf einmal die Sprache der Verfolger und Mörder, aus diesem Grunde in der neuen Heimat verfemt, ja verboten. Dennoch konnten und wollten die meisten auf die deutsche Sprache nicht verzichten: „Aus einem Land kann man auswandern, aus der Muttersprache nicht", sagte Schalom Ben-Chorin noch 1980. Solches Festhalten an der deutschen Sprache wurde nicht nur in der neuen Heimat mit Unwillen aufgenommen, es wurde auch zunehmend problematischer durch die Isolierung vom deutschen Sprachraum. Zum einen war aus der Ferne schwer wahrzunehmen, wie Wörter, die man noch unbefangen verwendete, durch die Nazis ihre ‚Unschuld' zu verlieren begannen; zum anderen wurde häufig (in Grammatik und Syntax) ein Sprachstand beibehalten, der bereits nach kurzer Zeit etwas altertümlich Konservierendes annahm.

Solche Unsicherheit griff nicht selten über auf das Selbstverständnis der Autoren. Für die meisten Schriftsteller, vor allem für die Zionisten, war zwar die Auswanderung kein Exil, sondern die Rückkehr, der Aufstieg (Alijah) in die Heimat Israel (Erez Israel). Aber gerade diese Autoren litten in besonderer Weise an ihrer Situation, da sie ihr Bekenntnis zum Judentum und zu der neuen Heimat weiterhin mit dem Festhalten nicht nur an der deutschen Sprache verbanden, sondern auch mit der Hochschätzung der deutschen Kultur. Zu den Problemen dieser Autoren trug bei, daß alle bald erfahren mußten, wie wenig europäische literarische Prominenz in Palästina galt. Viele dieser Schriftsteller beherrschten Iwrith nicht oder nur mühsam. Das hatte nicht nur die Folge, daß sie in dieser Sprache nicht literarisch tätig werden konnten, sondern auch, daß sie am Alltagsleben nur in begrenztem Maße teilnehmen, die Probleme der Menschen, der Gesellschaft nicht im Detail erfassen und verstehen konnten. Nur selten wurden diese daher Gegenstand ihres Schreibens, das somit weitgehend den alten, aus Europa und dem früheren Dasein mitgebrachten Themen verhaftet blieb.

Die zweite Generation von deutschsprachigen Schriftstellern in Israel – zu denen Jenny Aloni gehört – stand vor noch größeren Schwierigkeiten. Insbesondere war es ihnen, die ja vor ihrer Ankunft in Palästina noch nicht literarisch hervorgetreten waren, als völlig Unbekannten noch viel schwerer möglich, Kontakte zum deutschen Markt zu knüpfen. Da die Verfemung der deutschen Sprache auch nach dem Krieg noch längere Zeit anhielt, blieben sie als Deutschschreibende auch weiterhin vom literarischen Leben weitgehend ausgeschlossen. Nur in einem Punkte waren sie gegenüber den älteren im Vorteil: da Schreiben für alle nur eine Nebentätigkeit sein konnte, sie mithin in Berufen und im israelischen Alltagsleben standen, die Sprache meistens beherrschten, waren sie weniger isoliert. In jedem Fall spielte Literatur im Leben und im Selbstverständnis dieser zweiten Generation eine deutlich andere und eine wesentlich geringere Rolle als bei den älteren Autoren.

Die schlechten Bedingungen änderten sich für die deutschsprachigen Schriftsteller aus Israel in den sechziger Jahren in Deutschland allmählich, wenn auch nicht dauerhaft. Das Interesse an Israel und deutsch-jüdischer Literatur wuchs – ein wichtiger Faktor war sicher das öffentliche Aufsehen, das die großen Prozesse (Eichmann-, Auschwitz-Prozeß) hervorriefen. Es ist bezeichnend für diesen Zusammenhang, daß Jenny Aloni (erst) 1960 in einer deutschen Zeitung eine Erzählung veröffentlichen konnte (*Die Begegnung*, in der *Frankfurter Allgemeinen Zeitung*), in der ein fiktives Gespräch zwischen einem jüdischen Mann und einem nationalsozialistischen Massenmörder in einer Gefängniszelle in Israel geschildert wird. Die Publikation dieser Erzählung bedeutete den Durchbruch der Prosaschreiberin Jenny Aloni. Während sie bis Mitte der 50er Jahre – trotz des Rates von Buber – nur wenige Prosatexte geschrieben hatte, rückten nach der Veröffentlichung des ersten Gedichtbandes die Erzählung und der Roman eindeutig in den Mittelpunkt ihrer schriftstellerischen Arbeit: In rascher Folge entstanden fünf Romane und über 30 Erzählungen. Kurz nach Beginn des Eichmann-Prozesses wurde Jenny Alonis erster Roman, *Zypressen zerbrechen nicht*, zur Veröffentlichung angenommen, von dem gleichen Lektor, der ihn früher mit dem Hinweis abgelehnt hatte, daß „der deutsche Markt mit israelischer Literatur zur Zeit gesättigt“ sei. Das Werk erschien 1961, wurde mehrfach rezensiert und erfuhr bereits im nächsten Jahr eine 2. Auflage. Zwei weitere Romane (*Der blühende Busch*, 1964 und *Der Wartesaal*, 1969) sowie zwei kleine Erzählbände (*Jenseits der Wüste*, 1963 und *Die silbernen Vögel*, 1967) folgten. Außerdem erschienen eine Reihe von Erzählungen in mehreren Tageszeitungen. Mit diesen Werken wurde Jenny Aloni in den sechziger Jahren in Deutschland bekannt, sie galt als eine der wichtigeren und interessanteren jungen Schriftstellerinnen aus Israel. Max Brod besprach und rühmte ihre Arbeiten; Heinrich Böll wurde zu einem Freund, mit dem Jenny Aloni einen intensiven Briefwechsel begann.

Anfang der sechziger Jahre gab die Stadt Paderborn eine Darstellung ihres Verhältnisses zu den Juden in Auftrag. Die schmale Broschüre erschien 1964 unter dem Titel *Baun wir doch aufs neue das alte Haus*. Sie enthielt eine verharmlosend-schlichte Darstellung einer gemeinsamen Geschichte, in der selbst in der Nazizeit mehr auf die „gute Tat“ Einzelner oder gar „mutigen“ Widerstand eingegangen wurde als auf Terror und Mord – ein Ärgernis für historisch und politisch Denkende. (Günter Wallraff hat in einer Reportage – *Die Judenehrung von Paderborn* – die Broschüre, ihre Sprache und Tendenz sowie die Hintergründe ihrer Entstehung scharfzüngig analysiert und kommentiert.)

Einer der wenigen Lichtblicke in der Broschüre war ein kleiner Beitrag von Käthe Sander-Wietfeld, in dem sie auf Jenny Aloni hinwies, deren Bedeutung als Schriftstellerin in ihrer Heimatstadt noch weithin unbekannt war. Zusammen mit Friedrich Kienecker, Literaturwissenschaftler an der Pädagogischen Hochschule, der durch Empfehlungen und Gutachten bei der Vermittlung von Verlagen für Jenny Alonis Werke half, war sie auch maßgeblich daran beteiligt, daß das „offizielle" Paderborn 1967 erstmals von der Dichterin Kenntnis nahm: Die Stadt verlieh Jenny Aloni zu ihrem 50. Geburtstag den Kulturpreis und hellte damit das von Wallraff getrübte Stadt-Bild etwas auf.

Seit Anfang der siebziger Jahre ging das Interesse der deutschen Leser oder der deutschen Verlage an der deutschsprachigen Literatur aus Israel deutlich zurück. Nun ergriffen die Schriftsteller, Kritiker und Publizisten in Israel selbst die Initiative: Seit 1979 gaben sie mehrere Anthologien heraus, in denen auch Jenny Aloni einige Erzählungen und Gedichte sowie ein Romankapitel veröffentlichen konnte. Trotzdem blieben jedoch viele ihrer Werke ungedruckt. Da sie zudem durch eine langwierige Krankheit keine Möglichkeiten hatte, sich in Deutschland selbst aktiv um die Publikation ihrer Arbeiten zu kümmern, entschloß sie sich dazu, ihr besonders wichtige Gedichte und Erzählungen im Selbstverlag herauszubringen. Der Gedichtband *In den schmalen Stunden der Nacht* erschien 1980, der Erzählungsband *Die braunen Pakete* 1983. Die Vorbemerkung dieses Bandes, der vor allem Erzählungen mit „deutscher Thematik" sammelt, liest sich wie ein unausgesprochener Vorwurf an deutsche Verleger:

> 1933-1983, fünfzig Jahre, ein halbes Jahrhundert, sind verflossen seit der Machtübernahme in Deutschland durch die Nationalsozialisten. Das ist der Anlaß zur Herausgabe dieser Erzählungen [. . .].

Im gleichen „Gedenkjahr" der Machtübernahme, an einem anderen „Gedenktag", dem 20. April, notierte Jenny Aloni in ihr Tagebuch die Zeilen:

> Sie sagen gedenken gedenken
> weil sie immer vergessen
> Ich sage vergessen vergessen
> weil ich immer gedenke.

Zu diesem Zeitpunkt war keines der acht Bücher von Jenny Aloni im „Verzeichnis der lieferbaren Bücher" des deutschen Buchhandels zu finden.

IX. Der Auswahlband von 1987. – Neues Verhältnis der Stadt Paderborn zu Jenny Aloni und den jüdischen Mitbürgern. – Wachsendes Interesse der Literaturkritik und der Literaturwissenschaft. – Preise, Gesammelte Werke in Einzelausgaben. – Das Gesamtwerk: Schreiben gegen das Vergessen.

Nach der Verleihung des Kulturpreises geschah zwanzig Jahre lang in Deutschland wenig, um die Beschäftigung mit dem Werk Jenny Alonis zu intensivieren oder auch nur zu ermöglichen. Zum 70. Geburtstag Jenny Alonis 1987 gaben Friedrich Kienecker und ich einen Auswahlband ihrer Werke 1939-1986 heraus. Am Schluß des Vorwortes äußerte ich die Hoffnung, daß der Band zu einer Wiederbeschäftigung der Leser mit Jenny Aloni und zur raschen Publikation weiterer Werke führen würde, und das sehr bald, damit die Dichterin „nicht das Schicksal so vieler exilierter Schriftsteller teilen muß, die erst nach dem Tode das Interesse von Verlegern und Wissenschaftlern fanden." Erfreulicherweise hat sich diese Hoffnung erfüllt.

Auch die Stadt erinnerte sich nun wieder an Jenny Aloni. Der Kulturausschuß unterstützte den Auswahlband, der Bürgermeister richtete zum 70. Geburtstag der Autorin einen Festakt im Rathaus aus. Ebenso wichtig wie die Ehrung der einen, mittlerweile Prominenten war eine andere Ehrung: die der Toten. Ihr dient das Denkmal, das die Stadt nach langen Auseinandersetzungen an der Stelle der zerstörten Synagoge errichtete. Das Mahnmal wurde am 55. Jahrestag des Pogroms, am 9. November 1993, eingeweiht. Es enthält auf mehreren Tafeln die Namen von Paderborner Jüdinnen und Juden, die in der Nazi-Zeit umgebracht wurden.

Seit den späten achtziger Jahren ist auch wieder ein vermehrtes Interesse der Literaturkritik, der Literaturwissenschaft und der Leser an deutsch-israelischer Literatur im allgemeinen und am Werk Jenny Alonis im besonderen festzustellen. Das zeigen eine Reihe von Arbeiten zu dieser Literatur und das zustimmende Echo auf die Auswahlausgabe, schließlich die Edition ihrer *Gesammelten Werke in Einzelausgaben* 1990–97. Hier wurden die bereits früher erschienenen Romane, Erzählungen und Gedichte neu veröffentlicht, darüber hinaus zahlreiche Werke zum erstenmal publiziert: zwei Romane, über 40 Erzählungen, eine Fülle kurzer Prosastücke, über 200 Gedichte, ferner mehrere Berichte und Hörspiele sowie Gespräche mit der Autorin. Rezensionen in einigen großen Feuilletons bestätigten das vermehrte Interesse der Kritik. Diese wachsende Hochschätzung des Werkes von Jenny Aloni führte 1991 zur Verleihung zweier renommierter Literaturpreise – des Internationalen Meersburger Droste-Preises für Schriftstellerinnen und des Großen Westfälischen Literaturpreises (Annette-von-Droste-Hülshoff-Preis). „Späte Ehre" überschrieb ein Kritiker in der *Neuen Zürcher Zeitung* seinen Artikel über Autorin und Werk. Spät – aber nicht zu spät. Jenny Aloni konnte in den letzten Jahren vor ihrem Tod am 30. September 1993 die neue Aufmerksamkeit der Leser und der Literaturkritik – ebenso verwundert wie erfreut – noch erleben.

Das neue Interesse an Jenny Alonis Werk gilt neben den direkt auf Deutschland bezogenen Schriften, die in diesem Band im Mittelpunkt stehen, verstärkt dem anderen quantitativ weit umfangreicheren Teil des Œuvres, der in Israel spielt. Jenny Aloni hat wie nur ganz wenige weitere europäische Schriftsteller von Beginn an den historischen Prozeß vom Mandatsgebiet zur Staatsgründung und das Alltagsleben in der neuen Heimat zu einem wesentlichen Thema ihres Schreibens gemacht: Ein autobiographischer Faden zieht sich auch hier durch die Romane und Erzählungen. So beginnt der erste Roman *Zypressen zerbrechen nicht* mit der Ankunft eines jungen Mädchens in Palästina und ihren ersten Erfahrungen in der neuen Heimat. *Das Brachland* spiegelt Konflikte zwischen Stadt und Land im Israel der fünfziger Jahre. *Der blühende Busch. Wege nach Hause* behandelt das Leben in einem Moschaw in den frühen sechziger Jahren, das unterschiedliche Verhältnis der Einwanderer aus verschiedenen Nationen und der bereits im Land Geborenen zur Tradition. *Der Wartesaal* greift auf die Erfahrungen zurück, die Jenny Aloni bei der Arbeit in einem Krankenhaus für psychisch Kranke machte. Eine Reihe von Erzählungen sind geprägt von den Erfahrungen der Autorin in der Sozialarbeit.

Aber auch in diesen Werken und den zahlreichen Erzählungen aus dem Alltag in Israel ist die Vergangenheit stets präsent. So erfährt die Heldin des ersten Romans, daß auch die Annahme eines jüdischen Namens die Vergangenheit nicht auslöscht: Man kann der Erinnerung und sich selbst so wenig entgehen, „wie man seinem Schatten davonlaufen kann". Das Nicht-Vergessen-Können bleibt ein Leitmotiv in Jenny Alonis Werk. Die Autorin erkennt es als eine Pflicht derer, die zufällig überlebten, niederzuschreiben, was sie gesehen und erfahren haben.

Der Alltag des Lebens, den Jenny Aloni schildert, zeigt vor allem immer wieder Orte, in denen die Notleidenden, die Randexistenzen und die sozial Schwachen leben: Krankenhaus, Sozialstation, Besserungsanstalt, billige Cafés, ärmliche Hütten. Zur Kargheit und Härte des Landes bildet allenfalls die Natur ein Gegenbild. In eindrucksvoller Weise werden die blühende Wüste, das Brachland, das Meer als die prägenden Kräfte dieser Landschaft geschildert. Solche Naturbilder sind allerdings nie Selbstzweck; so wird etwa die Zypresse im Titel des ersten Romans zum Zeichen der Überlebensfähigkeit der Einwanderergenerationen in Israel.

Themen und Sprache Jenny Alonis zeigen, was Schreiben deutschsprachiger Texte in Israel in dieser „zweiten Generation" auch bedeutet: Schreiben in einem Land, in dem deutsch von immer wenigeren gesprochen und geschrieben wird. Die Folgen solcher sprachlichen Isolation liegen auf der Hand: Sprache und Stil wirken nicht selten wie aus einer ferneren Epoche konserviert, zugleich werden sie zunehmend mit Wendungen und grammatischen Konstruktionen vermischt, die dem Hebräischen und auch dem Englischen entlehnt sind. Dieses Dilemma muß jedoch nicht Not bleiben, es kann Tugend oder zumindest Eigenart werden. Auch Jenny Alonis Sprache läßt sich als Ergebnis dieser doppelten Spannung verstehen: Spannung zur vergangenen Muttersprache einerseits, zum Hebräischen und Englischen der Umwelt andererseits.

Eine suggestiv wirkende Bildlichkeit gehört zu den wenigen schmückenden Elementen in Sprache und Stil von Jenny Alonis Werk. Während in den frühen Gedichten und Erzählungen nicht selten noch ein ‚gehobener', gelegentlich sogar pathetischer Ton anzutreffen ist, wird die Schreibweise der Werke später zunehmend einfacher, unprätentiös, knapp, nicht selten geradezu karg. Ihre Frage nach der Wahrheit dringt durch die Lebenslügen hindurch – hart und unerbittlich, sprachlich genau, lapidar, lakonisch, treffend bis hin zum Schmerzlichen.

Am 6.11.1938 schrieb die 21jährige Jenny Rosenbaum in ihr Berliner Tagebuch: „Wenn ich könnte, würde ich nicht mehr schreiben, aber es ist unmöglich. Es ist wie ein Zwang auf mir, gewährt mir niemals Freude und selten Befriedigung". Ein Jahr später, nach der Ankunft in Erez Israel, bekannte sie ihre Freude darüber, auch in der neuen Heimat schreiben zu können: „was ich in Gedichten und sonst zu sagen habe, werde ich auch hier sagen können, solange es nicht in Iwrit geht, in Deutsch." (23.12.1939)

Aus diesem Drang zu schreiben, aus der Erfahrung einer wachen Beobachterin in zwei Welten, ist ein bedeutendes literarisches Werk entstanden. Dieses Werk spiegelt über 50 Jahre deutscher und jüdischer Geschichte. Es hat nicht nur die deutsche Literatur bereichert, in ihm ist auch ein Stück deutscher Geschichte aufgehoben. Diese Geschichte ist nicht vergangen und beendet.

Kurz nachdem Heinrich Böll Jenny Aloni und ihre Werke kennengelernt hatte, riet er ihr (in einem Brief vom 18.9.1960), die Tragödie zu schreiben, „von der Ansätze in manchen Ihrer Geschichten und Gedichte vorhanden sind; jene Tragödie, deren Arbeitstitel vielleicht heißen könnte: Am Beispiel Paderborns." Jenny Aloni hat diesen Rat Bölls teilweise befolgt: nicht in einer Tragödie, wohl aber in Erzählungen und im Roman hat sie immer wieder Aspekte deutsch-jüdischer Geschichte erzählt, reflektiert, veranschaulicht am Beispiel ihrer Heimatstadt, „am Beispiel Paderborns".

Und sie hat deutsch-jüdische Geschichte erzählt und veranschaulicht am eigenen Beispiel. Sie notierte am Tag vor dem Novemberpogrom: „Um zu erleben, was Geschichte ist, muß man Jude sein." Ein Aphorismus des deutschschreibenden israelischen Schriftstellers Elazar Benyoëtz lautet: „Am Anfang aller Geschichte steht die eigene". Die Jüdin Jenny Aloni hat Geschichte erlebt und beschrieben. Ihre Werke können dazu beitragen, Geschichte nicht zu vergessen, sondern zu erinnern, vielleicht auch: etwas besser zu verstehen.

Nachweise

Die Lektüre des Beitrages sollte nicht durch Anmerkungszahlen und einen wissenschaftlichen Apparat unterbrochen werden. Für diejenigen, die sich intensiver mit dem Werk Jenny Alonis und der Gesamtthematik befassen wollen, seien einige Hinweise angefügt.

Bei Stellen aus Werken Jenny Alonis, die in diesen Band aufgenommen sind, werden im Text die Titel genannt. Bei Gedichten und unveröffentlichten Texten und Dokumenten sind die Titel, bei Stellen aus Tagebüchern und Briefen die Daten genannt. Die sonstigen zitierten und nicht nachgewiesenen Stellen stammen aus Gesprächen und einem Interview mit mir.

Die übrigen Zitate sind in folgenden Werken Alonis bzw. der Forschungsliteratur (s. Literaturhinweise) zu finden:

S. 132: EMUNA, Nr. 5–6, 1978, S. 59; S. 133: Zander; S. 135: Naarmann, S. 242; S. 143 f.: nach Naarmann, S. 449 f.; S. 144: nach Naarmann, S. 297; S. 150: nach GW 2, S. 166; S. 153: GW 2, S. 62; S. 153: Jenny Aloni: Ausgewählte Werke, S. 113 und 110; S. 159: Ben Chorin in: Germania Hebraica, Gerlingen 1982, S. 33; S. 163: GW 2, S. 61; S. 165: Benyoëtz in „Wir tragen ...“ (s. Müller-Salget), S. 128.

Zur weiteren Beschäftigung mit dem Werk Jenny Alonis, dem Leben der Juden in Deutschland in den dreißiger Jahren und der deutschsprachigen Literatur in Israel einige

Literaturhinweise

Aloni, Jenny: *Gesammelte Werke in Einzelausgaben*. Hg. von Friedrich Kienecker und Hartmut Steinecke. 10 Bde. Paderborn u.a. 1990–97.
Bd. 1: *Das Brachland. Aufzeichnungen aus einer Einsamkeit.* Roman. 1990.
Bd. 2: *Zypressen zerbrechen nicht.* Roman. 1990.
Bd. 3: *Erzählungen und Skizzen 1.* 1991.

Bd. 4: *Der blühende Busch. Wege nach Hause.* Roman. 1992.
Bd. 5: *Der Wartesaal.* Roman. 1992.
Bd. 6: *Erzählungen und Skizzen 2.* 1994.
Bd. 7: *Gedichte.* 1995.
Bd. 8: *Korridore oder das Gebäude mit der weißen Maus.* 1996.
Bd. 9: *Kurze Prosa.* 1996.
Bd. 10: *Berichte. Gedichte in Prosa. Hörspiele. Gespräche.* 1997.

Aloni, Jenny: *Ausgewählte Werke 1939–1986.* Hg. von Friedrich Kienecker und Hartmut Steinecke. Paderborn u.a. 1987. (Darin auch vier Beiträge über Jenny Aloni.)

Adler-Rudel, Scholem: *Jüdische Selbsthilfe unter dem Naziregime 1933-1939. Im Spiegel der Berichte der Reichsvertretung der Juden in Deutschland.* Tübingen 1974.

Becker, Sabina: *Zwischen Akkulturation und Enkulturation. Anmerkungen zu einem vernachlässigten Autorinnentypus. Jenny Aloni und Ilse Rosa.* In: *Exilforschung. Ein internationales Jahrbuch.* Bd. 13. 1995, S. 114–136.

Bernhardt, Rüdiger: *Fremd in zwei Heimaten – die jüdische Schriftstellerin Jenny Aloni.* In: *Exil. Forschungen, Erkenntnisse, Ergebnisse.* Hg. von Edita Koch. Jg. 13, 1993, Nr. 2, S. 17-26.

Brod, Max: Rezension über *Zypressen zerbrechen nicht.* In: GW 2, S. 165f.

Decking, Martin: *Paderborn – Israel – Paderborn. Die Schriftstellerin Jenny Aloni und ihr literarischer Nachlaß.* In: *Die Warte. Heimatzeitschrift für die Kreise Paderborn und Höxter*, 1996, H. 91, S. 23–25.

Hilzinger, Sonja: *Frauen – Literatur – Exil. Überlegungen zum Thema Exilliteratur unter geschlechtsspezifischen Aspekten.* In: *Mitteilungen des Deutschen Germanistenverbandes*, 1995, H. 4, S. 61–70.

Die Juden in Deutschland 1933-1945. Leben unter nationalsozialistischer Herrschaft. Hg. von Wolfgang Benz. München 1988.

Mitteilungen aus dem Jenny-Aloni-Archiv. Nr. 1/1996: Das Jenny-Aloni-Archiv der Universität-GH Paderborn. Die Schenkung des Nachlasses 1996.

Müller-Salget, Klaus: *Deutschsprachige Schriftsteller in Palästina und Israel. Ein Forschungsprojekt.* In: *Kontroversen, alte und neue. Akten des VII. Internationalen Germanisten-Kongresses, Göttingen 1985.* Hg. von Albrecht Schöne. Bd. 5: *Auseinandersetzungen um jiddische Sprache und Literatur. Jüdische Komponenten in der deutschen Literatur – die Assimilationskontroverse.* Hg. von Walter Röll und Hans-Peter Bayerdörfer. Tübingen 1986, S. 244-250.

Müller-Salget, Klaus: *Zur Identitätsproblematik deutschsprachiger Schriftsteller in Palästina und Israel.* In: *Begegnung mit dem „Fremden". Grenzen – Traditionen – Vergleiche. Akten des VIII. Internationalen Germanisten-Kongresses, Tokyo 1990.* Hg. von Eijiro Iwasaki. München 1991, Bd. 8, S. 149-157.

Müller-Salget, Klaus: *„Und doch!" Die deutschsprachige Literatur Israels seit 1945.* In: *„Wir tragen den Zettelkasten mit den Steckbriefen unserer Freun-*

de". Acta-Band zum Symposion „Beiträge jüdischer Autoren zur deutschen Literatur seit 1945". Hg. von Jens Stüben und Winfried Woesler in Zusammenarbeit mit Ernst Loewy. Darmstadt 1994, S. 74-84.

Naarmann, Margit: *Die Paderborner Juden 1802-1945. Emanzipation, Integration und Vernichtung. Ein Beitrag zur Geschichte der Juden in Westfalen im 19. und 20. Jahrhundert.* Paderborn 1988.

Nieraad, Jürgen: *Deutschsprachige Literatur in Israel.* In: *Deutschsprachige Literatur des Auslandes.* Hg. von Erwin Theodor Rosenthal. Bern u.a. 1989, S. 83-100.

Ortserkundung. Stätten der Nazi-Verfolgung in Paderborn. Hg. von Klaus Himmelstein unter Mitarbeit von Claudia Auffenberg, Andrea Schlingmann und Bernd Zymner. Paderborn 1994.

Pazi, Margarita: *Deutschsprachige Literatur und Autoren in Israel.* In: *Kontroversen* (s. Müller-Salget 1986), S. 251-260.

Pazi, Margarita: *Staub und Sterne. Deutschschreibende Autorinnen in Erez-Israel und Israel.* In: *Deutsche Literatur von Frauen.* Hg. von Gisela Brinker-Gabler. Bd. 2: 19. und 20. Jahrhundert. München 1988, S. 317-333.

Pazi, Margarita: *Die deutschsprachige Literatur Israels.* In: *Deutsch-jüdische Exil- und Emigrationsliteratur im 20. Jahrhundert.* Hg. von Itta Shedletzky und Hans Otto Horch. Tübingen 1993, S. 81-94.

Rochell, Gabriele: *Literarischer Neubeginn in Palästina/Israel. Motive der Fremdheit in Jenny Alonis Einwanderungsroman »Zypressen zerbrechen nicht«.* In: *Script. Frau – Literatur – Wissenschaft im alpen-adriatischen Raum*,Nr. 10, 1996, S. 26–30.

Schardt, Michael M.: *Späte Ehre: die Schriftstellerin Jenny Aloni. Literaturpreise und eine Werkausgabe.* In: *Neue Zürcher Zeitung*, 9.7.1993.

Schoppmann, Claudia: *Jenny Aloni.* In: *Im Fluchtgepäck die Sprache. Deutschsprachige Schriftstellerinnen im Exil.* Hg. von C. S.. Berlin 1991, S. 161-168.

Steinecke, Hartmut: *Jenny Aloni – Ein Porträt zum 75. Geburtstag.* In: *Literatur in Westfalen. Beiträge zur Forschung* 2. Hg. von Walter Gödden und Winfried Woesler. Paderborn u.a. 1994, S. 237-246.

Steinecke, Hartmut: *„... nur Finsternis und Fremde". Das Thema Einsamkeit in den Erzählungen von Jenny Aloni.* In: *„Wir tragen ..."* (s. Müller-Salget 1994), S. 105-111.

Steinecke, Hartmut: *»Augenzeugenberichte über die Verfolgungen.« Zu Jenny Alonis Erzählung »Kristall und Schäferhund«.* In: *Ethik und Ästhetik. Werke und Werte in der Literatur vom 18. bis zum 20. Jahrhundert.* Hg. von Richard Fisher. Frankfurt/M. 1995, S. 533–541.

Steinecke, Hartmut: *Jenny Aloni.* In: *Kritisches Lexikon zur deutschsprachigen Gegenwartliteratur.* Hg. von Heinz Ludwig Arnold, 55. Nlg. 1997.

Zander, Margarete: *Heimkehr.* In: *Frankfurter Allgemeine Zeitung*, 30.12.1957, S. 8.

Wort- und Sacherklärungen

Die folgende Zusammenstellung beschränkt sich zum einen auf jüdische Begriffe und hebräische Wörter, zum anderen auf die Erläuterung einiger Namen aus den Tagebüchern.

A.C. siehe: Cohn, Dr. Alfred.

Achad Haam Eig. Asher Hirsch Ginsberg/Ginzberg 1856 (Skwira bei Kiew) – 1927 (Tel Aviv); zionistischer Schriftsteller. Der Titel des im Tagebucheintrag vom 13. 1. 1938 erwähnten Aufsatzes „Halaschon Wssifruta" lautet übersetzt „Die Sprache und ihre Literatur".

Affidavit Bürgschaft eines Bürgers des Aufnahmelandes für einen Einwanderer.

Almemor Auch Bimah; erhöhter Platz, meist in der Mitte der Synagoge, von dem die Tora vorgelesen wird, häufig von einem Baldachin überdacht.

Bath-Dori Auch Bat Dori, Schulamith (Shulamith, Sulamit), geb. 1905 (Warschau); jüdische Schriftstellerin, lebte seit 1923 in Palästina/Israel. Das in Iwrit geschriebene, im Palästina der Gegenwart spielende Stück „Das Gericht" wurde am 7. Mai 1938 im Theater des Jüdischen Kulturbundes erstmals in deutscher Sprache aufgeführt.

Beth Chaluz Haus der Pioniere.

Beth Hakerem Lehrerseminar im Jerusalemer Vorort Beth Hakerem.

Buber, Martin 1878 (Wien) – 1965 (Jerusalem); jüdischer Religionsphilosoph, 1938 Emigration nach Jerusalem.

Bund Die zionistisch-sozialistische Jugendorganisation Habonim („Die Bauleute") Noar Chalutzi („Jugendpioniere").

Chawer, Pl. Chawerim Genosse; Genossen.

Cohn, Dr. Alfred 1897 (Breslau) – 1976 (Kirjat Tivon/Israel); 1930–34 Lehrer am Breslauer Johannes-Gymnasium, 1934–37 Lehrer an der jüdischen liberalen Volksschule am Anger in Breslau, 1937–39 an der Kaliski Schule der Jugend-Alijah in Berlin, Leiter des Ausbildungsguts Schniebinchen. Nach der Emigration 1939 Dozent am Lehrerausbildungsinstitut der Kibbuzim „Oranim".

Erez Jisrael Land Israel; Bezeichnung für Palästina bzw. Israel, besonders vor der Staatsgründung.

Freier, Recha 1892 (Norden/Ostfriesland) – 1984 (Jerusalem); 1932 Initiatorin der Jugend-Alijah; 1933–40 aktiv in der „Jüdischen Jugendhilfe" und im deutschen jüdischen öffentlichen Leben.

Getto, Ghetto Von den übrigen Stadtvierteln abgetrenntes Wohnviertel, in dem die jüdische Bevölkerung zwangsweise lebte.

Gola Diaspora; Zerstreuung außerhalb Israels, in der die Juden seit der Zerstörung des zweiten Tempels (70 n. Chr.) leben.

Haawara/Haavara Transfer; hier: 1933 gegründete Organisation in Tel Aviv, seit 1935 unter der Obhut der Jewish Agency. Die Haavara half aufgrund der strengen Devisenbewirtschaftung bei der Beschaffung der für die Einwanderung nach Palästina notwendigen Devisen. Reichsmark-Einzahlungen auf ein Sonderkonto dienten zur Finanzierung deutscher Exporte nach Palästina, der Exporterlös stand den Einwanderern in palästinensischen Pfund zur Verfügung. Die Arbeit der Haavara ermöglichte ca. 52 000 deutschen Juden zwischen 1933 und 1939 die Einwanderung nach Palästina.

Iwrith/Iwrit Neuhebräisch; seit Ende des 19. Jahrhunderts entwickelte Form der hebräischen Sprache. Amtssprache im Staat Israel.

Jochewed siehe: Tarschisch, Jochewed.

Kibbuz, Pl. Kibbuzim Gemeinschaftssiedlung ohne Privateigentum und ohne bezahlte fremde Arbeitskräfte.

Kraus, Karl 1874 (Jitschin/Böhmen) – 1936 (Wien); österreichischer Schriftsteller. Sein Drama „Die letzten Tage der Menschheit" erschien erstmals 1918/1919 als Sonderheft der von K. herausgegebenen Zeitschrift „Die Fackel".

Krauß, Werner 1884 (Gestungshausen/Kr. Coburg) – 1959 (Wien); 1931–44 Schauspieler am Staatstheater Berlin.

Lichnowsky Mechthilde Fürstin von L. (1879–1958); vielseitige Schriftstellerin. Ihr Roman „Geburt" erschien 1921.

Kaufmann, Margot Sekretärin des Hechaluz; der 1918 in Rußland gegründete Hechaluz („Der Pionier") organisierte die beruflichen Vorbereitungen zur Einwanderung nach Palästina. Seit 1922 bestand ein deutscher Landesverband.

Mazzen/ Matzah Ungesäuertes Brot, das während des Pessach-Festes verwendet wird und an den eiligen Auszug aus Ägypten erinnert.

Meliza Phrase; ursprünglich Bezeichnung eines rhetorisch ausgefeilten, mit zahlreichen Bildern und Bibelzitaten geschmückten, aber unverständlichen Stils.

Moschaw Landwirtschaftliche Siedlungsform; Erzeugung und Verkauf der Produkte sind gemeinschaftlich organisiert.

Permit Einreiseerlaubnis für Neueinwanderer.

Pessach Jüdisches Fest zum Gedenken an den Auszug aus Ägypten, das beim ersten Frühlingsvollmond gefeiert wird.

Pidjon Haben Im ursprünglichen Sinn die Auslösung des (erstgeborenen) Sohnes nach Vollendung des 30. Lebenstages, entsprechend Exodus 13,2 ff.

Rabbiner Jüdischer Gesetzes- und Religionslehrer, Prediger und Seelsorger.

Rachel Eig. Rachel Bluwstein 1890 (Saratow/Rußland) – 1931 (Tel Aviv); hebräische Dichterin.

Recha siehe: Freier, Recha.

Schabbat 7. Tag; jüdischer Ruhetag, der am Freitagabend beginnt und bis zum Samstagabend andauernd. Der Schabbat ist durch Schabbatgesetze streng geregelt.

Schalom Frieden. In Israel allgemeine Grußform.

Schniebinchen Ausbildungslager bei Sommerfeld in der Niederlausitz zur Vorbereitung jüdischer Jugendlicher auf die Auswanderung nach Palästina. Am 1. 7. 1939 hatte es 104 Ausbildungsplätze. (Adler-Rudel, S. 204.)

Ssichot Gespräche, Unterhaltungen.

Städtel/Stetl/Schtetl Jüdische Kleinstadtgemeinde in Osteuropa.

Tallith/Tallit Gebetsschal, der von männlichen Juden beim Morgengottesdienst um Kopf und Schultern gehängt wird.

Tarschisch, Jochewed Schlichah (Gesandte) in Berlin, verantwortlich für die Auswanderungsvorbeitungen jüdischer Jugendlicher.

Tischa be'aw 9. Tag des Monats Aw (Juli/August). Fastentag anläßlich der Trauer um die Zerstörung des 1. und 2. Tempels in Jerusalem, größter Trauertag des jüdischen Jahres.

Tora/Thora, -rollen Die fünf Bücher Moses; handgeschriebene Schriftrollen, die in einem Schrein (Toraschrein) stehend aufbewahrt werden, geschmückt mit den Torakronen, die schon seit dem Mittelalter nachzuweisen sind.

Winkel Gut Winkel (Mark Brandenburg), bereits 1926 gegründetes Lehrgut, auf dem jüdische Jugendliche eine landwirtschaftliche Ausbildung erhielten. Ab 1933 war insbesondere die Vorbereitung auf die Auswanderung nach Palästina das vorrangige Ziel der Ausbildung. Am 1. 7. 1939 war es mit 225 Plätzen die größte Ausbildungsstätte im Deutschen Reich. (Adler-Rudel, S. 204.)

Zertifikat Bescheinigung; hier: Einreiseerlaubnis für Palästina, ausgestellt von der britischen Verwaltung des Landes auf Antrag zionistischer Gruppen.

Zur Entstehung und Veröffentlichung

Im folgenden wird die Entstehungszeit (=E) angegeben, gegebenfalls werden weitere Einzelheiten zur Entstehung und zu Fassungen vermerkt; der Zusatz „datiert" verweist auf Datierungen der Autorin auf den Typoskripten; fehlt dieser Zusatz, so geht die Datierung auf Tagebucheintragungen oder Erinnerungen der Autorin zurück. Bei gedruckten Texten wird der Erstdruck (=ED) angegeben, ferner gegebenenfalls der erste Buchdruck (=BD) sowie die Druckvorlage (=DV).

Folgende Abkürzungen werden verwendet:

GW = Jenny Aloni. Gesammelte Werke in Einzelausgaben. Paderborn u.a.: Schöningh, 1990 ff.
G = Jenny Aloni: Gedichte. Düsseldorf: Aloys Henn, 1956.
BP = Jenny Aloni: Die braunen Pakete. Ganei Yehuda: Verlag Alon, 1983.
FAZ = Frankfurter Allgemeine Zeitung

Die braunen Pakete E: datiert: 5/65; ED: BP; DV: GW 6.

Der Fackelzug E: datiert: beendet 3.11.44; ED/DV: GW 6. Ein Teil dieses Textes ging, gekürzt und überarbeitet, in den Schlußteil der Erzählung „Die Synagoge und der Dom" ein.

Die Synagoge und der Dom E: ca. 1950-54; 1. Typoskript datiert: G.J. [Gane Jehuda] 24.10.54; 2. Fass. Okt. 54; ED unter dem Titel: Synagoge und Dom. Deutsche Erinnerungen einer Israeli: FAZ, Nr. 189, 17.8.1963; BD: Die silbernen Vögel. München: Starczewski Verlag, 1967; DV: GW 6. Siehe die Anmerkung zu „Der Fackelzug".

Die Brandstiftung E: datiert: Jenny Aloni/Rosenbaum Gane Jehuda, (Israel) Februar 1958; ED/DV: GW 3.

Kristall und Schäferhund E: datiert: G.J. 1963; ED: AMOT, 2. Jg., Okt./Nov. 1963, S. 72-81 – in hebräischer Sprache; deutsch: EMUNA. Israel-Forum. Vereinigte Zeitschriften über Israel und Judentum, Köln, Nr. 5-6, 1978, S. 59-64, und Nr.1-2, 1979, S. 17-22; BD: BP; DV: GW 6.

Park im Herbst	E: datiert: Berlin, 9.11.38; ED: Deutsche Rundschau, Jg. 81, H. 11. 1955. S. 1170.
Nach dem Sturm	E: datiert: Paderborn 13.11.1938.
Der Beginn	E: datiert: Jenny Aloni Gane Jehuda 1960/61; ED: Jenseits der Wüste. Erzählungen. Witten: Eckart Verlag, 1963; DV: GW 6.
Glückliche Insel	E: datiert: 1967/8; ED: BP; DV: GW 6.
Zwei Inschriften	E: datiert: abgeschlossen G.J. 10/1966; ED: FAZ, Nr. 57, 8.3.1967, S.20; BD: BP; DV: GW 6.
Fahrt in die Erinnerung	E: datiert: Israel: Winter 1955/56 Anna Janoll. ED/DV: GW 6. Vgl. auch die beiden folgenden Texte.
Besuch 1947	E: (datiert von fremder Hand) 5/67. ED/DV: GW 6. Der Text geht zurück auf die wesentlich umfangreichere Erzählung „Fahrt in die Erinnerung“; eine andere Kopie des Textes trägt den Titel „Dachau 1947“, den Jenny Aloni jedoch nicht für die Veröffentlichung wählen wollte.
Ich beneidete sie (o.T.)	E: datiert: 2.5.83. ED/DV: GW 6. Der Text greift – wie „Besuch 1947“ – ein Motiv aus der Erzählung „Fahrt in die Erinnerung“ auf.
Erster Eindruck	E: datiert: München 22-9-47.
Herbstland ist meine Seele	E: datiert: Münch. 9-10-47.
Der weiße Kittel	E: datiert: Jenny Aloni/Rosenbaum Ramat Gan-Kirjat Borochov, Frühjahr 1957; ED: Aachener Volkszeitung, Nr. 97, 26.4.1963, S. 6; BD/DV: GW 3.
Das Haus	E: datiert: Paderborn, 13.4.55; ED: G.
Begegnung in der alten Heimat	E: datiert: Paderborn 14.4.1955; ED: G.
Stadt der Kindheit	E: datiert: Paderborn, 16.4.1955. ED: G.
Traum	E: datiert: Paderborn 19.4.1955; ED: G.
Junger Baum in Ruinen	E: datiert: Paderborn, 8-5-55.
Abschied	E: datiert: im Zug Paderborn-Düsseldorf 20.5.1955; ED: G.
Aus den Tagebüchern 1937–1939	Die Tagebücher sind bisher unveröffentlicht. Da diese Ausgabe keine textkritischen Ansprüche stellt, wurden Schreibfehler und -flüchtigkeiten stillschweigend verbessert, Abkürzungen (außer von Eigennamen) aufgelöst. Auslassungen sind durch [. . .] vermerkt.

Die in diesen Band aufgenommenen Gedichte erschienen mittlerweile auch in GW 7.

Abbildungsnachweise

Abb. 2: Foto Kurt Böse, Archiv Golücke
Abb. 3: Privatarchiv Naarmann

Die übrigen Fotos und Dokumente wurden dem Jenny-Aloni-Archiv von Esra Aloni zur Verfügung gestellt.

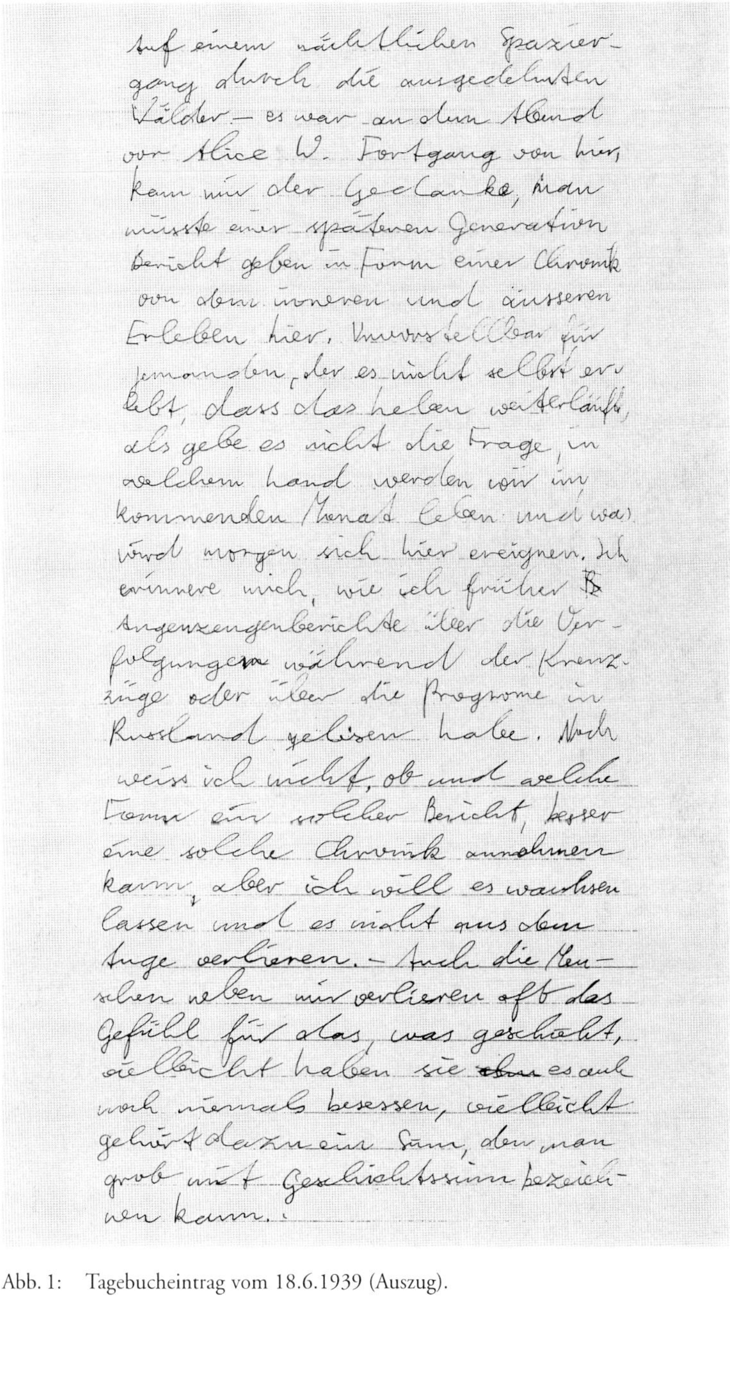
auf einem nächtlichen Spazier-
gang durch die ausgedehnten
Wälder – es war an dem Abend
vor Alice W. Fortgang von hier,
kam mir der Gedanke, man
müsste einer späteren Generation
Bericht geben in Form einer Chronik
von dem inneren und äusseren
Erleben hier. Unvorstellbar für
jemanden, der es nicht selbst er-
lebt, dass das Leben weiterläuft,
als gebe es nicht die Frage, in
welchem Land werden wir im
kommenden Monat leben und was
wird morgen sich hier ereignen. Ich
erinnere mich, wie ich früher ~~B~~
Augenzeugenberichte über die Ver-
folgungen während der Kreuz-
züge oder über die Pogrome in
Russland gelesen habe. Noch
weiss ich nicht, ob und welche
Form ein solcher Bericht, besser
eine solche Chronik annehmen
kann, aber ich will es wachsen
lassen und es nicht aus dem
Auge verlieren. – Auch die Men-
schen neben mir verlieren oft das
Gefühl für das, was geschieht,
vielleicht haben sie ~~ihn~~ es auch
noch niemals besessen, vielleicht
gehört dazu ein Sinn, den man
grob mit Geschichtssinn bezeich-
nen kann.

Abb. 1: Tagebucheintrag vom 18.6.1939 (Auszug).

Abb. 2: Brand der Paderborner Synagoge am 10.11.1938.

Abb. 3: Paderborn, Bachstraße 2, Elternhaus von Jenny Aloni.

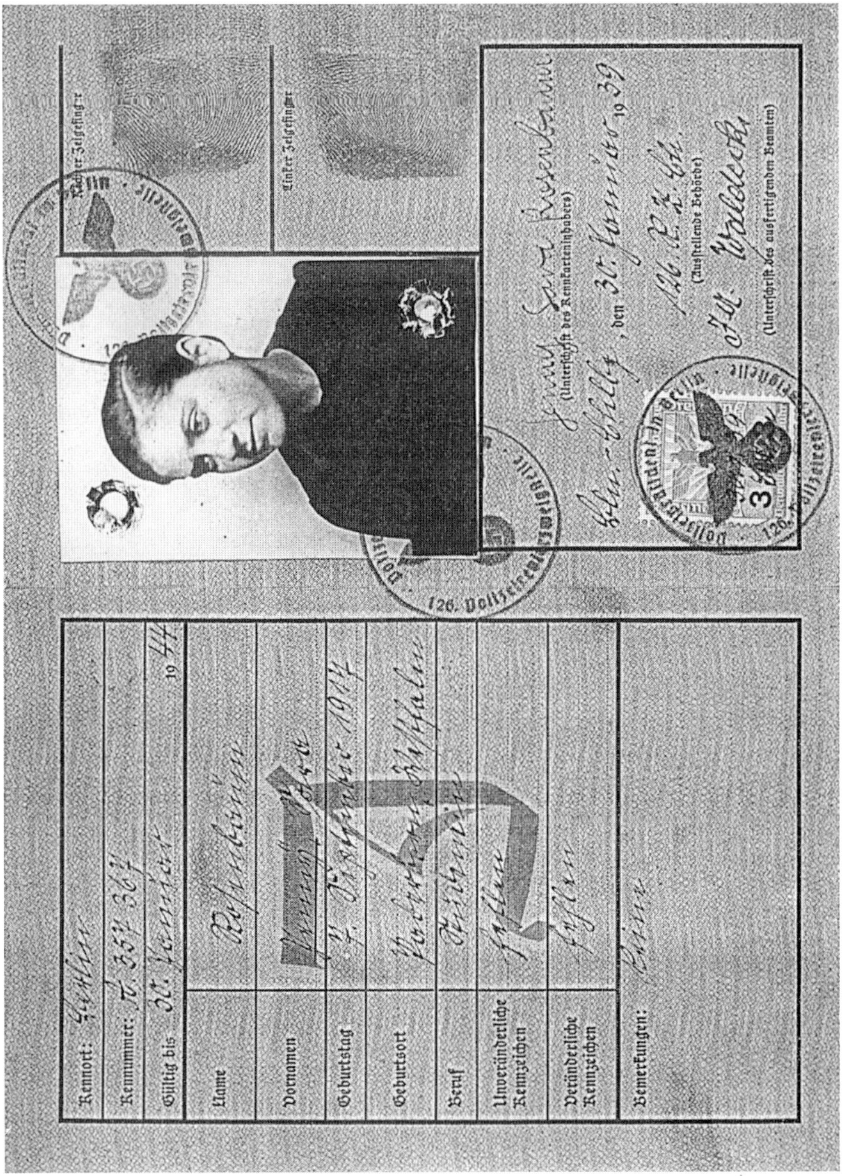

Abb. 4: „Juden"-Kennkarte von Jenny Sara Rosenbaum.

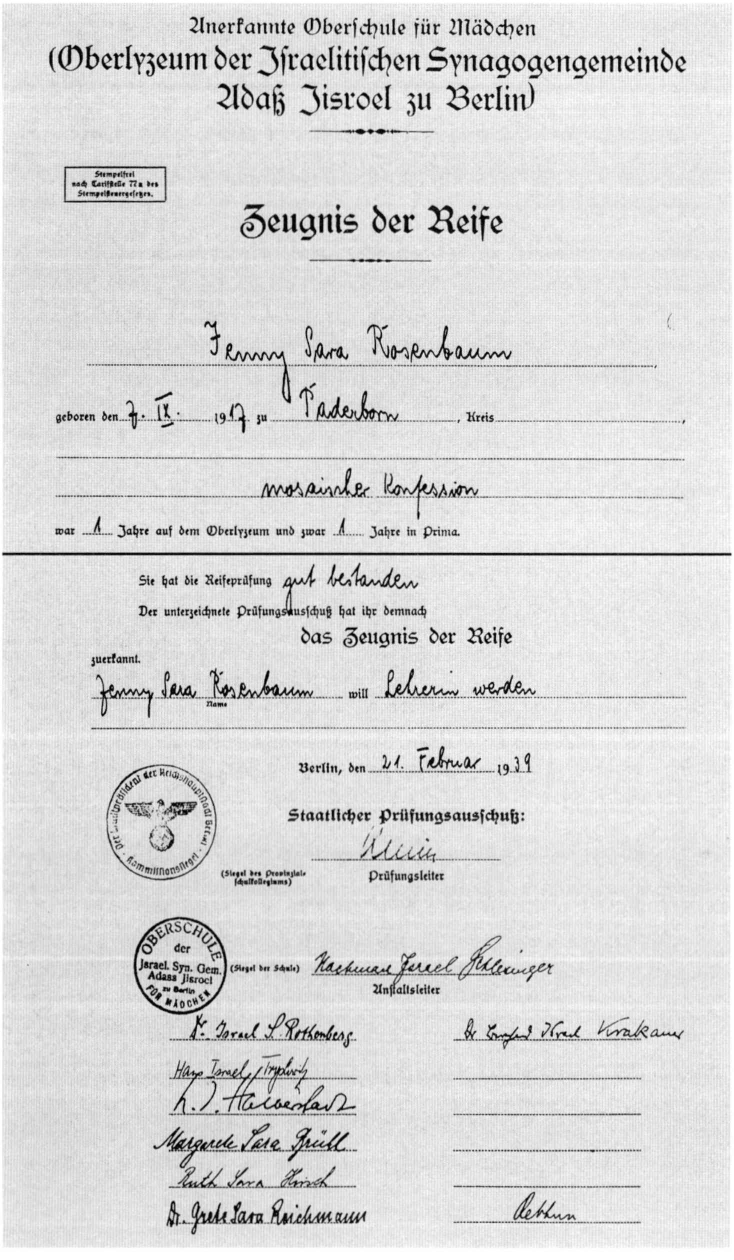

Anerkannte Oberschule für Mädchen
(Oberlyzeum der Israelitischen Synagogengemeinde
Adaß Jisroel zu Berlin)

Stempelfrei nach Tarifstelle 77a des Stempelsteuergesetzes.

Zeugnis der Reife

Jenny Sara Rosenbaum

geboren den 7. IX. 1917 zu Paderborn, Kreis

mosaischer Konfession

war 1 Jahre auf dem Oberlyzeum und zwar 1 Jahre in Prima.

Sie hat die Reifeprüfung gut bestanden

Der unterzeichnete Prüfungsausschuß hat ihr demnach

das Zeugnis der Reife

zuerkannt.

Jenny Sara Rosenbaum (Name) will Lehrerin werden

Berlin, den 21. Februar 1939

Staatlicher Prüfungsausschuß:

Klein

Prüfungsleiter

(Siegel des Provinzialschulkollegiums)

Oberschule der Israel. Syn. Gem. Adass Jisroel zu Berlin für Mädchen

(Siegel der Schule) Hartmann Israel Schlesinger

Anstaltsleiter

Dr. Israel S. Rothenberg — Dr. Ernst Israel Krakauer

Hans Israel Tryplowitz

L. I. Halberstadt

Margarete Sara Brüll

Ruth Sara Hirsch

Dr. Grete Sara Reichmann

Abb. 5: Abiturzeugnis (Teile von S. 1 und 3).

JÜDISCHE JUGENDHILFE E.V.

§ 1

ZWECK DES VEREINS IST DIE FÖRDERUNG DER BERUFSAUSBILDUNG UND BERUFSUNTERBRINGUNG IN DEUTSCHLAND BEFINDLICHER ARBEITSLOSER JÜDISCHER JUGENDLICHER IN PALÄSTINA.

BÜRO: BERLIN W 15, MEINEKESTR. 10
TELEFON: SAMMEL-NR. 91 90 81
POSTSCHECK: BERLIN 214 77
BANK: DEUTSCHE BANK, DEP.-K. R
JOACHIMSTHALERSTR. 4
TELEGR.-ADR.: JUGENDALIJA
SPRECHSTD.: MONTAG BIS DONNERSTAG VON 11-13

ABTEILUNG
Schniebinchen ueber Sommerfeld Niederl.

IHRE ZEICHEN IHRE NACHRICHT VOM UNSERE ZEICHEN

TAG
Schniebinchen, den 5.Nov.39.

BETRIFFT:

Z e u g n i s .

Fraeulein Jenny R o s e n b a u m arbeitete bei uns als Madrichah und Morah vom 25.April 1939 bis zum heutigen Tage.
Sie unterrichtete mit paedagogischem Geschick Hebraeisch ,Palaestinakunde ,Juedische Geschichte und Zionistische Geschichte ,fuehrte eine Kwuzah und veranstaltete mit gutem Erfolg Ssichoth und Onege Schabbath .Sie hatte eine gute Beziehung zu unseren Chawerim und Chaweroth und war geschickt in der Behandlung schwererziehbarer Jugendlicher .Sie gab uns viele Anregungen in der Gestaltung von Gemeinschaftsfeiern und fuer unser Kibbuzleben im allgemeinen .
Ihre Hingabe ,Phantasie und ihre Bereitschaft, immer wieder neue Aufgaben zu uebernehmen, machten sie zu einer wertvollen Mitarbeiterin ,die nur schwer zu ersetzen sein wird .
Wir hoffen ,dass Sie in Erez Israel bald eine Arbeitsstaette finden wird ,die Ihren mannigfaltigen Faehigkeiten entspricht.

Jüdische Jugendhilfe
Schniebinchen b./Sommerfeld
Kuttner

Rückporto erbeten!

Im Interesse einer raschen und ordnungsgemäßen Erledigung bitten wir, über jeden Fall eines Jugendlichen auf besonderem Bogen zu berichten.

Abb. 6: Zeugnis von Schniebinchen, vgl. S. 145.

Abb. 7: Während des Militärdienstes in Palästina, Juli 1945.

Abb. 8: Gane Jehuda, auf der Terrasse, Januar 1966.

Abb. 9: Gane Jehuda, im Arbeitszimmer, ca. 1970.

Abb. 10: Gane Jehuda, im Arbeitszimmer, ca. 1980.